百家小集

回顾过往，坚守常识
悦读小集，遇见大家

百家小集

学缘与书缘

欧阳哲生 —— 著

SPM 南方传媒 | 广东人民出版社
·广州·

图书在版编目（CIP）数据

学缘与书缘 / 欧阳哲生著. —广州：广东人民出版社，2023.3
ISBN 978-7-218-16474-8

Ⅰ. ①学… Ⅱ. ①欧… Ⅲ. ①社会科学—文集 Ⅳ. ①C53

中国国家版本馆CIP数据核字（2023）第038249号

XUEYUAN YU SHUYUAN
学 缘 与 书 缘
欧阳哲生 著

出 版 人：肖风华

责任编辑：林斯澄 古海阳
责任技编：吴彦斌 周星奎

出版发行：广东人民出版社
地　　址：广州市越秀区大沙头四马路10号（邮政编码：510199）
电　　话：（020）85716809（总编室）
传　　真：（020）83289585
网　　址：http://www.gdpph.com
印　　刷：广东鹏腾宇文化创新有限公司
开　　本：890毫米×1240毫米 1/32
印　　张：11.875　　**字　　数**：234千
版　　次：2023年3月第1版
印　　次：2023年3月第1次印刷
定　　价：88.00元

如发现印装质量问题影响阅读，请与出版社（020-85716849）联系调换。
售书热线：（020）85716833

自序

年届六十，我感觉有必要对自己过去的人生经历和治学经验做一阶段性盘点。因身负繁重的教学、科研工作，没有太多的时间像胡适刊发《四十自述》那样去撰写一部自传性的回忆录，于是冒出了整理“为学三书”的想法，即将现有的随感杂文、书评综述、序跋文字汇编整理，辑成三书：《学人的境界》《学缘与书缘》《海外访学录》。

《学人的境界》已由浙江古籍出版社于2022年6月出版，此书受到了读书界的关注。我有了继续做下去的勇气，于是接着又编辑了这本小书。旧文新编，内中有些篇什年代久远，编为文存，聊备存证，纯为自己把玩而已。

本书文字按内容类别分为五卷：卷一“学林春秋”收入求学经历与怀念师友之类的回忆性文字。在我的求学道路上，曾先后受业于一些名师，如林增平、邓广铭、刘桂生等先生，得到他们的栽培和指点，这些文字真实地展现了我与他们相交的经历，也反映了我与他们相处时的亲身感受。卷二“名家学衡”辑存我曾经研究过的近代名家，如严复、梁启超、蔡元培、章太炎等人的短篇论文、小传、学术综述和随感。卷三“湘学寻踪”收录我捧读四位近代湖湘名宿魏源、谭嗣同、范源廉、杨昌济的文集后留下的文字。卷四“岳麓书缘”记述了我与岳麓书社的一段交往，收入“文人妙语系列”中胡适、鲁迅、李敖、柏杨诸书的序文。我与李敖、柏杨先生在台北曾几度谋面，如今他俩已经故去，收存这些文字算是对俩人的一个纪念。卷五“胡适丛谈”汇集自编各种胡适专题文集的序文及杂谈之类的文字。附录部分则保存了20世纪90年代以来与“胡适研究”有关的几次重要学术研讨会的综述，从这些综述可以看出“胡适学”进展的一个侧影。

在我过去的六十年生涯中，就地域关系而言颇为简单，前三十年在湖南，后三十年在北京。我出生于长沙，籍贯耒阳，童年时期与那个动荡不安年代的许多人一样，随父母奔波于长沙、耒阳、衡阳、绥宁、邵阳等地。“文化大革命”时期，父母被分隔两地，父亲下放绥宁三年（1969—1971），我与哥哥随父下放到绥宁县武阳公社，体验了湘西南雪峰山下偏远农村的生活。很多人回忆起“文革”时期下放干部的劳动生活，都会常带苦涩的意味，在我幼小的心灵里，记忆最深的却是武阳那美丽如画的山水、当地农民淳朴勤勉的品性。童年的故事虽然艰难、遥远而悠扬，但长存于心。林彪坠亡蒙古温都尔汗的“九一三”事件发生后，广大下放干部被“解放”出来。父亲调回邵阳地委，我与哥哥又随父亲进城来到邵阳，在此度过了整整七年（1972—1978），念完了小学最后两年半和中学四年半的课程。在这期间我曾进入邵阳市业余体校田径班，接受了近五年的“斯巴达式”体育训练。童年、少年时代的生活变迁都是随父亲及家庭的升降沉浮而异动。1978年通过高考，我进入湖南师范学院历史学系学习，才又回到了自己生命的原点——省城长沙。这是自我选择的起点，自感是生命史上的第一次起飞。

改革开放的春风为我打开一片新的天地。在这个钱钟书先生称之为“三间大学”（湖南师范学院的前身为国立师范学院，抗战时期钱钟书与他父亲钱基博曾在此校任教，1984年改名为湖南师范大学）的地方完成了本科、硕士学业后留校任教，1989年考上华中师范大学中国近代史专业的在职博士研究生。1978—1992年这十五年是自己学业积累的最重要时期。前三十年除了高考幸运地“中彩”以外，虽然没有大进，但却与时俱进，跟随时代的步伐向前迈进，一步一个台阶，向上登攀。湖湘大地留下了我长途跋涉的不倦身影！

1993年5月底，我只身北上，来到北京大学历史学博士后流动站工作，这是生命旅程中的又一次飞跃。两年后出站，留在北大任教，从此长居京城。从1993年成为中国历史学第一位博士后，到1999年晋升北大教授，再到2019年获聘为教育部“长江学者”特聘教授，一晃又是近三十年，我与北大一起成长！这三十年依循工作岗位的要求，平稳发展，心无旁骛，扎扎实实地做成了京西中关村的一个“村民”。

我的生命旅程在同龄人中多少有些特别。之所以这样说，既与那些单纯浸泡在城市文明生活中的都市型知识分子不同，又与出身农村、后来经过各种途径进入城市，有着农村、城市两栖生活经历的转换型学人有别，我经历了中国不同层级的生活。从繁华的省城下沉到偏远的农村，又从最基层农村耒阳公平圩、绥宁武阳，到县城绥宁、地级市邵阳，再到省会长沙，最后到首都北京，我看到且体验了中国不同社会阶层、不同层级的地方生活，对20世纪七八十年代省、市、县各级行政运作有着比较直观的接触，这是父亲带给我的一笔精神遗产。这种生活经历使我对环境变化养成了一种随机应变、随遇而安的天然适应能力，能上能下，任何时刻都能积极地应对自己的处境。加上在本科、研究生期间身边同学来自工、农、兵、学、干不同阶层，这些“无字之书”更是让我倍增见闻，获取了许多不易在书本上见到的知识。进京以后，我多次到访港、台地区，出访欧美、亚洲各国，广结善缘，结识了不少海内外学界朋友。阅历是财富，丰富的阅历更是一笔宝贵的财富。我的社会阅历虽说不上丰富，但确是见多识广。在我有限接触的圈子里，这样的经历，比我年长者不乏有之，但在同龄人或年轻人中确属鲜见。由于时过境迁，这样的经历再也不可复制，它对我了解国情、认识社会、研究历史自然有极大助益。

从1977年开始自觉地追求学业、开启自我成长的征程，迄今已有四十余载。从时间上来说，它并不算短。但自我测算，成果有限，颇感惭愧。自己从事中国近现代思想史、学术史、文化史研究，精研过严复、胡适、丁文江、傅斯年等名师案例，相比起前辈，常有高山仰止之叹。我们这一代人生活在和平环境里，新时期的这四十余年，中国的基本取向是改革、开放，比起前几代人从各方面的条件来看，应该说要好得多，自我经营的空间也要大得多。现在回过头来看我们走过的路程，祖国发生了翻天覆地的巨大变革，但我们个体实际取得的成就总感觉屈指可数，这样断言对自己并非苛求。究其原因，可能还是缺乏德国人所说的那种“彻底的精神”，或者说追求极致的专精。专业主义也许会局限你的选择，但会引导你走向深入。真正富有价值且经得起时间考验、具有长久生命力的还是那些达到极致境界的精品之作。

我的专业是历史研究。前一周在出席一位朋友的新书《向历史借智慧》的发布会上，我感慨地说：

> 历史是一部大书，读懂它并非易事。《向历史借智慧》提出三原则：只有读真实的历史才能使人明智，只有读全面的历史才能使人明智，只有用思辨的方法读史才能使人明智。这是作者读史的经验之谈。事实上，获取真实的历史、全面的历史谈何容易？！它本身就是一个问题。作为客体对象的历史与主观书写的历史之间总是存有差异，从客体到主观，再从主观到客体，反复体察，你才可能悟出其中的奥秘。
>
> 向历史借智慧，需要联系我们自己的境遇想象历史。对过往的历史要存敬畏感，要有同情心，要下判断力。只有联系现实问题的读史，才能产生机敏的灵感；只有怀抱悲天悯人的慈爱，才会对历史具有深透的理解；只有富有力感的读史，才能产生冲破时空阻碍的穿透力；只有进入历史低谷的深邃的洞察力，才能迸发出智慧的火花；只有“不役于物，不蔽于欲”的读史，才会产生超越功利的大智慧。历史是一座宝藏，从历史中掘取智慧，需要我们付出探索的勇气、无畏的精神，在过往、现实、未来三维时空架起一座沟通的桥梁。

这是我长期从事历史研究的真切感受，也是我想与热爱历史的人们分享的些微心得。

“多少事，从来急，天地转，光阴迫。”上帝留给我的时间不多了！即使能健康地活到90岁，也只剩下30年了，生命的旅程已经走过三分之二。如果再遇到像这三年疫情之类的不测变故，出现非正常的生命异动，那就更是令人扼腕和遗憾的事了！此次新冠疫情增加了我们心中的生命无常之感，对世界的未来投下了某种不祥之兆的阴影。明天的世界会更好吗？这个少时非常自信的问题，现在却随着各种不确定因素的持续增加变得越来越难以解答，我们的生活越来越受限于某些不可控的因素。

珍惜当下，好好活着！这是大多数经过疫情后的人发出的心声！大家不再像疫情以前那样斤斤计较，对人为的内耗也不再感兴趣。重新生活当然不易，世界已不再是过去的那个世界，人们的心态都变得沉郁而易感，我们的余生将会面临更多的不确定性和新的挑战！这不是对未来的悲观，而是我们当下和将来都要承受的现实！

“却顾所来径，苍苍横翠微。”又一度春风拂面，春天重回神州大地！人们带着复原的身体重新上路，开启疫后新的生活模式。我由衷地祝福亲爱的祖国度过疫情后早日恢复正常，以昂扬向上的生机，走上新的健康发展之路！祈愿人类排除干扰，理性处理好各种争端和新的危机，重建世界和平秩序！愿我们共同拥有美好、光明的未来！

2023年3月6日于京西水清木华园

目 录

卷一 学林春秋

卷二　名家学衡

卷三　湘学寻踪

卷四　岳麓书缘

卷五　胡适丛谈

附录　胡适研究

卷　一

学林春秋

1978：生命中的第一次起飞

一个政治化的社会，个人的命运往往与国家的命运密切相连。一项国家政策的出台，可以给你带来意想不到的机会，也可能造成无法克服的障碍甚至灾难。个人与国家的这种密切关系，使人们对政治生活的动向容易产生特别的敏感，也常常使人们对命运的不测感到无奈。在国家政治生活不正常时，个人的升降沉浮是无序的，每个人都难以自控。在这样一种状态下，人们对机会的窥伺和捕捉常常能决定自己在未来的排序，个人有时的确显得特别渺小和可怜！用过去人们习惯说的一句老话就是：我是一颗螺丝钉。当然，如果国家政策与个人利益之间的关系相对吻合，人们的自主性和积极性就会被充分调动起来，整个社会也会真正形成比较活跃的气氛。

高考，现在已是教育界一年一度的常规事件。对今天的高中毕业生来说，不过是一次可以期待的机会，而对我们1978

年高中毕业的那一届中学生来说，则是一次意想不到的天赐良机，一次神奇的经历。前一年，也就是1977年，中央政府决定恢复高考制度，以考试成绩为标准招取大学生，代替“文革”中一度实行的以推荐保送招收“工农兵学员”的办法。这是粉碎“四人帮”后出台的第一项具有制度性变革意义的政策，其意义不仅在于纠正了“文化大革命”的极左路线，而且在于它是启动新时期中国现代化改革事业的一个有机组成部分，为中国科教事业的振兴打开了一个突破口。

我有幸经历了这次变革，在1977年冬季、1978年夏季两度参加高考，并且第一次以应届生的资格考上大学。我的生命与祖国的生命一样，在经历了“文化大革命”以后，迎来了新生。

粉碎“四人帮”以后，虽然极左思潮仍存在，但国家逐渐走向安定，人们由对长期内乱的厌恶转向对秩序的期盼，这为各种整顿性改革措施的出台奠定了一个心理基础。学校的秩序朝着有序、理性的方向发展，最明显的变化就是劳动课、政治课的比重逐渐减少。到了1977年春天，我虽然还在参加学校、市里的田径代表队的训练，但心里已有一种预感：读书，对于自己的前途至关重要，可能成为一条新的出路。

“文革”时期，招工、招兵、招干、招生都不需考试，而是由单位推荐决定。这样一来，个人表现（特别是政治表现）自然成为考量的一个主要标准。不过，各部门、各单位为了自己文体活动的方便，也招收一些特殊人才，即在文艺、体育方面有特长的人。父辈们为了孩子们的出路，往往鼓励或帮助自己的孩子在文体方面学习一技之长。我哥哥先后就学过吹笛子、拉二胡，但学习这两项的人才似乎很多，也就不足为贵。哥哥想学拉小提琴，因费用太贵，家中供养不起而未成。他只好另寻他途：搞创作——写诗。哥哥高中毕业时，是学校有名的高材生，曾经在市里各中学巡回作学习经验报告。但高中毕业后，他别无选择地作为知青下放农村，读大学无望后，就只能往招工这条路上挤。

我从小为了练出一技之长，则进了市业余体校的田径队。从小学五年级（1973年春）到高中一年级（1977年夏），五年如一日，日晒雨淋，每天花三小时（早晨一小时，下午两小时）奔跑在田径场上。这是一种斯巴达式的训练，它锤炼人的意志与耐力。经过自己的苦练，我在市、地区的中长跑项目中名列前茅，进而参加了省里的中学生比赛。1977年春天，我虽然还在田径队训练，但开始挤出时间来补习功课。我的补课是从化学这一门课程开始的，我找到了一套哥哥留下的中学化学教材，这套教材与“文革”前的教材有相近之处。我开始一册一册自学起来，很快地钻研了进去。经过一个暑假，三册很快就学完了。化学考试立马见效，高二分科考试时，化学成绩居然有90多分。随后又补习数学，进展也很顺利。

1977年秋天，社会上传出了轰动性的消息——恢复高考。因为前面半年时间的自我补习，我对学业开始有了信心。我决定退出田径队。当我将这一想法告诉教练C老师时，他感到非常意外，甚至有点难以理解。他是市里声名卓著的短跑教练，培养出了好几个优秀运动员，将他们输送到了省专业队。他视我为一棵可以培养的苗子，特意关照，因当时队里比较好的短跑运动员，都为女队员，没有男队员。我本来是跑中长跑的，C老师加重了我的速度训练的分量。在他手下训练，我提高颇快，C老师也很感得意。训练中他有时还穿起钉鞋，陪我一起练习。我提出了退队的要求，他自然很生气，当着全队发了一顿脾气，保证只要我继续参加训练，即使当不上专业运动员，也可以考上大学的体育专业。但我以沉默表示了自己的拒绝。我选择了去文科班复习功课。这是我第一次为自己的前途作出选择。当时我作出这一抉择，的确需要很大的勇气，因为我不是顺着自己已有的优势惯性走下去，而是另谋他路。然而当时我的决定可谓果敢而坚定！后来的发展证明，迈出这一步是多么富有远见，它决定了我后来的人生道路。父母对我的这一选择，既不表态支持，也没有表示反对。用父亲的话说："诚者自成。"他们对小孩的态度似乎总是无为而治，听其自然。

文科班的学习非常紧张。我给自己制订了一个学习计划和每日作息安排。每天早晨五点钟起床读书，晚上十一点钟才睡觉。除上课时间，其他时间全部排成自习。那时复习既无大纲，又无教材，全凭老师临时赶写油印的复习材料，老师的引导自然就更重要了。好在我所上的邵阳市第二中学在"文革"前是省里的一所重点中学，学校有一批富有教学经验、出类拔萃的教师，他们都是"文革"前毕业的正规大学生，受过比较好的学术训练，积累了丰富的教学经验。他们在驾驭这次突如其来的迎考备课时，临阵不惊不乱。尽管这是"文革"后第一次组织学生进行强化复习，但他们毕竟是过来人，曾经有过这方面的经验。学校将这批业务水平高的教师全部派给毕业班，这无异于亮出了学校的“名牌”。他们焕发青春，又像青年时代一样投入指导学生复习的工作之中。昔日的“修正主义权威”或“白专”典型开始“硬”起来了。

名牌教师成了一个学校实力的象征。给我印象最深的是历史老师T。这位老师，“文革”前在全市赫赫有名，却因为一些生活作风问题，名声扫地，一蹶不振。“文革”期间，中学历史课程被取消，他基本上就被废置不用了。批林批孔运动时，因为需讲“儒法斗争史”和“劳动人民反孔斗争史”，他才得以给学生们上了几堂讲座式的历史课。他头发略微卷曲，眼睛深陷，可能有少数民族血统，形似外国人。学生们习惯于直呼他的绰号“托玛大叔”，这是罗马尼亚影片《多瑙河之波》中男主人公的名字。他的课真是棒极了，上课从不看教案，娓娓道来，如行云流水一般，能吸引学生们全身心投入。1978年春节，我和几名同学去给他拜年，这可能是十多年来学生们第一次登门给他拜年，我们是怀着崇拜的心情去看望这位有专业才能的老师的。

听语文老师L的课，真是一种享受！记得他上的一节幻灯教学示范课，授课内容是鲁迅的《祝福》。那时，鲁迅大概是五四作家中唯一一位走进中学语文课本的作家。小学时代，我们念过他的“横眉冷对千夫指，俯首甘为孺子牛”的诗句。初中时读过他的《孔乙己》《狂人日记》等作品，但理解程度显然不够。与“文革”的整个教育背景一致，老师们总带着强烈的阶级感情来解读鲁迅的作品，学生实在很难理解老师讲述的那些思想意义。这一次，L老师却是从人道主义的角度来阐释《祝福》的主题思想，他不断用悲伤的语调模仿着祥林嫂逢人就讲的那句口头禅："我真傻，真的。"我们的心随着他低沉的语调往下沉，整个课堂的气氛，若鲁镇那灰暗色的天空，阴沉、压抑。我强烈感受到鲁迅文学世界的艺术魅力和思想感情。这是我中学时代听过的一节印象最佳的语文课。至今我还记得那次课堂的场景，L老师那清悦入耳的声调、他略带忧郁的眼神、他工整有序的板书，给我们一种精神享受，他是一位学生永远也忘怀不了的好老师！

还有带着肺病上课的政治课W老师、风度翩翩的英语课L老师、慢条斯理的数学课H老师，他们都是学校的"精选之作"。在那个关键时刻，就是这样一批名师陪伴我们复习迎考。在那个关键时刻，我能得到这样一批名师的悉心指教，真是一大幸运！

那时，还有一本对我影响至深的书，确切地说，是一篇报告文学作品——徐迟的《哥德巴赫猜想》。它当年轰动中国，也可以说是最打动人、最激发起人们读书热情的一篇文学作品。它的影响范围远远超越了文学，主人公数学家陈景润一时亦成为全国科技界、教育界、文化界的知名人物。在没有忘怀英雄，但所有过去的英雄偶像都被打碎之时，陈景润成为一个已经拉开序幕的新时代的英雄，他属于一种从未被塑造过的英雄类型——知识分子英雄。哥哥一拿到新出刊的《人民文学》，就推荐我阅读这一篇作品。我立即被徐迟充满魔力的文字所吸引，被陈景润的求学事迹所深深感动，陈景润立即成了我心中的英雄偶像。他对专业研究的认真勤奋，他对时事政治的冷漠态度，他对日常生活的毫不讲究，他那痴儿一般的科学钻研精神，都与一个落幕的“文革”时代形成强烈反差，我们狂热地崇敬他。陈景润不仅成为鼓励我学习的一个偶像人物，而且他的生活观念或者说生活方式，长久地影响着我，影响着我们这一代的许多人。

学习太紧张了。说是复习迎考，其实是从头开始学习，因为许多课程和知识，我们从前根本就没有学过。用一年的时间，将过去所欠的账全部还清，能不紧张吗？我严格按照自己制订的作息时间和学习计划抓紧学习，每天早晨五时跑到地委院子后面的招待所，在一间会议室里自习两小时语文、英语。然后，回家吃早餐。八点钟准时到校，白天在校上七节课（上午四节，下午三节）。下午五时回到家中，先用一小时做完老师布置的作业。晚上则自己找其他一些相关的复习资料加以补充。这样安排的突出之处是在早晨比一般同学早起两小时，而早起的习惯是我参加体校训练时养成的。当老师知道我的这张自习作息时间表后，向全班同学推荐。大家从中似乎都感觉到一种精神的压力，争分夺秒投入自身学习，舍弃一切其他的文娱活动。全身心投入学习，这就是我那时表现出来的一种饱满的精神状态。

父亲上过大学历史专业，家里还留有吴晗主编的《中国历史常识》、林汉达撰写的《西汉故事》等通俗历史读物。“文革”时给干部散发了一些《国际知识》《各国概况》等参考读物，隔壁的邻居订有一份《参考消息》。这些读物都为我所喜读。这些不经意间阅读的书没想到为我积累了有用的历史、地理、政治知识，凭着业余阅读，在历史、地理、政治科目上，我算是有了“雄厚”的基础。班上考试时，历史、地理、政治三科我总是名列前茅，但语文成绩并不突出。班上有几名作文“高手”，从小就怀抱当作家的理想，开口巴金，闭口茅盾，写作训练甚勤，经常向一些刊物投稿。他们的作文，老师常常拿着当范文在课堂上宣读。我虽然读过《水浒传》《西游记》《红楼梦》《封神演义》《杨家将》等古典作品，也看过《青春之歌》《红旗谱》《烈火金钢》《红日》《铁道游击队》等红色经典，受哥哥的影响，还从事过一段时间诗歌写作，但几乎没有接触过茅盾、巴金、郁达夫、郭沫若这类具有“小资产阶级情调”作家的作品。

1977年的高考放在冬天进行，学校决定选拔个别拔尖的学生提前半年参加高考，为下一次高考积累一些经验，这显然是一个明智的决定。为了选拔参加高考的学生，学校举行了一次选拔性的模拟考试，考试科目、时间全都照高考的模式进行。根据考试情况，学校决定推荐前六七名学生提前参加高考，我在被推荐之列。对这批尖子，学校另开小灶，晚上上补习课。这免费增加的补习，真是不可小视的一项待遇。老师赶制后新发下来的那些粗制油印复习材料，成了我们如饥似渴啃吃的速成精神食粮。

1977年高考由各省自己出题，自己考试。那一年我没被录取。不过我还是一名在校的高二学生，就当是一次演习吧！能与比我大八岁的哥哥一起走进一个考场，与曾经担任过我初中班主任的女老师一同考试，这对我而言自然是一次莫大的鼓励，也使我感到机会难得！考完试后，老师对试题和优秀作文作了分析和讲解。那年湖南省的高考作文题目是“当我走进考场的时候”，老师将省里得分最高的三份作文答卷读给我们听，三份卷子都是老三届的高材生提交的。本来有望在十年前就进入大学，然而一场“革命风暴”却冲走了有志青年才俊的求学希望，打碎了他们美丽的大学之梦，黄金一般的青春岁月被虚掷在没完没了的革命运动和下放劳动之中；十年以后才获得一次走进考场的机会，其心情可想而知啊！其中一个考生诉说了他下放农村时因偷看“毒草”小说——《青春之歌》，而被全队开会批判的故事，听完这些用生命写成的范文，我们都感动地流下了眼泪。这样的作文答卷大概是“前无古人，后无来者”。它是用惨淡的经历凝成血泪一般的文字，它像一份份愤怒的声讨书在控告那场内乱。

高考很快成为全社会关心的焦点。书店里的相关书籍开始成批出现，一套“数理化自学丛书”成了当时最热门的畅销书。非正式的复习材料也在各中学流传，父辈们为打听相关的信息而奔走。我从父亲的朋友C伯伯处借到了一册外地中学印制的较为系统的高考复习资料，视为“秘笈”，仔细研究该书所蕴藏的信息，从头至尾全部背诵，烂熟于心。

1978年高考改为全国统一考试，这也是恢复高考后应届生第一次参加考试。越是临近高考，学校举行的各种测验、考试则越频繁，每次考完后，都要张榜公布成绩和名次。我的排名越来越靠前，学校为了“锦上添花”，在政治上给我留下好的记录，又动员我填写一份入团志愿书。我从小就怕填表，因为每当填家庭出身和各种亲属关系那一栏时，我幼嫩的心灵仿佛就会被拷打一次。现在学校对学生的考核重成绩，不重出身，主动动员我入团，这种处理与以前大不一样，自然卸下了我的心理包袱，历史向前跨进了一大步。到毕业考试时，我以每科平均90多分的成绩遥遥领先，进居学校文科班第一名。高考成绩张榜时，我又以全市应届生第一名的成绩考上了湖南师院（大学本科）。有意思的是，在接收录取通知书时，还出现了一个小插曲。我在填写高考志愿书中的通讯地址时，填写的是父亲所在单位的门牌号码——城南路23号，而没有写单位名称，结果邮递员却不知什么原因没有找到这个地址（他只知地委大院，而未看到地委大院的门牌号码）。我母亲为此急得到处打听，最后我只好与母亲去邮局查询，邮局才在待处理的信件中找到了我的通知书。因此，我比一般考生晚了几天才拿到录取通知书。以后母亲总是把这段逸事当作笑话讲给其他人听，真可谓好事多磨！当拿到大学录取通知单时，我突然感到自己长大了——那一年我才刚满16岁。

一个人在学业上欲上升到一个新的层次，势必要通过过硬的训练，闯过一道道考验的难关，才有可能获得真正的进步。一个人要成大器，则要在恶劣的环境中摸爬滚打，经过一番历练，才能真正站立起来。我们这一代人经历的第一道关卡大概算是高考，它是我们这一代人的第一个分水岭，虽然说不上有什么艰难险阻，但它也的确是我用全力进行的一次冲刺。

一次制度变革改变了我的命运，改变了我们这一代人的前途。尽管今天人们对高考制度有各种异议和改革之声，但这毕竟是上了轨道的改良，与那些不讲规则的“革命”完全是两码事。应当说，高考这一条路当年也还很狭窄，我的同龄人绝大多数并不能通过高考这一途径进入大学深造。1978年全国有两三百万人参加高考，其中只有二十余万人被录取，高考录取率只有百分之一，可谓货真价实、不折不扣的百里挑一。但人们从这条狭窄的道路中终于看到一种新的指向、新的希望，开始追求个人的学业，并通过种种途径（如报考电视大学、高等自学考试等）来修补自己在学业上的不足。1978年，这是一个关键性的转折点，一切从这一年开始发生变化，无论国家，还是个人。从那以后，我获得一种与祖国一起起飞的感觉。

2008年2月9日于北京

（收入向继东编：《革命时代的私人记忆》，花城出版社，2010年）

探寻学术的人生之路

我与邓广铭先生

我1993年6月来北大，当时是做博士后研究，合作导师是刘桂生先生。他刚从清华调入北大，其早年就读于清华，颇得陈寅恪先生治史之遗风，与之交谈，使我对陈门学术始有了解。

我来北大做博士后研究，得益于邓广铭先生的推荐。从1993年初来北大，到1998年1月邓先生去世，这五年间，我和他老人家过从甚密。我们俩的专业并不一样，他攻宋史，我研究中国近现代史，我们之间的共同语言是胡适之先生。邓先生曾经做过胡适之先生的秘书，而且因是亲历者，对民国那一段的学术也比较熟悉。像陈寅恪先生，还有老北大与中研院史语所的情况，他都了如指掌，知道很多掌故，聊天的时候，这方面他说得也比较多。宋史不是我的专业，我从邓先生那里，主要是想了解一些他对民国学术界的印象和看法。我曾经应一家杂志的约请，采访过邓广铭先生，并为一套丛书编过一本小册子《邓广铭学述》，目的是向更多人宣传他的治学经验。邓先生去世后，我写过一篇纪念文章《博学于文，行己有耻——邓广铭先生与他的精神世界》，回顾我和他的交往。我算是他的忘年交了。

邓先生早年的学术训练对他的成功有很大的作用。他20世纪30年代在北大史学系完成本科教育，基础非常牢固，当时北大史学系师资阵容强大，名师很多，邓先生是当时比较突出的学生，也确实得到了不少名家的指点。胡适之先生就是他毕业论文的指导教师，他写的《陈龙川传》，胡适之先生给了95分的高分。中国古代史领域的一些名家，如孟森、傅斯年、钱穆、蒙文通，都教过他。毕业之后，他留在北大文科研究所工作，得到过中华文教基金会的资助。抗战期间，他在复旦大学当了两年副教授。抗战胜利之后，又回到北大，还是当副教授。

我虽不做宋史，但是和邓先生也有共同的兴趣，就是做历史人物研究。邓先生先后研究过陈亮、王安石、辛弃疾、岳飞，他的人物研究涉及面比较广，有政治家、军事家、词人、哲学家，这与他受胡适之先生的影响有关，因为胡当时在北大开过一门课——传记文学。

做一些比较实证的研究是北大历史学系的特色。北大历史学系有很多自己的特点和传统，这里起点很高，是中国最高水平的历史教学和学术研究机构。许多老师的中学西学都有相当基础，学养很高；北大学生典籍阅读相对其他院校比较多，外语基础也不错，有不少非常优秀的学生。这里师生们的眼光也比较高，追求在国内外高层次的刊物上发表文章，一般来说重质而不太求量。这也是一个传统吧！就是要求出精品，而不是追求数量上的多。很多老师淡泊名利，一心向学。我个人的阅读兴趣比较广泛，文史哲方面的东西我都喜欢读。我虽有自己的专业，但也喜欢读邻近学科相关的书，看了不少兴趣书，典籍阅读量也比较大。

难忘林增平先生

来北大之前，我的学术主要受林增平先生影响。我从本科时期，就开始聆听林先生讲课。中国近代史这门基础课，是林先生上的。林先生的《中国近代史》一书在1958年出版，当时国内有好几个人在写《中国近代史》，只有林先生写完了，它是第一部完整的中国近代史。范文澜、戴逸等其他一些学者也在写，但都只是出版了上册。林的这部书是在他讲义的基础上写成的，是一部带有个人著述性质的书，无论是文字润色，还是框架设置，他都下了很大的功夫。尽管他吸收了一些旁人的研究成果，但无论是整体架构还是里面的很多具体内容，都有他自己的看法。另外，这部书在文字上也自成一格，不像其他教材，语言千篇一律，比较刻板，这部《中国近代史》称得上是林先生的个人著作，相当程度上体现了他个人的风格。这部书出版后，因在当时是第一部中国近代史教材，备受人们的广泛关注，不断重印。一直到“文革”开始前，还只有这一部，同行的人都知道这部教材，林先生就是靠着这部书，在“文革”之前评上了副教授，这在同辈学者中可谓凤毛麟角。不幸的是，“文革”的时候，他却因这部书横遭批判。

林先生第二部引起人们关注的作品是《辛亥革命史》。1976年，中央想搞一部《辛亥革命史》，组织了一套班子，由章开沅先生牵头，定的是章开沅先生和林先生主编，这是一对好搭挡。搞《辛亥革命史》，林先生付出了很多心血。从全书构架到组织撰写，林先生下了很大气力。这部书是为了纪念辛亥革命70周年而作，1981年人民出版社出版了上、中、下三大册，宋庆龄题签书名，社会反响热烈。这套书是林先生比较重要的第二个产品，它是一部集体作品，参与此书撰写的同人对林先生的为人和治学都很敬佩，一般都尊称他为“林公”。

后来，林先生也做了一些其他方面的研究，如孙中山与辛亥革命史研究，在这一领域他写了一些论文，并组织了一些学术活动。到晚年，他又开创了一个新的领域——湖湘文化研究，在这方面他撰写了一篇具有开拓性意义的论文——《近代湖湘文化试探》，刊登在《历史研究》1988年第3期上，后来他又以此题申请了一项国家社科基金。这些大概就是他的主要学术功业。

我在1978年9月上大学，中国近代史一课的主讲老师之一是林先生，他大概讲了三分之一，是从鸦片战争到太平天国这一段，我的中国近代史研究就是林先生引导入门的。他备课认真，给我们介绍了很多学术界的最新动态。他给我的印象是：治学非常严谨，讲究实证。1984年我在他门下开始攻读硕士，1987年毕业，毕业论文选题是《胡适的早期政治思想研究》。这与他所做的辛亥革命史研究，虽然不属一个领域，但他还是很欣赏我的这个选题。1989年，我在职攻读博士学位，当时挂靠在华中师大的博士点。我的中国近现代史学术训练都是在林先生手下完成的。

林先生治学有两点对我影响很大：

第一，坚持实事求是、解放思想。这是现在流行的话语，但这绝不是套话，他在学术上讲究实证，讲究靠证据来进行严密推理，非常严谨，这一点和中国史学的考证传统可谓一脉相承，有一定的继承性。至于解放思想，就是他不为“左”的教条所束缚，当然，他的解放思想是以实事求是为前提的，绝不是什么胡乱解放，这一点很重要。在中国近代史学界，林先生是属于思想比较解放的，但又相对稳重的这部分人的代表，这一部分人是中国近代史学界的中流砥柱。林公还是一位比较地道的纯学者，当然，他所使用的理论工具也是历史唯物主义，但是，他和20世纪六七十年代的“左”倾思想始终保持着距离。大概在20世纪60年代以后，林先生开始进入辛亥革命史领域，到20世纪80年代，他主要研究中国近代的资本主义和资产阶级。他之所以选择这一研究领域，明显带有思想解放的痕迹。因为在中国近代史研究领域里，在20世纪五六十年代，很多人都是热衷搞农民战争史、农民起义史一类的研究，太平天国、义和团一度是热门话题。现在来看，他当时研究近代资本主义，也没有什么重大突破或“出格”的地方，但是，当年学术界的格局就是这样，搞农民战争史的人占多数，在那个时候从事近代资本主义研究，研究洋务运动、辛亥革命，确属很难得了。他对义和团运动评价不高，对太平天国的评价也不是很高，不怎么认同一度流行的“三大革命高潮”论。他认为，义和团运动与此前的戊戌变法以及后来的辛亥革命相比，其历史地位并不是那么重要，虽然是一场反帝运动，但带有很大的局限性，不值得作为“革命高潮”来推崇。我记得《光明日报》曾组织一批学者就义和团运动发表意见，学者们各抒己见，占了一整版，林先生的发言可以为证。

第二，林先生很讲究历史学各种技艺的训练，有意培养学生掌握各种历史学研究的技能。我在攻读硕士学位期间，情形就像是师父带徒弟一样，和现在的研究生教学情况不太一样。他给我们上过三四门课，每一门课的作业都是不同体裁的，有时候让你写一篇人物传记，有时候专门布置一篇考证，某些史实有问题就让你写一篇考证文章，有的时候让你写一篇综述。硕士生期间我发表过一篇《左宗棠研究述评》。经过他严格的训练，我感到自己慢慢地进入到专业研究的角色。林先生很注意让学生参加各种学术研讨会，在硕士期间，我们就参加过一些学术活动。第一次参加的全国性学术研讨会是左宗棠学术研讨会，我与人合作提交了一篇《左宗棠研究窥探》。后来又参加了一次全国青年学者孙中山研究学术研讨会，提交的论文是《论孙中山的民主观》，刊发于中山大学出版的《孙中山研究论丛》。现在的硕士生参加这样的学术研讨会的机会很少，几乎要推到博士生期间才有机会参加学术会议。林先生鼓励我们多参加学术会议，日积月累，这也成了我的习惯。我现在还是这样，积极参加与自己研究相关的国内外学术会议。

我开始搞胡适研究的时候，还有一定的忌讳，做这方面的研究，需要一定的勇气。我硕士毕业后不久，湖南召开第二届中国近代文化史学术研讨会。第一届是1985年在河南召开的，到了1987年，在湖南开第二届会议，这次会议和魏源学术研讨会合在一起开。我参会提交的论文是《重评胡适》，在会上引起了人们的关注。

林先生当时在学术界有一定影响，影响还不小。他和搞洋务运动史的李时岳先生不大一样。李时岳先生的思想很解放，但相对来说，他搞的实证性研究还是少一点，给人的感觉是稍微"冒"了一点，才气多于考证。当然，李时岳先生也是一个很有深度的学者。他在《历史研究》上发表的《从洋务、维新到辛亥革命》，引起了一些批评，他对传统的"三大革命高潮"论提出了挑战，提出"三个阶梯"论，我读后颇受震撼。因为受到各方面的批评，他后来又做了一些修正。其实，今天来看，他的主张也不失为理解中国近代史的一条线索。当时，他还缺乏较多实证性的研究来为之铺垫，就打出了自己的旗子，这就难免受到别人的质疑。当然，搞洋务运动史的人很多，有的人的观点比较中性一点，像姜铎先生、夏东元先生，也有人仍坚持传统观点，否定洋务运动。搞实证做得比较好的是汪敬虞先生，林先生很推崇汪敬虞，在讲授近代资本主义史的时候，推荐的论著都是汪敬虞写的。

由《重评胡适》进入胡适研究

《重评胡适》一文在当时影响很大，原因大概有三点。第一，我引用了不少马克思主义经典作家的原文。像马克思怎样评价黑格尔，恩格斯怎样评价巴尔扎克，列宁怎样评价托尔斯泰，这些无产阶级革命导师怎样评价那些文化成就巨大但在政治上有一定局限的文化名人，我也用这种模式来分析胡适。这样做，也是我导师的建议。第二，关于胡适的政治思想、政治道德，是从两面性来评价的，他有革命的一面，也有妥协的一面。这是当时能够接受的一种处理。第三，讨论胡适的文化成就、胡适与新文化运动的关系。就这么一篇文章，责任编辑考虑了很久，想发又不敢贸然发，后请示林先生，因为林先生是校长，林先生亲自签字同意，编辑才敢发。后来，这篇文章被《新华文摘》转载，还有十多家报刊也转载了，影响的确比较大。

这篇文章明确地提出要重新评价胡适。此前也有人做过尝试，耿云志先生主要是提出重新评价胡适对新文化运动的贡献，白吉庵先生也讨论过这个问题。我的这篇文章还是从马克思主义角度来评价胡适，在当时也是一种尝试，这样就找到了一个理论上的依据，一个新的突破口，在大家都能接受的条件之下，重新评价了胡适。

耿云志先生研究胡适比我早很多，我是1985年才开始注意胡适这个人，耿先生在1975年就开始接触胡适，他当时参加《中华民国史》的写作，里面有一个项目《民国人物传》，现在已出了11本，里面有他写的胡适的传记。耿先生当时很年轻，他1938年出生，那时也才30多岁。耿先生的首篇胡适研究论文，是在1979年前后为了配合纪念五四运动60周年而写的。耿先生在1986年出版了《胡适研究论稿》，当时他已是学术界引人注目的胡适专家了。

社科院近代史所还有一位搞胡适研究的白吉庵研究员，他的《胡适传》曾经在《光明日报》连载，影响很大。后来白先生又将此文扩充成为一部长篇的《胡适传》。还有武汉大学的易竹贤，他的《胡适传》文学性较强，有一定的可读性。耿先生和白先生都采用了近代史所收藏的胡适档案，他们是近水楼台先得月！

我从研究胡适早期思想入手介入胡适研究，这是一个颇有学术价值的视点，当时还没有人做。为此我专门去上海、北京查阅相关的胡适早期资料，在这两处待了一个多月，抄写《竞业旬报》《留美学生季报》上刊登的胡适的早年文章，当时这方面的资料还没有人整理。硕士毕业后，因为湖南没有特殊的材料，胡适研究自然就放下了。1988年有一种很特殊的文化氛围——文化热，学术界都很浮躁，大家都在议论一些大的文化题目，都处在躁动当中。

当时台湾有一些人也研究胡适。如大名鼎鼎的李敖、连战都做过胡适研究，有关胡适作品的研究、胡适思想的专题研究、胡适的传记作品，应有尽有。

1990年是胡适诞辰100周年，台湾举办了一次征文活动，我拿了第一名。文章讨论的是如何认识和评价胡适的自由主义思想，这篇文章收入在《新文化的传统》一书里。当时在台湾岛内，自由主义也是一个忌讳的话题，台湾岛内对自由主义也不是很认同，文化保守主义力量很大，很多人对自由主义思想很有保留。当时的台湾地区是国民党执政，正统的指导思想还是从孙中山到蒋介石这么一条线索，对自由主义还是比较排斥的。我的文章主要是要给胡适一个新的历史定位，在当时确有一定的影响。

主编《胡适文集》及其他

在我编《胡适文集》之前，人民文学出版社已出版过胡明编的那套《胡适文集》，我那一套《胡适文集》的篇幅超过了人民文学版的《胡适文集》，规模上在那时是最大的一套，编纂的方法可以说也比较专业。另一个好处就是好用，它是按照胡适作品的原始版本来分卷，有些编者编辑胡适的作品，喜欢打乱原来作品的次序或另取一个题目，台湾远流版的《胡适作品集》，就是每册另取题目，这种做法，行家都不太喜欢。行家比较喜欢的，就是按照胡适作品的原形来编辑。我编的《胡适文集》有650多万字，其中新挖掘的有100多万字。胡适的早年文存没有人好好编过，我做硕士论文的时候，就开始接触他的早年文稿。当时我在上海、北京跑了一个多月，搜集、复印了相关材料，但没有能力把它出版，现在利用编辑《胡适文集》这个机会把它出版了。还有胡适的演讲集，台湾出过，但我这次搜集的文稿数量更多；《胡适集外学术文编》是重新编的，《胡适时论集》也是重新编的，过去有人编过，但是篇幅很小。《胡适文集》这套书每一本前面都有两页照片，照片数量很多。所选收的胡适照片，也经过精心安排和选择，有些照片还是首次发表。

安徽教育版的《胡适全集》出来后，一般人肯定还是用我的书，全集只印了1000套，发行范围有限，一般人也买不起。我编的文集印了4000套，它比较方便、实用，人们还是更倾向用我编的文集。我编的文集比较好用，全集不太好用。全集新增加的有《日记》，但日记此前也单独编过出版了；新增收的英文作品有六七本，很多人看不懂，他们也不用。全集里还多收了200多万字的《水经注》考证，因为太专深，一般人对这一部分可能也不会有兴趣。我想北大版《胡适文集》还是有它独立存在的价值，不会被全集替换或取代。其实，全集也不全，还有很多未收或遗漏。《胡适文集》该有的都有，普通读者已够用。

当一个历史人物成为一个大众关注的话题时，就会出现非专业人士也开始研究和关注的现象。政治人物如孙中山、毛泽东，学术文化类人物如鲁迅，都是一样。这是一个大蛋糕，大家都在争吃其中的某一部分，可能我吃到的是其中比较精要的那一部分，很多人分割了其他部分。大家一起做，就热闹了，对此不必太在意。当然，现在胡适研究领域，人员素质参差不齐。我专注投入自己的研究，不太在意别人怎么研究。现在的文化市场有不同层次的需求，每个人的研究大概也会满足不同层次、不同方面的需求。

每个人爱怎么写，由他自己决定。只要持之有据，言之成理，就像我编过的胡适的一本书的书名“容忍比自由更重要”一样。《容忍比自由更重要》是一部论争集，编纂的难度比《胡适文集》要小得多。此前，曾有人请我编《胡适论争集》，我因手头事太多，借故推辞了。等到我有空的时候，我才动手编《容忍比自由更重要——胡适与他的论敌》。

我虽然思想比较解放，但主要还是把胡适作为一个学术题材来处理，注意发掘胡适的思想价值和思想意义。我是在学术框架内来研究这些问题，不会把它搞成时评政论或随笔杂文一类的东西。有很多人是借这个题材来发挥或抒发自己的一些想法。我可能在阐释胡适思想时发表自己的见解或体会，但是不会引申到现实上——它可能会让人联想到现实，但不会让人感到是在讨论现实问题，这是学术与政治的区别。

学术研究贵在沉潜与探索

我去过一些国家，比如美国、德国。北大每年都有出国指标，北大还有交换学者的名额，我因此获得学校派遣去过美国、德国。国外学者有很多值得我们借鉴的东西，他们研究所使用的框架和方法，有比我们中国学者先进之处，我们自己的研究视角和框架，也存在不少应该改进的地方，这与中国自身的社科研究现状有一定关系。中国的社会科学实际上是从西方引进的，总体上要比西方落后，这是我的感觉。历史学研究所借助的工具，实际上就是西方的社会科学。历史研究要驾驭材料，必须要有适当的工具、方法，马克思主义就是一种理论、一种方法。西方社会科学不断发展，理论方法、研究框架不断创新，西方的史学工作者吸收比较快，但是中国学者要吸收，往往就隔了一层。在社科研究构架方面，我们做出来的东西，和人家比，还是有很多不足之处。我们的研究工具显得相对落后，在一些问题的研究上，我们中国学者占有的材料确实不少，但是西方学者在史料的掌握上，也会有他们的特长，他们掌握了大量的外文资料，特别是在涉及中西关系史的领域，西方学者往往掌握了很多资料。像胡适这样身跨中西的文化巨人，有很多外文资料，包括他本人的英文作品，这方面也必须研究，很多搞胡适研究的学者是不看这方面材料的。现在从事史学研究的，除了搞中外关系史的，一般学者对外文资料的利用都不太重视，这是一个很大的缺陷。在一个学术国际化、中国研究国际化的时代，这是一个值得注意、有待改进的问题。

层次高一些的西方学者，其理论构架意识都非常明确，层次低一些的学者，其逻辑结构意识也比较强。坦率地说，中国学者在这方面还有一些距离，这主要还是因为原来的社会科学训练不够。学术发展需要时间，上一代人外文懂得不多，我们这一代人中有条件学习外语，外文可能好一点，但是真正使用起来也感到困难。外语好的人也可能去研究别的学科了，在历史研究领域，世界史研究者的外语不错，中国史研究者外语好的不多。学外语很不容易，如果不是专门学外语，自己不是因为专业研究而学习外语、利用外语，很难达到比较高的水平。

外语是一个工具，学不好，对自己的学术前途会有一定限制。

我本人不太喜欢追求什么热点。我的研究主要是围绕自己的兴趣，哪个地方可以做，我有兴趣做，才会去做。我研究的胡适，在当时也说不上是什么热点，我是在胡适还不太热的情况下，开始进入这一领域。前面说过，当时做胡适研究的学者，国内只有两三个人，后来大家觉得胡适是一个热点，很多人都来做了。但是，我始终没有把他作为一个炒热的题材来做，大家都来做的时候，我的热衷度反而降低了。

20世纪90年代以后我继续做胡适研究，主要是寻求一些新的学术生长点，发现一个做一个，根据每一个点的具体要求来做。有些题目是应朋友所约而写，如胡适与北京大学、胡适与中研院史语所、胡适与中美文化交流等，好些论文都是这种情况。大家认为我是做胡适的，凡是有关胡适的题材都来找我，后来将这些发表的文章凑在一起，倒确能反映胡适各方面的情况。我选择的往往是以前研究不多或是研究深度不够的一些题目，虽然是一些命题作文，但我还是很认真地去写。

后来，我每年写一篇有关胡适的文章，有的是刊物约稿，有的是为参加会议，这些文章大都是微观的、专题式的。比如，胡适与道家，是为了应付当时召开的一个道家国际学术研讨会，陈鼓应先生约我写这个题目，我觉得可以在这个问题上做点文章，就接受了。这个题目没有人写过。胡适与北大，因当时北大出版社要出一本书——《名人与北大》，主编向我约稿，写一篇“胡适与北大”，这个题目也没有人很好地写过，后来耿云志先生编《胡适评传》也收入了这篇论文。还有《胡适与哥伦比亚大学》，哥大为庆祝建校250周年召开了一次“哥大与中国学术研讨会”，邀请我参加，指定我写一篇胡适与哥大的文章，这也是没人写过的题材。我利用自己在哥大档案馆搜集的英文原始档案，费了很大气力写出来。这篇文章写作难度比较大，但后来受到同行的好评。这篇论文的最后一部分讨论了哥大与中国的关系，在会议开幕式上，哥大校长发言时，引用了文中一些内容。这些文章都是从前没有人写过，或者是别人写得还很不够的题目。还有《中国的文艺复兴——胡适以中国文化为题材的英文作品解析》一文，刊登在《近代史研究》2009年第4期上。此前，关于胡适的英文作品，只有周质平先生写过一篇文章，分量不够，还有一定发掘空间。写作这些论文，好像是在给人讲故事，利用胡适的日记、书信和档案材料，把一个个不为人知的故事告诉读者。

现在我确实不再做20世纪90年代那种“大而不当”的研究。如果要做一些大题目的话，也需要做很多的准备。原来的成果，当时看觉得还可以，现在看就觉得有些问题，甚至看不下去。后来我基本上没有做那种大构架的东西，都是老老实实研究一个一个具体的问题。

学术创新与自我超越

再搞系统性的东西，我可能还需要一些时间沉淀。我一直心存写作一部《中国近代思想史》的打算，想勾勒出中国近代思想史的基本面貌，争取今后用几年的时间将这部著作完成，这也算是自己对时代、对事业的一个交代。我已在做一些专题研究，这几年每年都争取写一两篇相关的文章，最近几年发表的有：《作为一门学科的中国思想史研究》《中国近代思想史上的〈天演论〉》《近代学人对哲学的理解》《评蔡元培的中西文化观》《论陈独秀对新文化运动的思想贡献》等。最近还想写一篇《六十年来中国近代思想史研究述评》，把中国近代思想史的研究状况清理一下。

我打算把这部《中国近代思想史》作为自己一生的代表作之一。过去几年我出版过几本著作，我比较满意的是论文集《新文化的传统——五四人物与思想研究》。《欧阳哲生讲胡适》里面有几篇文章也还可以，它们是近几年写的。最近又出了一本《科学与政治——丁文江研究》。

从今以后，我希望能够将自己的学术研究在过去的基础上提升一个层次。首先，得加强自己的理论修养。其次，在对相关文献的掌握上，自己应该有所拓展。对文献的熟悉程度，我认为很重要。通常我不是一接触文献就写作，而是需要经过较长时间的酝酿、思考、梳理，深思熟虑后才进入写作状态。最后，我想以一种大家可以接受的、比较新颖的形式来表达自己的思想。我不会采用那些陈旧的形式，这就涉及观点和对观点的文字表述、文体风格、具体构架。

我近年写作的一些论文，主要强调对思想家描述的准确性。研究一个思想家的思想，首先要将其思想描述清楚，要尽可能准确客观，要让人感觉你的描述比较到位。这属于“述学”的层面。

思想史的成果，一定要有思想的气质，现在有些思想史著述，读后既不能对人产生思想的冲击作用，又不能给人带来思想的熏陶，没有什么阅读价值，更谈不上学术价值。思想史著作，第一，要有准确感，即述说的知识比较精准；第二，要有深度感，它应该超越常人的思想能力范围；第三，要有作者个人的思想风格。例如，冯友兰先生的《中国哲学史新编》的第六册、第七册，特别是第六册，就是这方面的典范，它有自己的风格、自己的思想。所以，我常向学生推荐这两本书，尽管它是多年前的作品，但是思想风格、文字表述很明显具有冯友兰先生的个人特点。

如果我写作《中国近代思想史》，很希望能达到冯友兰先生写作两卷本《中国哲学史》时的境界。国内外都认可这部书是中国哲学史研究的高水平的代表性著作。在中国近代思想史领域，我工作了很长时间，有了较多的积累，有些东西我已经关注很长时间了。我的写作并不是像人们想象的那样快，常常需经很长时间的酝酿，才开始下笔。我在《历史研究》2009年第3期上发表的论文——《〈新青年〉编辑演变之历史考辨》，材料2002年时就拿到手里了，但是2008年才动笔，最后是以现在大家看到的这种形式发表。我以为这是一种最佳方式。一般来说，把握一个大题材需要时间，重大的题材尤其如此，它是一个重磅炸弹，会产生突破性的作用，越是这样，越需小心翼翼地酝酿，不要轻易、匆忙地拿出来，给读者吃夹生饭。

我一般不大关心别人怎样看待我的成果，我对自己原先的成果也不太满意。我追求自我超越，不断超越自我，这样才会有进步。我近年发表的文章，比过去成熟了一点。从《科学与政治——丁文江研究》一书，《〈新青年〉编辑演变之历史考辨》《中国的文艺复兴——胡适以中国文化为题材的英文作品解析》等文章，人们也许可以看到这一点。

我最近几年出版的著作，如《科学与政治——丁文江研究》《欧阳哲生讲胡适》《新文化的传统——五四人物与思想研究》，都是我用心构思、写作的著作。在丁文江文献与整理方面，我确实下了一些功夫，《科学与政治——丁文江研究》是我研究的结晶。我是在编辑《丁文江文集》的基础上写作此书的。《丁文江文集》全书7卷，规模较大，因涉及不同学科、不同语言，编辑确有一定难度。中国出版的科学家大型全集或文集并不多，有影响的此前只有《李四光全集》《竺可桢全集》，《丁文江文集》算是第三部了。

《新文化的传统——五四人物与思想研究》一书中有好些论文是我用心写成的。当初发表时也有它们独特的学术价值，如《新文化的传统起源》《自由主义与五四传统——胡适对五四运动的历史诠释》《胡适的文化世界》《傅斯年一生的志业及其理想》，这些文章都很有特色，至今我对这些来之不易、精心打造的作品都有一种珍爱之感。

这几部书从问题意识方面来说，是做了一些此前别人还没有注意到的课题。有一些题目，别人虽也做过或涉及，但是，他们的深度开掘可能不够，还留有一定的空间。我研究问题，在对相关文献材料的积累，在对海内外相关成果的了解上，通常会下比较大的功夫，做有相当强度的准备。我做一个题目，首先，通常要求穷尽与此相关的文献材料。这样做当然负担比较重，一般人似不太愿意。搜集材料，有时可能因条件限制，暂时没办法穷尽，但是，对于没到手的资料，也必须有底，了解大概。比如说，丁文江的材料我已经搜集了大概有百分之九十，史语所的那部分资料我没有看，但是我也有个大体了解。精读了自己掌握的百分之九十的材料，我就有把握知道我的文章能写到什么程度。这是一个成熟学者对自己应有的基本要求。

其次，是对材料的驾驭。怎样在材料中发现一个最有意义的问题，把它提炼出来，这一点也很重要。发掘的问题应该是一个没有人写过，或是别人写得不够的问题，这样才会有创造性，才真正富有学术价值。

最后才是观点的问题。通过对材料进行细致的处理，我根据自己的研究提出一个有启发性的观点。一个新观点的提出，应该顺理成章，自圆其说，这样才不致产生太大的争议。

每个人的研究，都会存有这样那样的问题，都会有这样那样的缺陷，我们应该尽可能通过自己的努力，最大限度地减少这些问题，回避自己的弱项，不要重复自我，更不要重复别人走过的路，这样才可能完善自我，超越自我，创造无愧于时代的学术精品！

2011年

（本文据李卫民《探求中国近代思想史研究的新路径：欧阳哲生教授访谈录》一文整理而成，原载《晋阳学刊》2011年第2期，文中小标题由本书责编代拟）

在柏林淘书

我的个人嗜好之一是逛书店，这在他人看来简直是我的一大癖好。每到一国一地，我都会先光顾当地的书店、书摊，买下一些自己喜爱的或与研究课题相关的书籍。到柏林自然也不例外。相对于我曾走过的中国城市和美国城市的书店，柏林的书业超乎我想象的发达，它的售书业由四大部分构成：新书店、旧书店、周末书市和网上书店。它们编织成柏林的一个图书销售网。

新书店遍布柏林全城，在许多重要的街区都可看到书店，其中最大的一家书店是在弗里德利希街（Friedrichstr）90号的杜斯曼文化百货商店（Dussmann das KulturKaufhaus）。这家文化商店共有5层，每周开放6天，从上午10点至晚上24点，长达15个小时，周日休息。开放时间如此之长，这在讲究8小时工作制的德国可以说是颇为特殊的例外。它不仅出售德文书，而且销售其他语言文字如英语、法语之类的书。书架上没有的书，读者可以根据自己的需要订购。这里读者人流如潮，周一至周五的晚上或周末尤其如此。许多人来此选书，或坐在店内看书，直到半夜关门。书店管理井井有条，营业员服务周到，笑容可掬。我在书店试着订购一本英文书，果然按约一周后到。看后如觉得不想买，你还可退回，不收费用。

新书价格相对较贵，受经济能力限制，非我等爱书者所能随意购买。所以我更喜欢寻找旧书店（Used bookshop），或者二手书店（Second bookshop）。其不仅价廉物美，而且能找到许多出版年代较早、已在新书店脱销的书。柏林是一个旧书业十分发达的文化名城，2005—2006年度的《柏林古旧书店一览》（*Antiquariate in Berlin 2005/2006*）上面就载有124家古旧书店，一些自营的家庭式古旧书店尚不在此名单中。在这些书店里，你能找到一些早已脱销而价格便宜的书，尤其是一些常见的文学、生活、艺术类书籍。当然，一些年代较早、印量有限、版本稀缺的书也不易找到，其价格类似于古董，相对较贵。刚到柏林的头一两个月，我喜欢去逛这些旧书店，手拿一册《柏林古旧书店一览》，按照上面载明的书店地址，每周分区分片地探访这些书店。我几乎走访了柏林的大部分古旧书店。但说来并不如人意，我想寻找的有关中国研究的德文书籍颇为有限，只看到一些图文并茂的书，如《中国与欧洲》（*China und Europa*）、《欧洲与中国皇帝》（*Europa und die Kaiser von China*）、《北京》（*Peking*）、一些德译本的中国文学作品或中国经典、德国人在华游记，真正具有学术性的汉学著作较为罕见。就此事我专门请教了德国的同行朋友，他们笑着反问："假如在中国的古旧书店寻找研究德国的书，你能找到几本？"我才悟出其中的道理。汉学在德国毕竟是一门属于极个别学者的事业。尽管如此，在罗拉多夫街（Nollendorfstr）17号"书的世界"（Bücherwelt），我买到了两册《北京》（*Peking*，1928年、1956年）照片集、《基督教艺术在中国的历史》（*Die Geschichte Der Christlichen Kunst in China*）、《欧洲与东方》（*Europa und Der Oriet*）、《欧洲与日本》（*Europa und Japan*）。这些书籍对我的研究具有参考价值。老板见我对有关中西关系、东方与西方关系的书有强烈的购买兴趣，此后也留意收集这方面的书籍，故我成了这家书店的常客。

有些古旧书店经营富有特色，或专售文学类书，或专售生活类书，或专售古旧版本书，在《柏林古旧书店一览》上，我看到有一家专售性学的书店——Antiquariat Ars Amandi，它没有门面，是家庭式经营（柏林有部分古旧书店没有门面，需打电话与主人约好才可去看）。老板与他的女友均已退休，年纪在60岁左右，他们共同经营这家书店。说是书店，其实就是他的书房，我约好去他家，两间约20平方米的书房里摆满了各种有关性学的书籍、图册，看得出来主人爱好此道已有多年，否则不会积累这么多性学类图书，他告诉我每次去巴黎等城市旅游，必去收集这方面的书籍。他颇讲究版本，向我介绍书籍、图片时，总要说明是否原版（original edition），他的所谓原版指的是初版，他搜集了不少18、19世纪英法等国出版的性学图书。他不仅售书，还自编一本不定期的杂志介绍自己收集的性学书籍，已编七辑。但我以为他仍不过是一位业余的藏书家而已，真正的大藏书家是学者型的，不仅懂版本学，而且懂目录学，故收藏专门书籍是有系统、成规模。他收藏的性学书籍虽多，但似无系统，一些性学方面的代表性经典著作亦不见收藏。尽管如此，他的收藏为我展现了一个西方的性学世界。

绝大部分古旧书店是德文书店，仅售德文版书籍。我不懂德文，不能阅读德文书籍，自然还是想找英文书店。经询问，柏林只有两家经营英文的旧书店：一家在Goethestraβe 69，以出售文学书籍为主；一家在Premzlauer Berg Wörther Str.27，售书范围相对广泛，规模也较前一家大。正是在这一家书店，我买到了《西方人眼中的十九世纪中国》（*China Through Western Eyes: the Nineteen Century*）、《北京郊游》（*Peking Picnic*）等英文书。一般来说，德国人购买英文书并不是从书店购买，而是在网上通过亚马逊网订购，这大概是书店里的英文书和英文书店较少的原因吧！

当我按图索骥，跑遍了柏林大部分古旧书店，发现斩获甚少，我又问及柏林自由大学东亚图书馆馆长简涛先生，他告诉我另有两个周末书市，一个在Tiergarten，一个在博德博物馆旁，都是在周六、周日开放。另外，柏林洪堡大学门口亦有一书市，每天开放。他为我在地图上标明了具体地址，按照他的指引，我找到了这三个书市。令我意外的是，这里的书籍比想象的要多，而且价格较低，常常能以低价购得具有高价值的书籍。最令我兴奋的是，Tiergarten有一书摊老板，每周六他都会抛出一批新的书籍，他的书价十分便宜，每本一两欧元，贵的也不过四五欧元。他的书籍来源，我猜想是图书馆的处理书籍，或者某些书店、个人的处理品，书价之贱，真是令人不可想象。发现此处后，我常常每周都是最先光顾他的书摊，成了他最忠实的顾客，经过几次接触，两人的关系自然渐渐熟悉起来。在他手里，我以廉价买下了《席勒全集》（*Shillers Sämmtlide Werke*，9册，1868—1870年版，30欧元）、《体育编年史》（*Die Chronik des Sports*，4欧元）、《琼·保尔斯全集》（*Jean Pauls Werke*，4册，1908年版，8欧元）等书。在一家旧摊上，我发现了两本与中国近代史有关的书——《中国土地与人民》（*China:Land und Laute*，1903年德文版）和《中国总论》（*The Middle Kingdom:A Survey of the Geography Government Literature Social Life Arts and History*，2册，1895年英文版），书摊老版出价每种60欧元，我砍价至30欧元，说："我拿下了。"（I get it.）没想到书摊老板真的大手一挥，让我拿去，这是我在周末书市买得最贵的两本书。虽然价格较其他书高，但比起古旧书店里的书还是便宜，在一家旧书店我看到一本《中国与中国人》（*China und die Chinese*，1901年版），定价90欧元。我与书店老板讨价还价，他死硬不让价，似乎吃定了我这个中国顾客要买下这本书，这令我畏而却步。后来罗梅君（Mechthild Leutner）教授又告诉我她家附近的Rathaus Schöneberg有一个周末跳蚤市场，规模很大，内中也有一些书摊，价格十分便宜，她有时也去一看，因此处离我的住地很近，我随即去看了几次，除了一书摊有许多英文书出售较有特色外，感觉此处不如前两处。

不管是在古旧书店，还是在周末书市，都很容易发现一些在19世纪甚至更早年代出版的古旧书籍，有些书籍可能因年代久远已经破损，但仍有不少书保存完好，品相精美，给人以美的感受。我买下一些19世纪出版的书籍，纯粹是看到这些书的出版年代较早、书品极佳，其装帧之美、印制之精，让我不忍释手。每当在各处看到这些书籍摆放在书架、书摊上时，我脑子里不禁会发出疑问，德国也是经过两次世界大战之灾难的国度，何以在两次劫难后，还能保存这么多古旧书籍？我们古老的中国，只经过几次改朝换代的革命（特别是经过“文化大革命”），私人藏书几乎就荡然无存。我只能这样解释，德国虽然经历了战争，但战争并没有伤及传统文化，纳粹德国迫害犹太人、迫害共产党和社会民主党、迫害科学家和文艺家，但还没有像我们那样在“破四旧”的旗帜下，大肆焚毁古迹、古书。德国人的私人收藏（除犹太人的收藏外）大都得以保存，所以民间还存有许多古旧书籍，其历史文化可以说一脉相承，并未真正中断，这就是他们这个比我们较为年轻的民族在今天比我们还显得更为古老、更有历史感的原因。

德国是近代音乐、美术极为发达的一个国家，在这里曾经诞生过一批世界级的音乐家、美术家，所以德国人富有重视艺术的传统，美术、音乐、图片类书籍相当丰富，这在书市、书店亦有明显的反映。惜我非艺术专业人士，否则这方面的书籍，也会纳入我的购买范围，望着那些成批堆放在书摊上的艺术类书籍十分廉价地抛售，我常常有一种为之心动的感觉，这些书往往是用铜版纸印制，重量不轻，我回国所能带的行李重量有限，自然只好望书兴叹。

在柏林短暂的半年时间里，我居然还意外地碰上了一年一度的“柏林国际古旧书展”（10月28—30日），书展的最后一天，我去德国历史博物馆参观，刚好遇上这里正在进行古旧书展。在参观完德国历史博物馆后，我随即浏览了正在此处进行的书展，参加书展的是全德和欧洲一些有名的古旧书店和著名的收藏家，他们带来了各自收藏的珍贵的古旧版本书籍。我向各摊主询问有关中国的书籍的版本情况，结果在展台上发现了英国呤唎著的《太平天国亲历记》（1866年初版）和一本16世纪西方人士用拉丁文撰写的有关中国的游记。一位摊主还向我展示了他收藏的两本有关中国的相册，相册由1900年参加八国联军的一位德国军官在北京时所摄，相册装帧十分精美，有些相片虽已变黄，却给人以强烈的历史感。这些展出的古旧书籍，索价甚高，非常人敢于问津，我看上的那两册相册，卖家索价6000欧元，这样高的价格对我来说，自然是连讨价还价的意义都没有了。我估摸能在这里购书的主顾可能是图书馆或个别私人收藏家，一般图书爱好者是不敢问津的。

书是一个民族心灵的反映。自从出现了文字以后，书本就成为人类最重要的记载工具，从书本里，我们可以看到人类精神的历程。德国是一个出版大国，号称世界第三，排在英国、中国之后。每年一度的法兰克福书展吸引着世界各地的出版商前来，其影响力可与美国的奥斯卡电影节相媲美。德国人是一个喜好书籍的民族，从数量众多的书店，从地铁上随处可见的人们捧书阅读的情景，我们都可获致这一印象。这是一个精神世界相当丰富的国度，怪不得德国人常以轻蔑的口吻称美国人没有文化，这种骨子里的傲慢源自其自视自居为西方文化正统，源自其自身深厚的人文艺术素养，也正因为这种强烈好学的精神传统，德国人才在屡战屡挫中崛起。不过，今日受英美文化的挤压，德语文化在西方文化中已被边缘化，这种处境自然也不是轻易能够改变的。第二次世界大战以前，德语曾一度是世界科学界的通用语言，科学文献采用德文作为书写的标准文字，这是德语的黄金时代，这样风光的时代对今天的德国人来说，终究已成为明日黄花。

（原载《南方都市报》，2008年6月27日）

柏林的汉学圈

作为一名中国近现代史研究者，出于专业本能，我自然对德国的汉学研究有着浓厚的兴趣。我是北京大学与柏林自由大学校际交流的访问学者，柏林自由大学外事处安排我在该校东亚所，合作教授是罗梅君，她是该所所长，也是所里的学术带头人。我与她在北大即已认识。按照德国学术界的规则，一篇博士学位论文，只够你升任副教授。欲申请教授职位，则须再提交一篇教授论文，供同行专家评审。罗教授的博士论文是《政治与科学之间的历史编纂——20世纪30和40年代中国马克思主义历史学的形成》，教授论文是《北京的生育婚姻和丧葬——19世纪至当代的民间文化和上层文化》，两书均有中译本。德国汉学著作在中国译介数量不多，与美国、日本、法国等国比较尤显少，罗教授的两本代表作在华均有译作，这在德国学者中极为罕见，反映了她与中国的密切关系。

因为每个系、所设置的教授职位十分有限，且教授还须担任系主任或所长之类的行政职务，学术研究与行政工作二者集于一身，故德国教授都是大忙人。我到柏林自由大学东亚所报到后，与罗教授匆匆见面，谈了约半小时，我将自己的各项工作要求作了简单说明，她随即对我的要求逐一答复。除了我自己从事的研究工作之外，她希望我为她的两位正在从事晚清史研究的博士生讲解文言文材料，因为这两位德国学生的中文阅读水平仍然有限，他们只有阅读白话文的经验，我欣然接受了她的工作分配。

我被安排与史通文在同一办公室。史通文的研究方向是中德关系史，博士论文是研究中国近代的唱片生产，这是一个非常专门的题目。不要说对一个德国学者很不容易，就是在中国，迄今也没有人做过这方面的专题研究。史通文娶了一个中国太太，这是西方许多研究中国的学者喜欢的一种生活方式。他们戏称这是为自己找一本“活字典”，有中文方面的问题即可随时向太太请教。许多西方的中国研究学者的另一半都是中国人，史通文的妻子原是南京某美术学院的学生，来德国后成了专职太太，史通文夸奖他的太太长得漂亮，他们共同的爱好是旅游。

罗教授满天飞，先是去北大参加“北京国际学术论坛”，然后又去芬兰参加一个学术研讨会，再又去莫斯科出席那里一年一度的俄罗斯汉学研讨会，我与她几乎很难见上一面。看到我被闲置的“尴尬”，接待我的秘书L小姐，遂又安排我与该校孔子学院的事务部主任余美德女士会面。她是中德混血儿，父亲余克铭20世纪30年代来德国留学，在达城高等工学院（Technische Hochschule Darmstalt）学习土木建筑，读书期间开始与一位德国小姐恋爱。因为战争的关系，德国女人与中国人结婚遭到禁止，余先生的恋爱面临很大的困难，他们的第一个女儿余德美也成了非婚生女儿。因为父亲的这层血缘关系，余女士自然对中国有着深厚的感情，她本是新闻学出身，退休前在柏林自由大学新闻系工作，退休后被罗教授邀请到孔子学院帮忙，业余从事中德文化交流史研究，热心中德文化交流。她去过中国多次，能说一点汉语。她听说我对中德文化交流史研究亦有兴趣，就随身带来了一些德文版的有关这一主题的研究著作，如《在德国的中国留学生》《柏林与中国》等。我与她交谈了两次，她介绍了有关这一领域的研究动态，我开始被引入一个新的领域，以后孔子学院的活动也常常邀约我去参加。

在柏林，我拜访的第一位老汉学家是傅吾康先生（Wolfgang Franke）。当我从余德美那里得知柏林还有这样一位高龄汉学前辈，遂决定前往拜访。傅先生已是94岁高龄，与她女儿复生（Renata Franke）住在一起。傅先生是德国汉学泰斗福兰阁（Otto Franke，1863—1946）之子，早年曾在汉堡大学、柏林大学学习汉学，1935年在汉堡大学获博士学位，博士论文是《康有为及其变法派》。1937年他只身来到中国，在北平长期担任中德学会秘书，编辑会刊《中德学志》。他热爱汉学，并与南开大学中文系的女生胡隽吟结婚。抗战胜利后，他曾去西南地区的成都华西大学工作。1948年应冯至之邀，到北大西语系德文专业任教。1950年回到德国汉堡大学中国语言文化研究所担任所长兼教授。1977年退休后，又去马来西亚大学中文系任教，晚年从事马来西亚华人华侨史研究，颇有成就，编有《马来西亚华人铭刻萃编》等书。他家里的壁上挂着一幅由马来西亚华人高先生撰写的书法作品，上题“汉学翘楚”四个大字，这当是对傅吾康先生一生汉学成就及其地位的最高评价。

我是2008年11月4日下午4点半前往傅家访问。为我开门的是傅先生的女儿，身披一件墨绿色衣袍，看上去更像一个中国人。她在20世纪80年代曾在北京教过书，以后多次来中国，以“中国人”自居。虽然已过90岁高龄，老先生与我交谈了约两小时，并未显示出多大倦意。当我问及抗日战争时期他在北平工作时与日本人的关系如何处理，老人家未加思索即回答道：“我不与日本人来往。”“为什么？那时德国是日本的盟国。”我随即追问。“因为他们欺负中国人。”老人家的回答很利索。当我问及德国为什么没有像英国、法国、西班牙、葡萄牙等国那样在海外拥有广大的殖民地时，老人家想了一想，回答说：“德国统一的时间比较晚。”他的女儿随即补充说：“德国成立殖民部的时间远远晚于英、法等国。”也就是说，德国在海外扩张方面之所以晚于英、法等国，是由于内部整合没有完成，因而妨碍了其向海外的殖民开拓，这也就决定了后来德国受制于英、法、俄等国的命运，其深感没有发展的空间，所以决意冒险发动两次世界大战，以解决自己的发展空间问题。

复生女士向我出示了她祖父《中国通史》（五卷）一书的新版和傅先生的多种著作，包括《中国近百年革命史（1851—1949）》《西方与中国》《五四运动史》以及他的两卷本自传。一家三代人如此痴迷汉学，将汉学变成了家学，并在德国汉学史上留有深刻的痕迹，可见Franke一家与中国的渊源之深与情感之重。

德国现有三所孔子学院，分别在柏林、纽伦堡-埃尔兰根和杜塞尔多夫。柏林自由大学的孔子学院与北京大学共建，当它刚刚成立时，北大校长许智宏等专程赶到柏林参加挂牌仪式，以示庆贺。孔子学院除了进行日常的汉语教学外，还经常开展一些学术交流活动，邀请中国学者和官员，或德国学者来学院做学术讲演。罗梅君兼任孔子学院院长，她有很强的组织能力，每次活动总是能动员到来自各方的与中国有关系的人士参加该学院活动，少则三四十人，多则七八十人。大家在一起聚谈的话题自然都是与中国相关，有时你甚至会感到这里简直就是一个“中国俱乐部”。我因为有时应邀参加该院的活动，也认识了一些与中国研究有关的德国朋友，如穆海南、梅益华夫妇，Susanne Buschmann博士等，他们或在中国留过学，或去过中国，或正在中国研究，都自称是“汉学家”。Susanne Buschmann博士与她的先生刚到中国访问，她先生谈起对中国的印象时，一点也不掩饰自己对中国的强烈兴趣。他把中国比喻成一条龙（Dragon），这是西方人喜欢用的一个比喻，据说拿破仑曾称中国是一条睡着的龙，而Susanne的先生则以为中国这条龙已经醒来，开始腾飞。

穆海南、梅益华夫妇俩20世纪50年代在北京大学留过学，在北京度过了他们的大学时光，并生育了第一个小孩。他俩对我这名北大校友的来访表现出极大的热情，专门邀请我去家里做客。他们住在柏林东部Trptower Park附近，这里原属东柏林，周围是一片森林公园，内中有一小湖，环境幽雅、景色迷人。穆先生亲自到轻轨车站来迎接我，带我到湖上餐厅共进午餐，然后参观坐落在公园内的苏军烈士纪念碑，它是柏林最大的纪念碑。纪念碑高达十余米，用巨大的大理石建成，气势雄伟、颇为壮观。第二次世界大战即将结束时，苏军在攻克柏林的战役中付出了严重伤亡的代价，这座纪念碑即是为纪念那些牺牲的烈士而建。柏林还有一座苏军烈士纪念碑，在勃兰登堡门前面，但规格远不及这座。可以想象，在苏军驻扎民主德国的年代，这里每年举行各种纪念仪式，络绎不绝的游客前来献花，当年的场景是多么热闹！如今这里游人稀少，显得十分寂静，似乎成了一块被人遗忘的墓地。

梅教授在家中等待我。在民主德国时期，她曾任洪堡大学汉学系教授兼系主任，主要研究中国现当代文学，编有《中国文学辞典》等书，与许多中国作家有着密切的来往。德国统一后，因为人缘良好，她比其他同事幸运，保留了在洪堡大学的教职。而穆教授所在的民主德国科学院则解散，穆教授成了失业的“海龟”，平时靠做一些翻译工作维持生计。他问我阅读《人民日报》（海外版）时，经常看到用“海龟”一词来形容留学生，不太明白它的由来。我解释说这是根据汉语中的谐音所新造的一个词，“海龟”即为海归，海外归来之意。他才明白地点了下头。谈及德国统一时期人事的变动情况，穆、梅夫妇俩都表达了极大的不满，当时民主德国方面的教授全部须接受政治审查，核查是否与民主德国政府或苏联克格勃有合作关系。以梅教授所在的洪堡大学亚非学院为例，当年很多教授因为掌握外语，可做翻译，因而曾经参与过一些重要的外事活动。这些活动均记录在案，因此在审查过程中有这些入档的记录作为证据，很容易将当事人打成“特嫌”，政审自然很难通过，失去教职也就等于失去生活来源。梅教授为人善良、待人宽厚，在汉学界又有很高的地位，因而得以留下来继续任教。穆先生则只能靠在一些出版机构进行临时性的中文翻译工作，维持生计。民主德国巨变时，最困难的是老人，他们习惯了自己原有的生活方式，在面临突如其来的政治变动时，不知所措，或失业，或失去退休金。民主德国与联邦德国的收入差距较大，民主德国这边人的生活境况之艰难可想而知。洪堡大学亚非学院的汉学系曾是民主德国的汉学重镇，拥有十余名教职员，实力雄厚，被联邦德国方面派人接管后，绝大部分教职员被解聘，如今该系几不存在。我原想趁在柏林的机会，去洪堡大学做一访问，得知这种情形后，自然取消了这一计划。

相形之下，柏林自由大学东亚所和汉学系的学术研究显得十分活跃，学术活动频繁，来往人员甚多。所内拥有四名教授，多名副教授、助教，每年招收数十名学生。罗教授目前的主要研究方向是晚清政治史、20世纪50年代的当代中国史，她有一个相互配合得很好的学术团队。德国的所谓“东亚”是指中国、日本和韩国。这与美国大学设置的东亚系研究范围一样。西方大学的外国史研究，其研究名称与研究范围有时并不完全对等，每个国家都是根据自己的对外关系需要确立自己的研究对象或重点研究对象。英国的亚洲研究主要是印度，美国的亚洲研究主要是东亚，德国的亚洲研究主要也是东亚。

身临德国大学，给我的感觉却和在中国差不多。东亚所平时的会议很多，会上教授与教授之间常有争论发生。教授之间的文人相轻、人事纠纷现象自然也随之浮上水面。教授位置少，在他的团队中拥有绝对权威，团队其他成员（副教授、博士生、硕士生）都得听命于其“老板”——教授，这似乎成了他们的学术纪律。教授、副教授之间的档次分明，从他们的工资收入差距可以看出。东亚所附属的东亚图书馆规模很小，远不如美国大学的东亚图书馆，这从一个侧面反映了德国汉学研究的规模和投入确实不能与美国、日本，甚至法国相比。

按照惯例，来东亚所访问的外籍学者须在访问期间做一讲座，报告自己正在从事的研究工作。根据这一规定，2006年12月16日我在该所举办的年度学术研讨会上做了一场题为“丁文江的文献整理及其研究”的演讲。我提起丁文江与德国的关系主要有两点：一是他曾在德国南部的弗赖堡（Freiburg）读过半年书，学会了德语；二是他喜欢留胡须，有人说他留的八字胡须，是模仿德国国王威廉二世。听到此，在座的德国师生都哈哈大笑起来。讲座完毕，在他们的留言簿上，我写下了如下题词："中国文化，博大精深；游刃其间，其乐无穷。祝柏林自由大学东亚所的汉学研究更上一层楼，期待您们成为德国汉学的重镇。"我相信以他们的敬业精神和工作态度，总有一天会达到这样的水平。

（原载《历史学家茶座》第11辑，2008年）

学海无涯，师门有道
——怀念林增平先生

作者按：林先生是引领我进入中国近代史研究领域的业师。从本科、硕士到博士我一直追随先生，先生传道授业，谨严之中不乏幽默，对学生的课业训练和论文选题，按照学术规范严格把关，表现出一个大家的风范，得其真传者可谓终身受益。跟随先生十余载，如沐春风，我的学业迅速成长。饮水思源，今日湖南师大中国近现代史专业在国内外得备一席之位，林先生毫无疑问是奠基之人。

——2018年9月30日感言

从自己立志求学，到如今走上学术道路，其间经历了一个上下求索的成长过程。在这一过程中，林增平教授是最令我感念的一人。在大学阶段，我就有幸聆听先生讲授中国近代史课程，可以说，中国近代史学科的大门是他为我开启的。此后，我又跟随林先生攻读硕士、博士学位，得以经常听到他的教诲，一步一步向近代史研究领域的深层掘进。现在，我虽离湘进京，而先生也已仙逝，但每当回忆起自己与先生相处的那些日子，心中的思念便不能自已。

记得是在1980年春，我正念大学二年级，林先生身任学院副院长。他决定亲自给我们开设中国近代史课程，这是林先生在“文革”后第一次给学生上基础课，他的授课内容是从鸦片战争到洋务运动。上课前，先生在学术上的成就，我早已与闻，故听他讲课极为用心。林先生上课，给人印象极深。他着装整洁，颇具学者风度。那时所发教材仍是“文革”时工农兵学员使用的教材，观点陈旧。林先生备课十分认真，参考了大量新材料，讲授也有条不紊、内容充实，使学生能接触到学术界的新成果。先生讲课虽无慷慨陈词之状，但在侃侃而谈之中也常有幽默之语，听课的学生并不感到乏味。当时上课的老师中，林先生的知名度最高，因而我也就以他作为学者的榜样了。

1984年秋，我考上了湖南师范大学中国近代史专业的硕士生，导师为林先生和王永康老师。王老师时患重病，实无多大精力顾及教学，故我在学习上有什么问题喜欢去问林先生，林先生的研究方向主要是近代资产阶级与辛亥革命，这也切合我的兴趣。他治学讲究专精，行文富于文采，论证有理有据，学术观点新颖，学生们为之所折服。他为人处世也为我们所敬重，先生既谨慎处事，又有人情味，从不摆师爷架子。20世纪80年代，中国近代史研究领域极为活跃，各种观点竞相争鸣，林先生在学科圈子里，赢得各方的交口称赞，可以说这与他深厚的学术功底和为人处世的有方是分不开的。林先生培养研究生，注重培养学生的科研能力，他的教学方案贯穿了这一意图。他布置作业有各种文体，如人物传记、考证、综述、读史札记、论文，使学生能掌握各种体裁的写作技巧。他注意把学生带入一些前沿研究课题，每有重大学术活动，都鼓励学生去参加。他注重挖掘材料，总是要求每进入一个研究领域，都要掌握研究动态和遍寻历史材料。他常常将自己写作的一些论文，或正在写作的东西拿出来给学生讲解，分享自己的研究心得，使学生通过了解较高层次的学术研究，提高自己的学术境界。他要求学生在读期间要发表几篇论文，我最初写作的几篇论文交他审阅时，他都逐字逐句修改，经他一润色，文章顿增光彩。有了几次这样的经历，我对论文写作的门道也有了一定的领悟。在林先生的悉心培养和严格训练下，我逐渐入门，由一个笨拙的学生成长为一个具有独立研究能力的学子。

迄今为止，我已从事了七年的胡适研究。林先生本人并不涉足这一领域，但他却是我这一研究的真正支持者和指导者。1986年夏，我提出的硕士论文选题为“胡适早期政治思想研究”，并向先生谈了自己一些不成熟的看法，征询他的意见，当即得到先生的首肯。当我从皖、沪、京等地带回一大堆新发现的材料时，先生亦大为激动。他说：“治史若如掘矿，发现了大量的新材料就证明矿藏丰富，你可以大做文章了。”1987年10月，我完成了《重评胡适》一文，林先生阅后就提出可以将论文提交给即将在长沙举行的中国近代文化史学术讨论会；当《湖南师范大学学报》编辑对发表这篇论文尚存疑虑时，他又在审阅意见中明确表示文章可作一家之言刊用。1990年底，在设计博士论文选题时，考虑到政治气候，我提出了胡适研究和近代新文化运动研究两个方向，请先生定夺。先生认为我在胡适研究方面已有较好的基础，不必另选，他毫不犹豫地圈定了这一选题。他曾语重心长地说："在五四以后的30年中，胡适被奉为知识分子的模范。"他告诉我自己的一个经历，50年代他写作的第一篇论文就是批判胡适，但那篇文章的观点不值得一提了。在先生的鼓励下，我不顾各种压力，终于在1992年4月完成了博士论文《胡适思想研究》，论文对胡适的评价与此前所出诸著有很大不同，各方面反应不一。林先生作为指导老师，在评阅意见中对论文做了中肯的评价，无形中保护了我。我至今仍能清晰地回忆起自己博士论文答辩的那一天上午，先生坐在答辩教师席上高声朗读指导教师评语的那一幕情景。当时先生已患绝症，但他硬是支撑着将我这名学生送到毕业。从自己这一研究经历中，我深深体会到，林先生是一位真正的学者。可以设想，如果没有他的开明精神和学识眼光，也许我不会选择或坚持这项研究，更不用说在这方面取得令人注目的成果了。

任何跋涉在学术道路上的人都知道，学业无止境，学海无际涯。但在崎岖的科学道路上，如有高手为你指点迷津；在茫茫的学海中，如有导师给你指出航向，这对你的发展就会有极大的益处。有幸的是，我在从本科到博士的十余年学习期间，能得到林先生这样一位高明的老师的指导。他为我这名学生所做的一切，使我由衷地感激；而他辛勤劳作所创造的诸项学术成果，也无愧于他所追求的事业。当手握先生生前馈赠给自己的那些著作，我不能不感叹：学海无涯，师门有道！愿所有接受过先生教育的学生能继承导师的遗志，不负先生所托，在学术上再展新图，这也许是我们这些活着的人对逝者的最好纪念。

1994年3月27日夜作于北京大学中关园

（收入《林增平先生纪念集》，1995年8月自印本）

博学于文，行己有耻

——邓广铭先生与他的精神世界

1998年1月10日上午9时50分，邓先生走了。当我与小南一家人匆匆从北大赶到友谊医院时，先生的外孙女正伏在先生身上哭泣着，大家立即明白是怎么回事。看着先生安详的面容、紧闭的眼睛，全体在场的人都默默地低下了头。

先生的过世是意料中事。他是去年7月中旬住院的，入院后即做了检查，医生的结论是胰腺癌。获此讯大家就有了一种不安的感觉。北大的校园对老人家的病情似乎特别的敏感，消息一下子就传开了。然谁也不忍将这一消息禀告先生。先生是一个自信的人，他一生几乎未得过大病，当然也很少住院。先生对自己的身体一直很自信，我们也以为他能跨越百岁。此次住院，他的心全然不在病情上，牵挂的还是未修改完的"英雄人物传"。他第一次手术完后，我去看他，他握着我的手说："这点小病，惊扰这么多人放下工作来看我，心里过意不去。”他想的还是别人。先生告诉我，医生对他的身体素质评价颇高，说手术是成功的，过一周他就可以出院。他不顾病情未愈，又兴致勃勃地谈及他出院后的修改计划。先生这种执着追求学术的精神，来探视的人无不深深感动。

“失之东隅，收之桑榆。”这是先生晚年的豪言壮语，他总是风趣地说要发挥余热。河北教育出版社计划推出他的全集，先生不愿将著作照旧付排，坚持要清除其中的“污染”后再出版。不幸的是，除了《王安石》一书完稿外，其他三种（《岳飞》《辛弃疾》《陈亮》）的修改都成了先生未能了却的遗愿。

我辈生也晚，与先生相见的时间也迟。我与先生的最初接触是在1991年10月下旬香港中文大学主办的一次“胡适与中国现代文化的转型”国际学术研讨会。邓先生是到会学者中年纪最长的一位，加之他与胡适先生学生加秘书的特殊历史关系，故受到与会人员的特别敬重。先生的耳已不聪，听人发言有些困难，但他借助助听器全神贯注地听。讨论激烈时，他有时前倾身子，看得出是在认真而吃力地听着别人的发言。当时我还是一个在读的博士生，此次会议安排我首先作了一个大会发言，面对名家云集的会场，我不免有点紧张，我的发言引起了与会者的争论。没想到我的发言，竟给先生留下了深刻印象，这一面之缘促成了后来我的一次人生转折。一年后，当我听说北大、社科院开始设置历史学博士后流动站招收博士后研究人员时，我写信向先生求助，希望来北大深造。先生看了我的信和有关材料后，即向系里有关领导推荐。他笑着对周围的人说：哲生是一个“北大迷”，他想进北大的心情和我当年一样。

那年冬天，我登上北上的列车，到先生家中去探询招收情况。先生处事颇得体，他嘱我去拜访当时的系主任何芳川老师和学术委员会主任田余庆先生，接受他们的考察。这一次赴京成为我人生道路的转折点，北大很快决定录取我。在别人看来，我是搭上了中国历史学博士后的“首班车”，对我来说却是“末班车”。从本科到硕士再到博士，我与北大失之交臂。到博士后才进入北大，这中间的引荐人是邓先生。而我与邓先生相识的媒介是胡适研究。

在“胡适学”圈子里，有几位公认的元老人物。邓先生、季羡林先生、罗尔纲先生、顾廷龙先生、王子野先生……他们与胡先生均有密切的历史关系，这些德高望重的老学者除了自己撰写一些回忆性的文字外，还是“胡适学”的监护者和高级鉴赏者。胡适研究在大陆刚刚起步时，颇有不少禁忌，这些老先生的回忆文字常常能意外地起到缓和压力的作用。而当一篇篇、一本本胡适研究著作问世时，他们几句画龙点睛式的评点，对同行的研究又有引导作用。每次有关胡适的学术研讨会的举办，每辑胡适研究丛刊的出版，都免不了请这些老先生作顾问。邓先生是胡适研究的热情助力者，他先后口述了《胡适与北京大学》《我与胡适之先生》，撰写了《漫谈我与胡适之先生的关系》《胡著〈说儒〉与郭著〈驳说儒〉平议》等文，为推动新时期的胡适研究真正发挥了他的余热。

20世纪70年代末以后的中国知识界呈现出一种特有的人

事格局：新中国成立前受过教育的那一代知识分子（七八十岁），他们是受人尊敬的“老知”；五六十年代大学毕业的知识分子构成“中知”（五六十岁）队伍的主干；“文革”以后的大学生（二十至四十多岁）则是“青知”了。有趣的是，“老知”与“青知”不仅不存在所谓代沟，反而有着更多的共同语言。先生是老字辈的学者，身上闪现着一个富有学养的文化人的魅力。据我的观察，在先生的精神世界中，有三个起关键作用的因素：一是北大的精神和学术氛围，二是他专治的宋史研究，三是三四十年代他周围师友的影响。这三个因素分而观之，也许只能了解他的一个侧面；如合而观之，就能使我们深入他的精神世界。

先生是1932年考入北京大学历史系，以后他除抗战时期在复旦大学（1943年至1946年5月）有过3年的工作经历外，便再也没有离开北大。先生在北大学习、工作达60余年。在北大百年校史中，像他这样有长久经历的人，恐怕屈指可数，寥若晨星。

早在20年代，先生还在山东第一师范读书时，在老师的引导下，他就开始阅读《胡适文存》等读物，成了一个醉心于北大的人。1930年秋，他只身来到北平，开始在北大旁听课程，同时准备报考北大。翌年报考北大未被录取，便先考入辅仁大学英语系。但先生去辅仁还是为了再考北大，因为辅仁大学是教会学校，学英语的条件好，利用这一条件便于复习英语。1932年，北大文学院院长胡适改革招考办法，英语占总分的百分之四十，国文占百分之三十，史地占百分之二十，数学占百分之十。此一考试办法的施行，据说是前一年胡先生在中国公学的得意门生吴晗报考北大时，因数学成绩太差未被录取。无论如何，新的招考办法对邓先生是有利的，这一年他如愿以偿考进了北大。

30年代的北大，在蒋梦麟、胡适、傅斯年的领导下，克服了各种困难，经过整顿，迎来了中兴期。邓先生常说，他的大学四年，从北大教师和图书馆中获益极大。当时北大教员阵营强大，仅历史系的专任、兼任教授中，就有孟森、陈受颐、陈垣、李济、马衡、傅斯年、钱穆、顾颉刚、蒋廷黻等名流学者，他们讲课引经据典，各具千秋。在这些课程中，有傅斯年先生的“史学方法导论”，从这一课程中他听到了终身受用的命题：“史学即史料学”“上穷碧落下黄泉，动手动脚找东西”。有胡适先生的“传记专题实习”，胡先生列出了9个历史人物供学生写作，邓先生选了南宋的陈龙川作为自己的毕业论文题目，胡先生成了他的指导老师。

北大图书馆此时已由红楼搬到松公府，设备先进，藏书丰富，邓先生常常泡在那里阅读中外书刊，1992年他撰有《我与北大图书馆的关系》一文，深情回忆起自己在北大图书馆读书的那些历史情景。

北大从新文化运动以来，受蔡元培、蒋梦麟、胡适、傅斯年这些人的办学思想影响极深，学术空气浓厚，思想自由多元。邓先生对新文化运动所造就的北大精神、北大传统有一种特别的感情，言谈举止中常常表现出“北大派”的遗风。他本人治的是中国古代史，晚年出席一些座谈会，发言关注的问题却是中国传统文化的现代化和中国历史学的新发展。

邓先生专攻的是宋史。确定这一志业时值抗日战争，日寇将侵略矛头指向我国，民族危亡迫在眉睫，先生内心有一种强烈的民族责任感和历史使命感，他将目光投向了历史上的爱国志士，希望通过挖掘这些人物的爱国事迹，来激励国人的爱国激情。他早年曾经读过罗曼·罗兰的《贝多芬传》，喜欢上了传记文学这种体裁，萌发了写中华民族“英雄人物传”的念头。在北大又得胡先生导其入门，进入传记文学这一领域。他从研究陈亮（龙川）入手，以后还研究了辛弃疾、岳飞、王安石。其搜集材料之勤，考证疏理之细，真正是空前。他写人物善于抓住其个性，如王安石的“天变不足畏，祖宗不足法，流俗之言不足恤”的三不足精神，陈亮的“推倒一世之智勇，开拓万古之心胸”的特立独行气概，岳飞的“待从头，收拾旧山河”的壮志。其文字生动，笔法传神，故拥有广大读者群。他写这些英雄，自己也受他们的人格感染，并躬行于自己的人生中。

先生学术成果曾获得大师们的好评。胡适给先生的大学毕业论文《陈龙川传》的成绩是95分，称赞“这是一篇可读的新传记”。陈寅恪先生为《宋史职官志考正》作序时，指出：“其用力之勤，持论之慎，并世治宋史者，未能或之先也。”顾颉刚先生写作《五十年来的中国史学》一书，于宋史研究处有一条评论道：“邓广铭先生年来取南宋各家类书、史乘、文集、笔记等，将《宋史》各志详校一遍，所费的力量不小，所取的成就亦极大……宋史的研究，邓先生实有筚路蓝缕之功。”茅盾读了《稼轩词编年笺证》后，亦称许这是一部“传世之作”。

在人生旅程中，邓先生与不少名家有过师从关系，这成为他美好记忆的一部分。1930年，先生还在辅仁大学念大学一年级时，沈兼士请周作人去该校演讲，先生本是英语系一年级的学生，也跑去聆听，边听边认真记录。到周氏的六次讲座完后，邓先生将他的记录稿呈给周作人看，周作人校改了一遍，交给出版社，这就成了《中国新文学的源流》一书。周作人在书前的“小引”中有这样一段话：

> 既未编讲义，也没有写纲领来，只信口开河地说下去就完了。到了讲完之后邓恭三先生却拿了一本笔记的草稿来叫我校阅，这颇出于我的意料之外，再看所记录的不但绝少错误，而且反把我所乱说的话整理得略有次序，这尤使我佩服。

书出版后，周氏将稿费700元全部送给了邓先生，邓先生用这笔稿费买了一套线装的百衲本二十四史。邓先生是一个极讲民族情感的人，抗战以后，周作人附逆，邓先生时尚在北平，但他不再去找这位老师。收存在北平的居延汉简被爱国志士运走后，周作人向邓先生查问下落，邓先生冷漠地回答他：不知道。

邓先生终生服膺的是胡适、傅斯年、陈寅恪三位恩师。胡先生是邓先生毕业论文的指导老师。毕业后，胡先生又将邓先生留在北大文科研究所做助教。经胡先生帮助，邓先生的《辛稼轩年谱》和《稼轩词编年笺注》获得了中华教育文化基金董事会的资助。胡适回到北大任校长后，邓先生成了他不挂名的秘书，两人相邻而居，常一起出入。邓先生协助胡适编辑《大公报·文史副刊》，又与胡先生、黎锦熙先生一起合撰了《齐白石年谱》。20世纪40年代末，物价腾涨，教员生活朝不保夕，胡先生对属下的这位义务秘书颇为体贴，拿出100美元给邓先生以示关照。胡适虽有各种社会兼职，但毕竟是一个学者，邓先生与胡的关系实也止于学术这一层。但胡先生关于传记文学的理念，讲究实证的治学方法，却影响了邓先生一生的学问。

傅斯年是元气淋漓的一代学人（罗家伦语）。接触他的人都能感受到他身上的一股霸气，其学术生涯中最受人称道者并不是他的著述，而是他创办中研院史语所，是他二三十年代对中国历史学正确而富有成效的领导。邓先生与傅先生有师生之谊，有许多相通之处。两人是山东老乡，都身材高大，嗓音宏亮，说话直来直去，绝无遮掩，在性情上确为投契。抗战时期，傅先生推荐邓先生去复旦大学工作；抗战胜利后，北大复员，傅先生又拉邓先生回北大工作，帮助他料理校务。谈及80年代初期北大创办中国中古史研究中心一事时，无人不敬佩邓先生办事的魄力。我心中估摸，当时邓先生一定借鉴了傅先生创办中研院史语所的经验。每次谈毕，起身向先生告别时，先生站立的高大身姿，常常令我想起傅先生的身影。在对待学问、对待学生、讲究气节、民族情感等方面，他们两人都有太多的相似之处。

提起陈寅恪先生，邓先生的神情立即会变得严肃起来。抗战时期他作为北大文科研究所的高级助教，有两年间曾饫闻陈先生的高谈阔论，对此，先生感叹说：“收获之大真是胜读十年书的。”从陈先生的处事接物方面，他看到了真正的学者风范。1948年12月陈先生离开北平时，即是先生找到陈先生，并将之领到胡先生处。50年代以后，陈先生在南国未再北上，但却仍有书信、口信与先生。傅先生去世时，陈先生作《读〈霜红集·望海诗〉》一诗，以示哀思，先生很快就收到了这首诗，并知为悼傅之作。先生尝喜将陈先生与钱穆比较，说两人晚年皆失明，钱先生著书却随手写去，不注来由；陈先生写《柳如是别传》，凭记忆所及，字字有据。陈先生对学问的态度、学术的功力，由此可见一斑。正是本着这种对陈先生的由衷敬仰之情，80年代邓先生率先发起由北大中古史中心编辑一册《纪念陈寅恪先生诞辰百年学术论文集》。1995年三联书店出版《陈寅恪的最后二十年》，邓先生将手头多余的一本送给我，称誉“这是一本传述陈寅恪精神的好书”。

几乎所有与邓先生谈过话的人，都会为他幽默的谈吐所深深吸引。先生善于言词，我以为一半应归于他自己的学养和自我训练，一半大概与胡、傅、陈等先生的影响分不开。尤其是胡先生，其口才与其著作一样，为当时的青年学生所倾倒，邓先生与之有过较长时间的关系，自然领受也深。

邓先生阅历长，涉世深，见的世面多，熟悉的逸事掌故自然也多。被人称为北大校史的“活档案”。我研究的是中国现代思想史、学术史，研究对象多为邓先生熟知的人物，胡适、傅斯年等还是与邓先生关系很深的人。加之我入北大的一段情缘，故常登门去拜访老人家。我们在一起谈话的主题很自然地围绕这些人物展开，先生以其亲眼所见、亲耳所闻来证实或补充我书上涉及的一些史事。如蔡元培先生逝世后补选中研院院长的经过：时蒋介石属意于顾孟余，而学界许多人则希望胡适回来。陈寅恪先生的意见是中研院院长一职，不能选一个秘书（指顾孟余）来干。如要文科，则胡适当首选，胡适的中国古典小说考证举世无双；要选理科，则李四光可选。可见陈氏的择人标准重在学术。

傅斯年与丁文江结交的经过，是邓先生喜言的掌故。傅斯年在德国留学时，尝与身边人说：他要杀两个人，一个是朱家骅，因为他是蔡元培系统的人，此人太不争气，故该杀；一个是丁文江，因为他是敌对派系——研究系梁启超身边的骨干，此人才华出众，故也该杀。留学归国后，傅与朱成了工作上密切配合的朋友。后来傅斯年在胡适的寓所见到了丁文江，胡适笑着对他说，这就是你要杀的丁文江。事后，傅先生对胡先生说，你的玩笑开得太大了。后来傅与丁也成了一对密不可分的好朋友。这段故事我虽在胡适的《〈傅孟真先生遗著〉序》中读过，但经先生的现场重演，对傅氏的性情又有了一番更深的体悟。

邓先生与“博学而无所成名”的毛子水关系不错。30年代他与傅乐焕、张公量一起协助毛子水编天津《益世报·读书周刊》。南下到昆明时，他与毛子水往来最勤，他写的一篇《书诸家跋四卷本稼轩词后》，其中就有毛先生订补的词句。毛氏担任北大图书馆馆长，常出入胡先生家，在北大有“胡宅行走”之称。对毛先生的“博学”，邓先生常喜借用一个故事来说明：胡适进入北大之初，看到《新潮》上登载的一篇《国故学与科学的精神》，觉得文章写得不错，一打听，作者毛子水竟是数学专业的学生，胡先生感叹道，北大真是藏龙卧虎之地！

“博学于文，行己有耻。”这是先生用以自律的箴语。先生性格耿直，爱憎分明。以他的为人，在那些非常的年代，自然难逃厄运。先生是20世纪二三十年代接受教育的那一代知识分子，他们早年读中国传统典籍，受过传统学术的训练；又领受了新文化的洗礼，受西方自由、民主思想的影响，是“封”（封建主义）与“资”（资本主义）的“受害者”。这些人在1949年后接受“再教育”，经过批判、教育、斗争、团结，一个又一个轮回的运动，许多人都失去了平衡，或因过于刚硬而弃世，或因阿世曲俗而委身，留下了多少令人扼腕的遗憾。北大是敏感的是非之地，一波接一波的政治运动若如布置给教授们的一道道“作业”。邓先生不是进步教授，他属于新时期的边缘人。如果说1949年前当进步教授须要冒险的话，1949年后当非“进步”教授无疑也要付出代价。50年代以后的政治运动就像一个个陷阱一样，摆在先生的面前。首先是组织问题。先生本来与他的老师胡、傅、陈一样，除学问之间别无所求，故无党无派。然1949年后，高级知识分子既是主流意识形态批判、教育、团结的对象，又是各民主党派争夺的对象。先生与几个民主党派的领导人有过历史关系，他怕碍不过情面误入“家门”，只好选择在他看来比较如意的民盟作为栖息之地，以求能摆脱政治的缠扰。意识形态领域最初的几次运动，他都是“逍遥派”。然躲过了1957年的反右运动以后，厄运就降临到他的头上。1959年的“拔白旗”运动，铺天盖地的大字报向先生袭来，他被剥夺了上课的权利。在席卷神州大地的“文革”风暴中，先生又一次被宣布为“反动权威”，下放到江西鄱阳湖畔的鲤鱼洲劳动改造。先生艰难地支撑着，从自己的宋史研究中寻找精神寄托，从他的“英雄人物传”中吸取精神的力量，倔强中有韧劲，谨慎而机智地避开一场场政治闹剧。今天回味这一段历史，真是一个睿智而又多么不易的抉择！

我见到先生时，他已是85岁高龄的老人了，但老人家精神矍铄，思维敏捷，谈锋极健。我常常琢磨老人家长寿的诀窍。一次与先生谈话，见先生兴致甚高，我将话题转到身体保健这一问题上，先生很平淡地说：他并无什么养生之道，饮食、起居正常，爱吃水果，爱喝新茶，每日坚持散步，从不吃所谓补品。老人家说的都是体质方面的，其实精神上他的保健之道更值得借鉴：先生富有个性，也很倔强，但他从不心存芥蒂，凡事都能坦然处之。他晚年的心境、性情真正步入了一种炉火纯青的境界。

有些人与你相处的时间不管多长，你对他都不会留下什么特别的记忆。有些人却能让你在与他短暂的交往中，留下不可磨灭的印象。邓先生的魅力来自他特别的个性、他谈吐的风趣、他断事的机巧、他处世的练达。我与先生前后接触不过五六载，对先生所治宋史所知亦浅陋，然回想起亲炙先生的言教和身教的那些美好时光，真有如沐春风之感。

梁任公垂暮之年著《辛稼轩年谱》，走笔至“所不朽者，垂万世名。孰谓公死，凛凛犹生”即驻笔了。这是宋庆元六年（1200）稼轩祭朱晦庵文中的几句，先生以为这几句竟成为梁任公的绝笔，实际上也就等于梁任公自拟的挽词。他颇喜欢这几句话，在生命弥留之际反复吟诵了几遍。最后，我想借这一对联，来祭奠先生的在天之灵。

1998年3月2日至4日于北大蔚秀园

（原载《书屋》1998年第6期，《新华文摘》1999年第3期转载；收入《仰止集——纪念邓广铭先生》，河北教育出版社，1999年）

一个纯正的大学者

邓广铭先生是一位颇具北大气质的学者。这样说，我以为形容他老人家也许最为贴切。何谓“北大气质”？谁也很难给予一个确定的说法，但外人接触北大人时确能感受到他们身上特有的那种精神气质：求知的认真、待人的大气、批判的精神和独立不羁的个性。这是长期生活在高级知识分子圈养成的一种特有气质。生活在这个圈子里的人久而久之，都有可能养成这样一种气质。先生从大学时代开始在北大读书，到其终老朗润园，一生大半时光都在北大度过。在这里他经历时代风云，饱览古今典籍，交往无数名流，当得起“见多识广”四字。他一生曾得胡适、傅斯年、陈寅恪、钱穆等多位名师的教导和指点，与茅盾、吴晗、臧克家、李广田等文史界的名人亦有来往，自然算是文史圈内的实力人物。

邓先生对北大情有独钟，这可以他的自传和回忆为证。

他一生除了抗战期间在复旦大学任教过两三年外，其他时间基本上都在北大度过。1953年以后，由于院系调整，清华、燕京两校历史系的教师都调整到北大来，北大历史学系可谓群贤毕至、名流云集，加上运动不断，教师之间的矛盾和冲撞也不少，相对来说，先生算是沉得住气的人。既不曾有过在运动中大出风头的表现，也没有因为潜心学术而被挤到社会的边缘，他似乎始终过着一种平稳的学者生活。

我与邓先生接触主要是在他生命的最后六年。初次见面时，短暂的交谈，即让我感受到他身上的一股大气。我进入北大做博士后研究后，与他交往的机会自然更多，两人无话不谈，一打开话匣子，先生的话总是没完。先生是一位纯正的学者，所谓“纯正”，在他生活的那个年代，除了表现在他对学术与政治关系的清醒处理和把持外，还表现在他对学术工作的敬业、执着和谨严，他不是那种以学术沽名钓誉的名流学者。相反，他对身外之物和自己不该涉足的领域时刻保持警觉，这是他作为一个真正学者的可爱、可敬的一面。在20世纪90年代，伴随“国学热”的兴起，人们对学术老人的“利用率”也大大提高，各种大型丛书的主编或顾问头衔雪片般飞向这些学术老人。邓先生对这些待遇似有特别的警惕，他对那些非自己专业的主编邀约总是一推再推，将之“谦让”给他以为合适的学者。他不喜欢编辑那些东抄西抄的大书或集大成的编著。一次，他与我道及有人曾请他出任《中华大典》的总编，他幽默地说，不要说“大典”我不敢编，就是“小典”在有生之年恐怕也编不出来。北大某位与他关系不错的同辈学者领衔主编了一套大型国学方面的丛书，邓先生颇不以为然，以为他并非专研中国学问之人，何敢担任这样一套集中国文化典籍大成的主编。他像一位麦田的守望者始终坚守在自己的专业研究领域，不随意越雷池一步。

邓先生没有做寿的习惯。系里某教授八十岁诞辰时出了一本纪念文集，故周围的门生故旧也希望在他九十岁时给他出一本祝寿论文集，以示庆贺。先生最初婉拒此事，以为可以再等十年。后经周围人的一再劝说，才配合进行。那个时候，健在的学术老人不少，学界为表示对这些老一辈学者的敬重，每逢他们上八十、九十，都给他们祝寿，老人平淡的生活因此受到干扰。可能因为祝寿所产生的过度兴奋，有些老人在祝寿之后就撒手人寰，祝寿会成了追思会。在筹备九十岁祝寿论文集时，先生曾与我言及此事，并表示自己并不在乎这类俗套，看得出来他的确早已步入"含雄奇于淡远之中"的人生境界。

在邓先生晚年，曾有一家出版社约他出版自传或回忆录，邓先生自忖自撰已无可能，有意与人合作，他曾对我提及此事。我因手中事情太多，也不敢应承，现在想来这是一个遗憾。当年我如能稍加规划，与先生合作写一部口述自传，应是一件可能的事。由于自己没有把握好，错失了一次机会，这是一个永远无法弥补的遗憾。

人到老时，怀旧的情绪会加重。邓先生晚年对自己的恩师胡适、傅斯年、陈寅恪的情感更是如此。1988年，先生亲赴广东中山大学参加纪念陈寅恪先生国际学术研讨会，并在大会闭幕式上发言。1989年，先生主持北京大学中古史研究中心编辑的《纪念陈寅恪先生诞辰百年学术论文集》。1991年10月，香港中文大学中国文化研究所为纪念胡适诞辰百周年主办“胡适与中国现代文化的转型”国际学术研讨会，先生不顾年事已高，亲往参加，提交了《胡著〈说儒〉与郭著〈驳说儒〉平议》的学术论文。1991年9月，山东聊城政协与聊城师范学院主办纪念傅斯年的学术研讨会，邓先生虽未前往，但撰写了《回忆我的老师傅斯年先生》一文以示纪念。1996年11月，《台湾大学历史学报》第20期出版《傅故校长孟真先生百龄纪念论文集》，邓先生发表了《怀念我的恩师傅斯年先生》长文，并被置于刊首。1993年，北京大学出版社邀约我与耿云志先生合作编辑《胡适书信集》，先生利用他担任高校古籍整理委员会副主任一职之便，请求给予我们经费上的资助，以支持这项工作，使我们这一工作得以顺利进行。《胡适全集》启动后，先生又欣然同意担任顾问，并多次过问这项工作，接受编辑委员会的咨询，倾力支持这项工作，惜《胡适全集》因各种原因，迟至2004年才推出，先生未能在生前如愿看到它的出版。先生确实尽己所能，为推动学术界对胡适、傅斯年、陈寅恪的研究和积极评价发挥了重要作用。

钱穆、蒙文通是先生大学时代的老师，但在学术上，先生似对他们的学术路子有所保留，他受胡适、傅斯年、陈寅恪三人的学术思想影响甚深。对恩师陈寅恪所道“寅恪平生为不古不今之学，思想囿于咸丰、同治之世，议论近乎曾湘乡、张南皮之间”另有别解，以为陈寅恪在《王观堂先生挽词》中所表达的思想“乃是陈先生自抒胸臆的真知灼见，而所表达的那些思想，岂是咸丰、同治之世所能有的？所发抒的那些议论，又岂是湘乡、南皮二人之所能想象的呢？”他不太认同将陈寅恪往“中体西用”的套路上推，而是大力阐扬陈寅恪所抱持的“独立之精神，自由之思想”。他对胡适在人权论战中的表现尤为推崇，以为这是胡适一生中最为光彩动人的一页。

先生绝不是那种死啃书本的冬烘或学究，而是对历史、对民族、对国家有着深切的关怀。《陈龙川传》前面所说的那席话，可见他对宋史的深刻理解，的确不同凡响：

> 翻开南宋的历史，呈现在我们眼前的，是一幅屈辱到令人气短的画图。
>
> 人们习惯于把南宋和东晋相提并论，然而，就所迁的地点论，南宋是离开中原更加远，在御侮的精神方面，南宋也更为不振：渡江击楫和新亭对泣等等的故事，在南宋的士大夫间是不曾有过的。
>
> ……生在那个时代的人群，江南的土著以及由中原而流亡到江南的士庶，由于高宗的委曲求和，虽得免于直接遭异族的侵凌，压榨，而异族的威势，却依然通过这个小朝廷的当轴者，照样，或且更加甚地使他们受着侮慢、掠夺和迫害，而过着痛楚艰难的日子。
>
> 按道理，这些受着折磨的人群，是应当能从这些灾难当中受到一些教益而反转来使这时代改观的，不幸他们竟毫无所得：没曾激发起他们坚韧的抗拒力和悲愤的同仇敌忾之心，甚至连一份敏锐的感受性和观察力也都

没有磨砺成功。在最应该警觉清醒的时候大家却都沉沉入睡了。

这样的议论虽然有些傅斯年所谓的“海派”风格，却字字显示出他特有的灵气和见识。联系他写作《陈龙川传》的时代背景——抗战军兴、大敌当前，显然先生是有意警示国人和知识分子，提醒大家不要忘记肩负起抗敌御侮的重任。先生始终保有知识分子特有的那种忧患意识和批判意识，他是带着这种情怀和寄托走过了不平凡的一生。

2012年1月17日夜于北京海淀蓝旗营

（收入张世林主编：《想念邓广铭》，新世界出版社，2012年）

唐德刚先生的中国情怀

2009年10月29日上午，当我在北大英杰交流中心出席会议时，安徽大学历史系陆发春教授从合肥打来电话告诉我，唐德刚先生于26日晚在美国旧金山家中因肾衰竭去世，我闻后心头一怔。下午，我赶快拟一唁电传真给唐先生的家属，表示深切的哀悼和慰问。接着，媒体记者的电话纷至沓来，或采访，或约稿，请我谈谈对唐先生去世的感想。海外朋友亦通过电话或电邮传递消息，报告相关信息。唐先生去世的消息迅速在各种媒体上传开。

大概在大学时代，我已与闻唐先生的大名，并拜读了他的《李宗仁回忆录》等著作。攻读硕士学位期间，因研究胡适早期政治思想，唐先生的《胡适口述自传》《胡适杂忆》自然成了案头的常备著作。与唐先生谋面迟至1991年10月在香港举办的“胡适与现代中国文化转型”学术研讨会。那次会议，海内外胡适研究专家会聚一堂，共同就胡适研究这一专题做一探讨。在出席会议的人员中，我是年龄最小的一位，但破例安排第一个发言。第一次面对名家云集的现场，心里面不免打鼓。唐先生是出席会议的海外学者中年龄最长的一位，但他丝毫没有倚老卖老的架子，会上发言幽默风趣、妙语连珠，令与会者忍俊不禁；会下与人交流随和，显示了一个大家的风范。从那以后，在有关胡适的学术研讨会上，我们都能看到唐先生的身影。1992年夏天在北京举行的胡适学术座谈会、1993年5月在青岛举行的“中国近代学术史上的胡适”学术研讨会、1995年5月在上海华东师大举行的“胡适与中国新文化”学术研讨会，唐先生都从美国飞来，亲临会议，给这些会议的确增添了不少光彩。1996年12月中旬，唐先生访问北京期间，在北大住了一周，我特请他在北大做一讲座，这也许是他老人家在北大唯一的一次讲座。闻讯前来的师生挤满了会议室，大家争睹这位口述史学大师的风采。离京后，恰逢辞旧迎新之际，唐先生特来信致贺：

哲生教授和夫人：

月前在北京把贤伉俪忙坏了，心实不安，也叩感不尽。……

近日阅中文报，说山东大学已将全套《四库全书》输入电脑，如此则台湾的《廿四史》就是小巫了。兄如能查出《四库》何时发售，我也想买一套也。请查查看。这是件惊人的文化大事。……

贵系贵院诸领导和老友，敬请代为致意道谢；近史所诸老友亦烦便中致意。上次吃饭时太匆忙，找不到空座，未能陪诸老友多谈谈，心中尤不安也。匆上敬贺

春节快乐！

德刚九七，一，七

1999年5月，北京大学主办纪念五四运动80周年国际学术研讨会，我参与会议筹备，自然也忘不了邀请唐先生大驾光临。那次会议，中外专家会聚燕园，研讨五四，是一次高层次、高水平的国际学术研讨会。安排在大会最后一场发言的四位学者分别为王元化、唐先生、张岂之和林毓生，均为学林高手，他们将会议推向高潮。唐先生提交论文的题目是"论五四后文学转型中新诗的尝试、流变、僵化和再出发"，他的发言幽默诙谐、铿锵有力，博得了与会者热烈掌声。

唐先生身体不佳的消息，我早已耳闻。2002年2月20日我乘途经纽约时，约W君前往唐先生家看望他老人家，这是我与唐先生的最后一次见面。关于此行，我的日记中有简略记载：

下午一时多到达唐家。看得出唐先生身体虚弱，去年十一月中旬他因中风住院，几失去记忆，现在仍不能吃东西，身体颇弱，走路须借助推轮。与我两年前相见时判若两人。

日记中所指两年前与唐先生相见，系指2000年10月我第一次赴纽约参加“华族对美国的贡献”学术研讨会，会后与唐先生会见之事。当时，唐先生已届80岁高龄，仍能自己驾车。他主动请缨带我去参观西点军校。从纽约到纽约州的西点军校，小车开行需两个半小时，我担心他的身体受不了如此长的旅行，但老人家兴致很高，硬说没有问题，于是两人结伴前去。当时我感觉唐先生开车有兜风的感觉，一路健谈，毫无倦意。下午从西点军校回来后又将我送回纽约，并陪我一起与李又宁教授吃了晚饭，才偕夫人回家。其精力之旺盛，令我极为敬佩。

从那以后，我与唐先生再未谋面。2002年圣诞节时，唐先生大病初愈，他偕夫人吴昭文寄来一新年贺信，因此信颇能见出唐氏写作风格，故照录如下：

欧阳哲生教授和夫人：新年快乐！

时已一载，弟卧病经年，承好友不遗在远，纷辱函电慰问，甚或驾临敝庐，并馈赐各种礼品，隆情厚谊，弟阖家均叩感不尽。诚惶诚恐，愧不敢当，日月如梭，一年已逝，每念盛情，时萦魂梦。上次生病，曾住院两次，稍愈后，又去加州儿女处，作较长期休养，然终因年高体弱，只能带病延年，迄今仍不能开车，不能久坐，年逾八旬，本该如此，夫复何言？然弟身体素无疾病，自觉粗健，初不意偶一发病，竟狼狈若此，实出个人意外，然病后细思，颇觉罪有应得。盖平时自信，身强力壮，起居饮食，素不谨慎，更无条理，一旦发病，认识已晚。如今自庆，未翘辫子，还能与诸兄姐，通信拜年，实为始料所不及，然亦愿以个人生病经验，为诸兄嫂报告，我国固有，与洋人新倡的养生之道，都颇有足学者。年高老友务必注重健康，饮食起居，都应特别注意，才是长保福禄之道。我兄嫂健康极佳，令弟羡慕之极，至盼百尺竿头，更进一步，则期颐之祝，可预贺也，敬祝阖府健康！

圣诞快乐，新年如意！

唐德刚　吴昭文　敬贺2002年

PS：北京老友相遇于途，或相逢于会场，至盼代候起居。弟因疾病缠身，就无能力拜年了。兄来纽约，因病未能招待，尤感心疚，乞恕为感。

2004年2月，我前往旧金山加州大学伯克利分校参加一学术研讨会时，给先生打了一个电话，表示问候，另给他寄了一笔稿费。同年9月前往纽约哥伦比亚大学参加“哥大与中国”学术研讨会时，再次与唐先生通了一个电话。本来那次会议邀请唐先生参加，但他因病重不便外出，未能遂愿。在电话中，唐先生以嘶哑的安徽口音表示，因病不能与会同朋友们见面，甚感歉意。我感到老人家是一个仁厚长者。真是人之将老，其言也哀！

唐先生一生治史主要有三项成就：

一、中美关系史。他的博士论文《中美外交史，1844—

1860》（英文版）、《中美外交百年史，1784—1911》（中、英文版）是这方面的代表作。

二、口述历史。1957年初哥伦比亚大学东亚研究所中国口述历史部成立，主持这项工作的是韦慕庭教授（Clarence Martin Wilbur），下属工作人员为夏连荫（莲瑛，英文名Julie Lien-ying How）和唐先生。在中国口述历史部，唐先生先承担《胡适口述自传》（作于1957年）、《李宗仁回忆录》（作于1958年9月至1965年6月）、《顾维钧回忆录》（1960—1962年，参与其中部分工作）等人物口述自传的撰写工作。张学良晚年获自由后，重出江湖，唐先生又重拾这一工作，有志于作一部《张学良口述自传》，经刘绍唐先生撮合，1990年1月至5月间在台北北投张学良寓所和亚都饭店采访张学良，先后录下11盒录音带，惜这一工作因故中辍。如今这些著作在海峡两岸均已出版，且重印多次，在史学圈和广大读者中产生极大反响，佳评如潮，被视为口述史学的典范。唐德刚因此得享“中国现代口述历史的开拓人”“口述历史大师”的盛名。除自己身体力行外，唐先生在海外还创建中国口述历史研究会，带领更多的年轻学者投入这项工作。唐先生之所以热衷这项工作，是以为这是一项抢救史料的工作。

三、中国近代史研究。1972年唐先生从哥大图书馆中文部主任转往纽约市立大学任亚洲学系教授，其工作重心遂转向历史教学与研究。据他自述，他在纽大上过“世界文化史”“亚洲史”“中国通史”“中国近代现代当代史”等十余门课程，可谓上下五千年、纵横三千里，无所不讲、无所不通，中西历史冶于一炉。1994年他从纽约市立大学退休，专事撰写《中国近代史》，已成《晚清七十年》（五册）和民国史第一册《袁氏当国》。前者是一部极具个人风格的中国近代史著作，堪称“空前绝后”之作。民国史部分因病未能完成，这是他给我们留下的一个无法弥补的遗憾。

在从事历史教学、研究之外，唐先生还撰有长篇小说《战争与爱情》，自传体回忆录《五十年代底尘埃》，胡适研究著作《胡适杂忆》《史学与红学》《书缘与人缘》等。唐先生擅长演讲，他讲话带有浓厚的安徽老家口音，引经据典、纵横捭阖、随意所至、无所不谈、毫无拘束。唐先生是一个性情中人，结交朋友似也是如此。与他相交，你会感到这是一位可敬可爱的老顽童，给人以强烈的亲和力、吸引力，毫无老气横秋之做作，难怪他颇得人缘，在海峡两岸、大洋彼岸有不少各界的朋友。1992年夏天他来北京开会，“失踪”了两天，吴健雄特从美国打电话到北京来寻找，在朋友中被传为笑谈。

唐先生身处异邦，却有着一颗不眠的中国心。他自述：“笔者不敏，学无专长，加以流落异域数十年，打工啖饭，颠沛流离，一言难尽。然正因身体历艰难而幸免于浩劫，对祖国这一谜团，终未忘情，总是对所见兴亡，有所领悟。愚者千虑，必有一得，因对数十年之所学，与殚精竭虑之思考，亦不敢过分妄自菲薄。”从早年投身撰写中国口述历史工作，为中国现代史抢救“活的历史”，到晚年撰写《晚清七十年》，以大手笔勾勒中国历史从传统向现代的转型；从在海外大力推动抗日战争史研究，发起民间对日索赔、寻访慰安妇活动，到临终前将藏书捐给母校安徽大学，表达对故乡的一片依恋之情，我们都能感受到他内心的中国情怀。唐先生为人处世，若如其名，德刚并济；作文言谈，又如其人，活泼可亲。唐氏幽默系天性养成，还是后天修炼，或是受林语堂这位幽默大师的影响和私传，这是一个值得文史专家探讨的问题。像他这样既深具中国古典文学的底蕴，又有长期西方文化熏陶的经验，在海内外史家中恐已不可复得。他遗嘱将其骨灰撒向大海，可见心怀之宽广！一生得以结识这样一位老友，毕竟是吾辈之缘、之幸！

2009年11月3日深夜于北京海淀蓝旗营

（原载台北《传记文学》2009年第12期；收入中国近代史口述史学会编辑委员会编：《唐德刚与口述历史：唐德刚教授逝世周年纪念文集》，台北远流出版公司，2010年；收入刘炜茗主编：《平生风义兼师友》，新星出版社，2013年）

耿昇与他的“绝学”

从万明处听到耿昇先生病逝的消息，我心头一震，立即有一种永远失去而难以弥补的遗憾。这不是一般学人离世时常有的那种感觉，真正是一种永远失去的遗憾。人们常以“及身而绝”来形容那些身怀绝技而不幸去世的学人所带走的“绝学”。如果浏览一遍耿昇先生的著译目录，我们很自然会有这种感觉。

我与耿昇先生的最初接触是在20世纪90年代，一次与人民出版社的朋友在他们单位附近吃午饭，在胡同里遇到耿昇，他肩挎书包，行色匆匆，双方互相打了一个招呼就过去了。过后，我的朋友把耿昇的翻译业绩大大夸奖了一番。那是学人靠稿费生活的年代，耿昇已翻译、出版了十多种著作，在京城学界算是很牛的人物了。后来在北京语言文化大学《中国文化研究》主编阎纯德先生主办的一次小型座谈会上，我们再次相遇，双方似没有什么交谈，散会就分开了。两人的真正直接交流很晚，2014年5月18日应北京外国语大学海外汉学研究中心张西平兄邀请，我参加了《卜弥格文集》出版学术研讨会。会上，我见到了几位久仰而未曾谋面的中西文化交流史研究的前辈学者和同人，包括沈定平、金国平、汪前进等，耿昇也参加了这次会议。此前自己因为撰著《古代北京与西方文明》，常常参阅耿昇的译著，他大概也看过我的东西，所以这次会面，两人即有一见如故之感。耿昇不是那种话语很多、大包大揽的豪放派，与他谈话，基本上是我问他答。当年11月上旬，中华炎黄文化研究会、北京外国语大学、维也纳大学、中国文化院在奥地利维也纳共同主办“21世纪中华文化世界论坛——中欧文化交流的过去与未来”第八届国际学术研讨会，我和耿昇在受邀之列，一周多时间的朝夕相处，两人有了较多的接触机会。从那以后，我们时常通过电话或开会联系。2016年5月，我的教育部人文社科基金课题《鸦片战争以前西方人士的“北京经验”研究》结项，我打电话请耿昇做结项评审专家，他欣然答应，亲笔撰写了评语，并送交打印后寄给我，我就感觉到他做事的那股认真劲儿。

我介入中西文化交流史是从研究“古代北京与西方文明”这一课题入手，耿昇翻译的汉学著作可以说是我案头的常备参考书。耿昇是继张星烺、冯承钧之后，驰骋在中西文化交流史、法国汉学领域的又一位名家。他在《我的治学之道》一文中述及自己的学术工作时这样说：“在学术翻译和研究中，本人主要精力是集中在四大学科领域：西域史（多领域）、中西文化交流史（以入华传教士为主）、丝绸之路（西北、西南与海上丝路史）、法国汉学史，而且在每个学科领域中都有不少成果问世。这些领域基本上都属于中西交通史或中外关系史。”对一般学人来说，这些领域都是比较冷僻而专门的学问，不要说在这些领域谋取立足之地不易，就是成为其中某一个方向的专家也是常人难以做到的事。对耿昇的整个学术译介事业，我无力评及。但只要通览他的著译书目，我们都会有这样的印象：一是他涉足的领域宽广且艰深，如丝绸之路、西域史、蒙古史、吐鲁蕃学、突厥学、敦煌学，都是傅斯年视为“四裔问题”的学问，在中国也许比较冷僻而专门，在国际上却是热门而蔚为显学，故门槛甚高。如果与国际学术界没有密切联系，就不可能登堂入室。二是这些领域对研究者的语言能力要求极高，它们往往涉及多种语言，法语、英语自不待言，还需通晓各民族语言（如蒙古语、藏语等），甚至有些西域、中亚的已经死去的语言，只有历史研究与语言能力相结合才可得其门而入。三是成果丰富。多达六七十种译著，加上他本人的著作、论文，粗略估计字数约2000万字。可以想象，他是一位非常勤奋的翻译家兼学者。没有长年累月、持续不断的努力工作，是不可能如此高产的。耿昇自述：“书山有路，学海无涯。读书做学问难，做翻译更难。回首自己30多年的爬格子或‘码字’生涯，感受多多。成绩固然是一笔一画拼凑而成的，纰漏也是点点滴滴地聚拢起来的。”这应该是他的真实体会。

学术是时代的产物。耿昇1981年调入中国社会科学院历史研究所，此时正是改革开放启动不久，祖国迎来“科学的春天”，知识分子甩开膀子大干的时候，耿昇迎来了自己人生和事业的转型。他自述：“我真正的人生，似乎正是从此而开始，有了自己热爱的职业，从事自己所喜欢的工作。在此后的30多年间，自己锲而不舍，从一个完全不懂历史学的门外汉，也算登堂入室了，现在是中国社会科学院历史所研究员。”不过，从一个法语翻译人员，到法国汉学翻译，再到中外关系史研究，我想这对耿昇来说，殊属不易，这是一个漫长而艰辛的过程。他1968年毕业于北京外国语学院法文系，大学期间恰恰赶上“文革”，似乎不可能接受很好的教育。1969年分到解放军某部接受“工农兵再教育”，学业也很难向前推进。他真正走上学术道路应该是在进入中国社科院历史研究所以后。他的学术转型，几乎都是靠刻苦自修，定然花费了大气力。他进入的中外关系史领域都非常专门，像西域史、蒙古史、吐鲁蕃学、突厥学、敦煌学、耶稣会士入华史这些领域，甚至可以说是非常专深的领域，现在人们通称为“绝学”。耿昇从1980年到2013年，共出版译著60部66册，论著1部，论文和介绍评论文近120篇，译文近200篇。翻译数量之庞大，可谓举世无出其右。能够取得如此多的成果，与他本人的勤奋努力当然是分不开的，而时代的宽松环境、国家的急迫需要、各方面的协力配合应该说也是非常重要的辅助因素。

中西文化交流史（旧称中西交通史）是一门特殊的专门史。早期开拓这一领域的学者，或像冯承钧留学法国，师从伯希和，通过吸收法国汉学的养料进入国际汉学的殿堂；或像张星烺留学欧美，通晓多种外语，然后刻苦钻研欧美东方学（特别是英国东方学家亨利·裕尔的著作），获得这方面的专业素养；或像陈垣进入辅仁大学这样的天主教教会大学，通过与教会史学者接触获得灵感，发掘中文文献材料，在这一领域谋取立足之地；或像朱之谦取道东瀛，通过借助日本历史学者的东西交通史书籍获得养料，进入中西文化交流史领域。毫无疑问，耿昇通过自己刻苦钻研法国汉学，吸取法国汉学的精华，将其“最重要、最著名和中国学术界最需要的学术名著”择其精华翻译成中文，介绍给中文学术界同行。他所取径和行进路线，应该说是比较正宗的。他为中国学术界打破与外界的隔阂，迅速缩短与法国同行的差距，可以说做出了切实的贡献。

耿昇对自己的法语水平颇为自信，他曾在外交部门工作多年，担任过周恩来总理的法语翻译；调到中国社科院历史研究所中外关系史室工作后，又经常赴法国访学，与法国汉学界交往密切，对法国汉学成果了如指掌，是国内这方面难得的人才。他谈及自己与法国汉学界交流的经验时说，他的法语“顶呱呱”，法国学者说汉语结结巴巴，不敢恭维。言谈中的那种自信和底气在同行中是很少见的。他曾经担任过一名博士生毕业论文的答辩委员，发现该生论文有袭取他的论著之嫌而未加注释，他一方面指出问题所在，另一方面又以宽恕待人的仁者之心未加追究，显示出他爱护后生的长者风范。

耿昇的翻译工作量太大，引来物议甚至批评，是意料中事。平心而论，耿昇翻译的荣振华等著《16—20世纪入华天主教传教士列传》这样的教会史工具书绝非易事，由于其不同于一般的文学作品翻译，不仅对译者中法双语的语言能力有很高的要求，而且对其相关的专业知识和素养也有要求，这是一项精确度要求极高的翻译工作，一般译者根本无力胜任。书中涉及的专业术语、传教士汉名和各种约定俗成的名称，非有相当的专业素养，否则难以掌握。“‘学贯中西’是对大学问家的盛赞，‘熟悉中西’则是从事中西文化交流史学者的必备。”耿昇这句话是对自己从事中西文化交流史研究工作的经验总结。有的学者对耿昇译著存在的问题提出批评，从学术上来说，也是合情合理的。但从另一方面来看，一部学术译著的出版需要经过若干环节，某些环节并非译者所能完全掌控，出现误差也就在所难免。面对一个知识谱系复杂、专业术语艰深的领域，译者可能存在难以克服的知识上的盲点。因此，人们在展开学术批评的同时，也须对译者的艰辛多一分“同情的理解”，不可因其出现的一些差误而抹杀他难得的成就。设想一下，如果没有耿昇在法国汉学方面所做的大量译介工作，我们对法国汉学在敦煌学、藏学、西域学、中亚学、蒙古学、突厥学、来华耶稣会士史这些专业领域的成果，很多可能就茫然无知。正因为如此，耿昇的离去，使学术界深感在这些领域无可替代的缺失。胡适逝世时，梁实秋曾以“但恨不见替人”来表达自己的哀痛，此语借用来说明耿昇在介绍法国汉学中的作用，可以说也是颇为适合。举目四望，环顾海内，我们今天的确暂时找不到像耿昇这样有分量的法国汉学翻译人才。18世纪法国三大汉学名著之一《耶稣会士中国书简集》中译本出版后，在与耿昇的电话交流中，我曾几次怂恿他翻译《中国丛刊》（16卷），当时他的研究兴趣似已转移到敦煌学、藏学、丝绸之路这方面，他表示自己暂时无力承担这件工作，现在看来要找到适合翻译这套书的人选，恐怕是更难了。

不知是对自己来日无多有某种预感，还是出于对自己著译成果的不放心，耿昇最后十年很大一部分精力是在整理、修订自己已有的翻译成果。他出版了几种集大成式的著作和译著，包括《法国中国学的历史与现状》（上海辞书出版社，2010年）、《16—20世纪入华天主教传教士列传》（广西师范大学出版社，2010年）[①]、《明清间入华耶稣会士入华与中西汇通》（东方出版社，2011年）、《中法文化交流史》（云南人民出版社，2013年）、《法国汉学史论》（上、下册，学苑出版社，2015年）等，每一本书都是厚达七八百页，甚至一千多页，给人沉甸甸之感。这些书籍每出一本，我即会毫不犹豫地购买一本，它们对我的研究确有重要的参考价值。

在译介法国汉学之外，耿昇还撰写了一些学术论文，如《试论巴黎外方传教会会士的在华活动》《试论遣使会传教士的在华活动》《法国的传教士与远征军——法国传教士艾嘉略第二次鸦片战争新历记》《孟斗班与第二次鸦片战争——从新公布的档案文献看英法联军侵华战争》《广州与17—18世纪的中法关系》《18世纪的澳门与广州的对外贸易》《17—18世纪

① 此书将荣振华著《1552—1800年入华耶稣会士列传》《入华遣使会传教士列传》《入华巴黎外方传教会传教士列传》三传合一，汇集成书。

在广州的法国商人、外交官与十三行行商》《18世纪的欧洲商船与茶叶贸易》《清季西人视野中的澳门与广州》等。这些文章对法国入华传教士与中西文化交流史，第二次鸦片战争史，广州、澳门与海上丝绸之路史这些领域的研究，我以为都有新的拓展，在中文学术界具有填补空白的作用。

耿昇离世时只有73岁，这个年纪于古人虽已过了古稀之年，在当今多少仍给人早逝之感。想象一下，如果他能再活十年、二十年，为我们再译二三十部法国汉学名著，中国相关研究领域自然就能有更多受惠，情况也许就大不一样。可惜！斯人已逝，不亦悲乎！如今我们只能缅怀他的学术业绩，鞭策自己发奋努力、继续前行。

2021年2月9日于京西水清木华园

（2018年4月10日，耿昇先生因病在北京逝世。中国中外关系史学会和北京外国语大学全球史研究院为纪念这位杰出学者，邀请耿昇生前好友撰文缅怀他的学术业绩和生平行谊，准备出版一部纪念文集，本文即为应约所写。原载《中华读书报》，2021年5月19日）

卷 二
名家学衡

以译代著、唤醒中华

——严复逝世百年纪念感言

严复研究成果已足称汗牛充栋，这并不意味着对严复的研究可以止步。如果细览一遍严复研究论著目录就可发现，严复的本职是海军，探讨严复海军生涯、严复海洋观的论文虽有一些，以之为主题较有分量的研究专著却付诸阙如；严复饱读西书，堪称近世西学第一人，但有关严复阅读史或《严复藏书书目》之类的书籍尚未得见。严复是1921年10月27日在福州老家去世的，陈宝琛题写的《清故资政大夫海军协都统严君墓志铭》，与严复的身份和当时的国号极不相称，这也是令人纳闷的问题。举此诸例，微观严复研究仍有长进的空间。严复是中国近代史上的经典人物，常读常新，温故而知新。借纪念严复逝世一百周年这个机会，谈三点我新近研读严复的心得，与大家一起分享。

一、中国近代思想的基本路径、特征

在中国近代思想史上，严复为什么重要？回答这个问题，要从中国近代思想的基本路径、特征说起。郭湛波先生撰著《近代中国思想史》时曾谓：“西方的文化，虽相继输入，但新的思想，终无由发生、形成。所以我们讲中国近代史，应自‘鸦片战争’始，讲中国近代思想应自‘甲午中日之战’始。”①1895年是中国近代思想史的真正起点，站在这个起点上的有康有为、严复为代表的一批维新志士。而严复我认为是真正称得上具有近代意义的第一位启蒙思想家。所以我在北大开设通识课，讲中国近代思想史，也是从严复讲起。

将中国近代思想置于大历史的视野去考察，中国近代思想的产生与发展主要是依循两条路子：一条是“推陈出新”，即在中国传统经学（儒学）内部，发现与时代相结合的思想生长点，从中国传统学术的内在理路出发，提出具有时代意义的新思想、新理论、新学说，从龚自珍、魏源到康有为为代表的今文学派和自称“返本开新”的现代新儒家走的即是这条路子。一条是“援西入中”，即通过传播、译介外来思想理论，为中国近代思想的发展输入新的血液，在此基础上提出自己的维新、变革理论和建构新的思想系统，严复可谓这条路子的第一个典型代表，他翻译的《天演论》即是这条路子的第一个经典案例。

---

① 参见郭湛波：《近代中国思想史》，龙门书店（香港），1973年，第6页。

当然，这两条路子并不是判然有别，这两类思想家也不是截然分流，而是互为表里，相互渗透。康有为吸收了西方的进化论、社会主义等外来思想；新儒家思想更是容纳了诸多西方的元素，1994年11月我在台北与海外新儒家代表牟宗三先生的最后访谈中，牟先生特别向我强调自己独力译述了康德的三部批判（即《纯粹理性批判》《实践理性批判》《判断力批判》），表明他不仅治中国哲学史，而且在西方古典哲学上也下了很大气力。同时，严复翻译的西方八部名著，则以中国典雅的先秦古文这种古典形式来包装，他的成名作《天演论》恭请桐城派代表吴汝伦为之作序，吴氏称他的《天演论》与周秦诸子的文章不相上下，严复的身价在学界因此大增。这两类思想家们并不画地为牢，往往都以追求中西交融为其思想的极致。

我个人更倾向于严复所开创的“援西入中”这条路子。所以我过去选择研究的近代历史人物，如胡适、丁文江、傅斯年，都是这一派人，这实际表明我对他们的重视和兴趣。当然，我也不排斥康有为、陈焕章以及现代新儒家所代表的“推陈出新”这一派人物，我认可他们的思想合理性，也欣赏梁漱溟、辜鸿铭这些“怪杰”爱好偏执、特立独行的思想个性。

在我看来，从文化价值的角度看，有选择比没有选择要好，因为有选择意味着有目标定向，它比无目标的盲目自然要好；两种选择比单一选择又要好，因为它提供了一种最基本的比较视野，给予人们选择的可能；多种选择又比两种选择更具现代意味，它使人们可以跳出非此即彼的二元对立思维模式，提供多样化的想象空间。现代性本质上毕竟是多元性、多样化的合理统一。

我之所以作这样的选择，不仅是出于个人的思想偏好，更重要的是基于对历史的理解。近代中国与古代中国的根本区别在于二者对外关系不同，或者说中国与世界的关系发生了根本变化。古代中国相对封闭，自成一统，它是相对独立的。古代世界各个文明古国都具有一定的地域性特征。因此，中外关系在古代中国相对也就比较单纯，它与本国的政治、经济、文化的发展不能说没有关系，但关联度不大，古代中国除了受到印度传来的佛教影响较大外，其他外来因素对中国的影响都颇为有限。所以研究古代中国政治、经济、军事，对外来因素并不太在意，或很少联系。古代中国基本上抱持“华夷之辨”的指导思想处理与周边国家或其他民族的关系，华夏中心主义是传统文化的核心价值或核心内容，这种思想准则的提出和坚持是基于中原华夏文化的优越地位，是建立在以汉族文化（或华夏文化）为主体的先进性基础之上，它具有深厚的政治、经济、文化基础和历史渊源。在中国与近代欧洲交通以前，华夷之辨思维模式的合理性基本上没有动摇，也没有被国人质疑。

近代中国与世界的关系发生了根本变化。李鸿章是最早意识到这种情形的清朝大员，他哀叹中华民族遭遇到了“三千年未有之大变局”。他说：“臣窃惟欧洲诸国，百十年来，由印度而南洋，由南洋而东北，闯入边界腹地，凡前史之所未载，亘古之所未通，无不款关而求互市。我皇上如天之度，概与立约通商以牢笼之，合地球东西南朔九万里之遥，胥聚于中国，此三千余年一大变局也。”[①]他还说：“历代备边多在西北，其强弱之势，客主之形皆适相埒，且犹有中外界限。今则东南海疆万余里，各国通商传教往来自如，麇集京师及各省腹地，阳托和好之名，阴怀吞噬之计，一国生事，诸国构煽，实为数千年来未有之变局。轮船电报之速，瞬息千里；军器机事之精，工力百倍；炮弹所到无坚不摧，水陆关隘不足限制，又为数千年来未有之强敌。外患之乘，变幻如此，而我犹欲以成法制之，譬如医者疗疾不问何症，概投之以古方，诚未见其效也。”[②]自古以来，周围列国都是为朝贡而来，天朝的威严不曾撼动，如今远道而来的欧洲列强破关而入，要求通商互市，清朝对之毫无抵挡之法，束手无策，只能拱手签约“安抚”之，真是旷古未闻。近代中国这种“世变”的基本特征即是中华民族遭遇了文明程度高于自己的强敌。西方列强不仅在军事技术、工商经济方面较中国发达，而且在政治制度设计、精神文明层面也优于中国。从鸦片战争到第二次鸦片战争，从中法战争到中日甲午战争，一次一次战争的挫败伤害了国人的自大自傲自尊，促使他们开始反省。从魏

---

① 李鸿章：《筹议制造轮船未可裁撤折》同治十一年五月十五日（1872年5月20日），顾廷龙、戴逸主编《李鸿章全集》第5册《奏议》五，安徽教育出版社，2008年，第107页。

② 李鸿章：《筹议海防折》同治十三年十一月初二日（1874年12月10日），顾廷龙、戴逸主编《李鸿章全集》第6册《奏议》六，安徽教育出版社，2008年，第159—160页。

源提出“师夷长技以制夷”，到曾国藩、左宗棠、李鸿章发动洋务运动，再到康有为、梁启超、严复、谭嗣同推动维新运动，可以看出国人对西洋文明优越性的认识一步一步向前发展。中国是近代世界资本主义体系中相对薄弱的一环，中国是被强制性地拉入世界资本主义体系的，近代中国发生的一系列变化与外部条件或外力冲刺有着密切的关系，这样看并不是“外因论”，而是近代中国这一特定历史阶段的现实情形。从传统的“华夷之辨”到承认近世西洋文明的优越性，从认同家国同构的天下体系到遵循“万国公法”的国际秩序，中国与世界的关系发生了根本性的变化。这种变化的直接后果就是中外关系在国家生活和历史进程中的分量明显加重，中外关系与近代中国政治、经济、文化、军事各个领域的发展演变密不可分。近代中国各个方面的发展离不开与世界的关系，中外关系所占比重甚重，甚至可以说，中外关系是制衡中国发展的一个关键因素。不独中国如此，进入近代以后的其他各个国家都是如此，发达资本主义国家更是如此，它们对世界的依存度相对更高，这是由近代以后出现的全球化趋势决定的。这种全球化的基本面向就是你中有我、我中有你，相互影响、互相制约。不过，全球化还带有不平衡性的那一面，强者渗透，弱者承受，国族相争，弱肉强食，这种帝国主义强盗逻辑又同时借东西交通大行其道。

近代中国文化发展的基本趋向是从传统向新文化转型。这里的新文化之所谓“新”，主要表现在吸收西方文化和传统文化的自我更新。其中吸收西方文化更为重要，更具拓展性意义。这是因为在西方文化处于强势文化的大背景之下，传统文化的"推陈出新"很大程度上也有赖于与西方文化碰撞、交流与融合。外来文化构成中国文化的"新"元素，它具有激活中国文化的作用，这是近代文化的一种特殊现象。

返观严复一生所做的最重要工作，他译介近代西方八部名著，以译代著，声震华夏，笔醒山河，向国人推出一个崭新的文化世界，为中国学术从传统的经史子集四部之学向近代的文理工法商农医七科之学科体系转换，为中华民族跳出自古秉持的历史循环论向变易革新的进化论思维方式转化奠定了学理基础。严复实为中国学术思想从传统向近代转型的枢纽性人物。

二、通晓"世变"的维新思想

严复的维新思想"新"在哪里？严复思想的先驱性首先表现在他正确把握了时代的"世变"。他从甲午战争的炮火中认识到洋务运动的局限性和改革的必要性，1895年2—5月间，他在德人汉纳根（Constantin von Hannekan）刚刚创办的《直报》上发表了政论《论世变之亟》《辟韩》《原强》《救亡决论》，率先发出了救亡图存、维新变革的强烈呼声。

严复非常重视"世变"这一概念，他的第一篇政论即为《论世变之亟》。该文指出改革的急迫性，指出中国社会的深层问题是在文化学术。其开首即曰："呜呼！观今日世变，盖自秦以来未有若斯之亟也。夫世之变也，莫知其所由然，强而名之曰运会。运会既成，虽圣人无所为力，盖圣人亦运会中之一物。”这里所谓“世变”“运会”意谓今“时代潮流”之意也。在这篇文章中，严复对中国自古以来的历史观、圣人观给予了批判，对西方的富强之道给予了点赞。“今之称西人者，曰彼善会计而已，又曰彼擅机巧而已。不知吾今兹所见所闻，如汽机兵械之伦，皆其形下之粗迹，即所谓天算格致之最精，亦其能事之见端，而非命脉之所在。其命脉云何？苟扼要而谈，不外于学术则黜伪而崇真，于刑政则屈私以为公而已。斯二者，与中国理道初无异也。顾彼行之而常通，吾行之而常病者，则自由不自由异耳。”[①]这就指出了中西差距之所在，实际上也点出了中国变革应朝科学、法治、自由的方向发展。

《原强》提出“鼓民力，开民智，新民德”的救国思想。严复在比较古今之“外夷”的区别时引用苏轼的话说，在古代“中国以法胜，而匈奴以无法胜”。也就是说，中原华夏民族是以深植文明、持守法度优胜于周围蛮夷；而北方匈奴则以野蛮凶残、无法无天横行疆域；然进入中原后，蛮夷则不免汉化。“故其既入中国也，虽名为之君，然数传而后，其子若孙，虽有祖宗之遗令切诫，往往不能厌劳苦而事逸乐，弃惇德而染浇风，遁天倍情，忘其所受，其不渐靡而与汉物化者寡矣。”[②]但是，近代之西洋则“不可同日而语”，为什么呢？“彼西洋者，无法与法并用而皆有以胜我者也。自其自由平等

① 严复：《论世变之亟》，王栻主编《严复集》第1册，第1—2页。
② 严复：《原强修订稿》，王栻主编《严复集》第1册，第22页。

以观之，则其捐忌讳，去烦苛，决壅蔽，人人得其意，申其言，上下之势不相悬，君不甚尊，民不贱，而联若一体者，是无法胜也。”[①]“则彼以自由为体，以民主为用”[②]，这是其所以可畏之处。严复对西方列强有法与无法、文明与野蛮两面性的揭示，给时人以深刻的启示。严复的这一思考在后来辛亥革命志士、五四新文化人那里得到了回响，关于中西文明比较、文明与野蛮关系的思索在不断深化。

《辟韩》开首即直抒其臆：“往者吾读韩子《原道》之篇，未尝不恨其于道于治浅也。”批评了韩愈在《原道》篇中对君、臣、民关系的论述，对君主专制的治国之道给予了猛烈抨击，声明孟子所谓“民为贵，社稷次之，君为轻”乃“古今之通义也”。严复对西方与中国的君、臣、民关系作了对比：“是故西洋之言治者曰：‘国者，斯民之公产也，王侯将相者，通国之公仆隶也。’而中国之尊王者曰：‘天子富有四海，臣妾亿兆。’臣妾者，其文之故训犹奴虏也。夫如是则西洋之民，其尊且贵也，过于王侯将相，而我中国之民，其卑且贱，皆奴产子也。”[③]中西这两种关系的优劣相较之下明显可见，由此伸张了民主思想。

《救亡决论》凭借个人的痛苦经验，直陈“八股取士”的三大弊害——“锢智慧”“坏心术”“滋游手”，指出“夫数八股之三害，有一于此，则其国鲜不弱而亡，况夫兼之

---

① 严复：《原强修订稿》，王栻主编《严复集》第1册，第22页。

② 严复：《原强修订稿》，王栻主编《严复集》第1册，第22页。

③ 严复：《辟韩》，王栻主编《严复集》第1册，第36页。

者耶”[1]！这就提出了废除八股取士的科举制度的理据，不啻动摇了传统的教育秩序根基。

上述这四文组合在一起，实际上构建了一套系统的维新改革思想纲领。如果将严复表述的维新思想与康有为等在“公车上书”提出的维新主张做一比较，就不难看出二者之间的差异或差距。康有为“公车上书”的主张有四：“一、下诏鼓天下之气；二、迁都定天下之本；三、练兵强天下之势；四、变法成天下之治。”即“拒和、迁都、练兵、变法”这四项主张，这实际上只是应对危难时局的方略或对策。从康有为的思想表述中，人们看不到严复那样的中西比较视野，看不到对韩愈《原道》君、臣、民关系论述那样具有颠覆性意义的批评，看不到对八股取士流弊的抨击，康有为等人对现有的政治、文化制度多少还保持一份温存的敬意，他们的“改制”“变法”“维新”是一种有限度的改革。

严复是维新派中最先告别“中体西用”洋务模式的思想家。他在《与〈外交报〉主人书》说：“有牛之体，则有负重之用；有马之体，则有致远之用。未闻以牛为体，以马为用者也。中西学之为异也，如其种人之面目然，不可强谓似也。故中学有中学之体用，西学有西学之体用，分之则并立，合之则两亡。议者必欲合之而以为一物。且一体而一用之，斯其文义违舛，固已名之不可言矣，乌望言之而可行乎？”[2]这段话成

① 严复：《救亡决论》，王栻主编《严复集》第1册，第42页。

② 严复：《与〈外交报〉主人书》，王栻主编《严复集》第3册，第558—559页。

为人们诟病、讽刺洋务派的经典名言。

严复维新思想的先锋性主要表现在他对“世变”的深刻洞察，对君主专制的犀利批判，对民众启蒙的极度重视，对传统科举制度弊端的猛烈抨击，对洋务派“中体西用”模式的决裂态度，这种先锋性也决定了他的孤独性。在戊戌维新中，康有为、梁启超这些本土派开明士绅占据主导地位，像严复这样身兼理科、西学、英法经验多重外来元素的“海归”可谓凤毛麟角，绝无仅有。严复的维新思想可以说是与他的素养相匹配的。严复思想所表现的锐利、精准、创新的精神气概，在同侪中罕见其匹，康有为惊叹“眼中未见此等人”实为此谓。

三、作为“隐喻”的《天演论》

为什么说《天演论》是中国近代思想史上一部具有划时代意义的著作？这要从《天演论》揭示的思想主题及其影响效应说起。我个人认为，严复翻译的《天演论》与鲁迅的《狂人日记》同类，他们都是具有划时代意义的作品，他们都内含隐喻性的强烈启示，都产生了震撼性的思想影响。事实上，青年鲁迅也是从严复译著《天演论》那里获取思想的灵感，开启了新思想之窗。

严复翻译的《天演论》是选译1894年版的第一、二部分。中文书名译为《天演论》仅取原作的前半部分，过去有两种截然不同的意见：史华兹、李泽厚以为严复不同意赫胥黎原作把自然规律（进化论）与人类关系（伦理学）分割、对立起来的观点，意在表现其崇斯宾塞绌赫氏的倾向。[①]汪荣祖则别有见解，以为此举“正见严氏刻意师古，精译‘天演论’，略去‘人伦’”[②]。在我看来，这两种意见，都忽略了中文“天”与“演”两字的区别，实际上evolution只对应“演”，在演化前面加上“天”的前缀，严复可谓煞费苦心，别有一番深意，值得我们细究。

《天演论》的译名实在是一个隐喻。“天”字在中文中有多重含义：或指气候，如人们说“天变了”，指天气由热变冷，由晴变雨；或引申为政治气候，指政治风向变了，甚至是改朝换代；或含宗教意味，如说“天啦”，与上帝同意；或为天然，与自然同义。“天”字包含丰富的意蕴，易使人浮想联翩。“演”字意为演变、演义，与进化同义。严复在这里使用“天演”，在“演”字前增一“天”字应另有含义，有时意指天然（自然）演化，这时可勉强对应evolution；有时意指时代演变，“天演论”则可以理解为“天变论”的委婉表达，它针对的是“天不变，道亦不变”的传统论调，暗示人们天变了，也就是时代变了，因此治理国家的“道”也须改变。严复的这重寓意，实际上在《论世变之亟》《原强》《辟韩》《救亡决论》诸文中已经直率道明，只不过《直报》是外人所

① 参见李泽厚：《论严复》，《中国近代思想史论》，人民出版社，1986年，第261页。［美］本杰明·史华兹著，叶凤美译：《寻求富强：严复与西方》，江苏人民出版社，1995年，第93页。

② 参见汪荣祖：《严复的翻译》，《从传统中求变》，百花洲文艺出版社，2002年，第148页。

办报刊，严复没有避讳的顾忌。而在当时中文的语境里，或在清朝官方体制内，如果直接发出“天变了！”的呼喊，势必犯忌。因此严复假借翻译，表达自己要求变革的心声。所以《天演论》表面上看去是探讨自然规律的演变或过去人们常说的进化规律的变化，实为论“时代演变”或“时代潮流”的隐喻。

我想借用列奥·施特劳斯的一个观点来说明我的这一观察。列奥·施特劳斯在《迫害与写作艺术》中认为，在某种特定条件下，间接写作会成为传达意义的一种重要途径。隐秘写作通常可能出现在那些需要隐秘写作的环境中。在一个对思想异端严密控制甚至高度迫害的社会，表达具有突破性的意见，必须非常迂回，不能让审查者轻易看出来，或让统治当局觉察你的意图。[①]因此，严复假借翻译，利用外人之笔表达自己对时事、对现实、对变革的批判性意见，这样既可以表达自己的思想，又可以保护自我，不至因为表达一种非常尖锐的意见而受到迫害。这是严复为什么取名《天演论》的缘故，也是我对《天演论》译名的新解。

我这一说法并非随意臆想，而是有其文本的理据。《天演论》的首篇是《导言一·察变》，它首先批驳了“天不变”之旧说：“故事有决无可疑者，则天道变化，不主故常是已。特自皇古迄今，为变盖渐，浅人不察，遂有天地不变之

---

① 参见列奥·施特劳斯《迫害与写作艺术》（刘锋译，华夏出版社，2020年）一书对写作与政治律法之间关系的讨论。

言。实则今兹所见，乃自不可穷诘之变动而来。”天道是变化不居的，大地万事万物也是如此。“且地学之家，历验各种僵石，知动植庶品，率皆递有变迁。……故知不变一言，决非天运，而悠久成物之理，转在变动不居之中。”[①]天地万物变化无常，而在这些变化之中，却有不变的“天演”。“天演”谓何？严复的解释是：“虽然天运变矣，而有不变者行乎其中。不变惟何？是名‘天演’。以天演为体，而其用有二：曰物竞，曰天择。此万物莫不然，而于有生之类为尤著。物竞者，物争自存也，以一物以与物物争，或存或亡，而其效则归于天择。天择者，物争焉而独存。”[②]这里的“天演”可作自然规律解。也就是说，天地万物处在变化之中，但支配这些变化的自然规律则不变，所谓“天择”就是合乎自然规律。严复在《天演论》中没有阐明什么是自然规律或社会规律，但后来他所译《社会通诠》给出了答案，这就是人类社会进化是按照图腾社会、宗法社会、军国社会（或政治社会）三阶段向前发展的。中国社会尚处在宗法社会，西方已步入军国社会。20世纪初在留学生中兴起的军国民教育运动，与严复的这一启导直接相关。

在《天演论》的《导言二·广义》篇中，严复对“世变”作了进一步的解释：“自递嬗之变迁，而得当境之适遇，其来无始，其去无终，曼衍连延，层见迭代，此之谓世

---

① 王栻主编：《严复集》第5册，第1324页。

② 王栻主编：《严复集》第5册，第1324页。

变，此之谓运会。运者以明其迁流，会者以指所遭值，此其理古人已发之矣。”[①]这里的“运会”“世变”同义，都是意指时代潮流、时代变迁，引导人们要顺应时代潮流。严复认为古老的佛教、回教、犹太教所谓神明创造说皆不可靠，“故用天演之说，则竺乾、天方、犹太诸教宗所谓神明创造之说皆不行”。天地万物都是依循自然规律自行演进，“是故天演之事，不独见于动植二品中也，实则一切民物之事，与大宇之内日局诸体，远至于不可计数之恒星，本之未有始以前，极之莫终有终以往，乃无一焉非天之所演也”[②]。

严复针对国人尊崇圣人的传统，在《天演论下・论二忧患》篇中对圣人与世运、天演之关系作了自己的新解：“夫转移世运，非圣人之所能为也，圣人亦世运中之一物也，世运至而后圣人生。世运铸圣人，非圣人铸世运也。使圣人而能为世运，则无所谓天演者矣。”[③]这就明确指出圣人不过是适应“世运”之一分子，进而将认识时代潮流（“世运”）与把握自然进化规律（“天演”）结合在一起。严复这种时势造圣人的历史观，恰与康有为圣人造时势的历史观形成强烈对比。

从《天演论》对“天演”“运会”“世变”的解释，可以看出严复翻译此著，是处处提示人们要看清“时代的变迁”，要尊重“世变”的自然规律。这是他题名《天演论》的微意，也是全书的隐喻。《天演论》作为一部具有划时代意义

---

① 王栻主编：《严复集》第5册，第1326页。

② 王栻主编：《严复集》第5册，第1326—1327页。

③ 王栻主编：《严复集》第5册，第1362页。

的思想文献，它第一次从理论上论证了顺应时代演变与世界潮流的合理性，警示国人面临的“物竞天择，适者生存，自然淘汰”的严重生存环境，从而在19世纪末向国人真正敲响了新世纪、新时代来临的警钟。

（原载《福建论坛》2021年第12期）

严复先生小传

严复，字几道，初名传初，入马江船政学堂时改名宗光，字又陵，登仕籍后始改名复，晚号愈懋老人。1854年1月8日（清咸丰三年十二月初十）生于福建侯官县阳崎乡。祖父与父亲“以医名州里”。严复7岁进私塾，10岁师从黄少岩（昌彝）先生。黄先生为学，汉宋并重，严复随其开始治经，“饫闻宋元明儒先学行”。

1866年，严复父亲去世，家贫无力延师求学。适逢船政学堂招生，主考官为同邑巡抚沈葆桢，严复应试，“成文数百言以进”。沈激赏其文，以第一名录取之。在船政学堂学习4年，课程包括英文、算术、几何、物理、天文学、航海学等。1871年毕业，被派往“建威”“扬武”等兵船实习了5年，曾先后去过新加坡、槟榔屿、日本及中国台湾等地，初步了解当地的风土人情和社会政制。1876年，严复被派赴英国留学。同行者有刘步蟾、林泰曾、蒋超英、方伯谦、林永升、萨镇冰等11人。先入抱士穆德大学院，后转入格林尼次海军大学。除学习海军专业课程外，严复还特别留意观察研究西方社会政治和文化学术大势。清朝驻英公使郭嵩焘常与严“论析中西学术政制之异同，往往日夜不休”①。其对严的才华颇为赞赏，引为忘年交。郭曾致函清廷某大臣曰：“出使兹邦，惟严君能胜其任。如某者，不识西文，不知世界大事，何足以当此！”②

1879年6月，严复学成归国。两江总督沈葆桢欲扩充南洋海军，将其留在福州船政学堂任教习。不久，沈病卒，南洋海军落入北洋大臣李鸿章之手。1880年，李鸿章在天津创办北洋水师学堂，调严复为总教习，以道员吴仲翔为总办。吴不谙海军业务，故学堂行政和教务实由严复负责。1889年，严复报捐同知衔，经过海军“保案”，免选同知，以知府选用，派为学堂会办。第二年提升为总办。

严复虽具才干，但“气性太涉狂易”，“负气太盛”（郭嵩焘评语），故难以得到重用。他时有“公事仍是有人掣肘，不得自在施行”之感。身在官场多年，往来于京、津之间，严复洞悉清廷内部情形，“慨夫朝野玩愒”。而邻国日本日渐富强，“径翦琉球”。面对中、日两国之间的强烈反差，严复忧虑不安，常语人：“不三十年藩属且尽，缳我

① 王蘧常：《严几道年谱》，商务印书馆，1936年。

② 林耀华：《严复社会思想》，《社会学界》第7卷，1933年6月。

如老牸牛耳！”[①]李鸿章“患其激烈，不之近也”。中法战争后，严、李矛盾日深，严复虽总办学堂，却“不预机要，奉职而已”。

为谋求自己的进身之阶，严复从1885年至1893年间，四次参加科举考试，均落第。他还投资数千元与王绶云（慈劭）合股创办修武县的煤矿，发展企业，以求改善自己的经济状况。他又慕湖广总督张之洞“好贤”之名，想舍北就南，“冀或乘时建树”，大展鸿图。可是这些愿望都没有实现。

1894年，中日甲午战争爆发，天朝大国被“蕞尔小国”打败的惨痛事实，既打碎了洋务运动“器用自强”的迷梦，又激励了士人阶层的觉醒。长期以来空郁一腔报国热忱的严复，这时候再也不能保持沉默，他觉得“胸中有物，格格欲吐”。1895年春，严复奋笔疾书，在天津《直报》上发表《论世变之亟》《原强》《辟韩》《原强续篇》《救亡决论》五篇文章，是为要求维新变法的先声。随着国内维新运动轰轰烈烈地展开，1897年10月，他与夏曾佑、王修植等在天津创办《国闻报》，该报以中外时事报道和评论为主，另辟一旬副刊。它与南方梁启超等维新派人士主办的《时务报》相呼应，成为维新派在北方的主要宣传基地。这份报纸从开办到戊戌政变后被御史徐道焜奏劾转让，不到1年时间，发表社论42篇，其中24篇出自严复手笔。严复的这些文章，大胆针砭时弊，热情

① 陈宝琛：《清故资政大夫海军协都统严君墓志铭》，王栻主编《严复集》第5册，中华书局，1986年，第1541页。

宣传西学，尖锐泼辣，议论风生，对维新运动起了推波助澜的作用。

在维新阵营中，严复的真正长处是译述西学。早在甲午战争前，他就开始系统探研西学。他曾致信长子严璩说："我近来因不与外事，得有时日多看西书，觉世间惟有此种是真实事业，必通之而后有以知天地之所以位、万物之所以化育，而治国明民之道，皆舍之莫由。"[①]1896年，严复奉命创办俄文馆，兼任总办，培养俄文翻译人才。同时他又协助张元济在北京创办通艺学堂，培育西学人才。1898年，严复译述的《天演论》问世。桐城派古文大家吴汝纶在书前的序言中推重道："抑汝纶之深有取于是书，则又以严子之雄于文。以为赫胥黎氏之指趣，得严子乃益明。自吾国之译西书，未有能及严子者也。"严复以"信、达、雅"的译笔，传出赫胥黎"物竞天择，适者生存"的强音，对汲汲于救亡之途的国人不啻强烈的刺激，维新志士争相传阅该书。"风行海内，名噪一时。"康有为阅毕书后，惊叹"眼中未见此等人"。梁启超也称赞严复"于中学西学，皆为我国第一流人物"。

严复在维新运动中的卓越表现，使他声名鹊起，顺天府尹胡燏芬推荐他参加新学取士的经济特科考试，以博取进士资格（后来因政变没有考成）。詹事府詹事王锡蕃也推荐严复，称他是"通达时务"的人才，应"量才器使"。严复于1898年1、2月间在《国闻报》上刊出《拟上皇帝书》，提出

① 《与长子严璩书》（一），王栻主编《严复集》第3册，第780页。

三条亟宜实行的建议：一，皇帝亲自出国从事外交活动，以“联各国之欢”；二，皇帝到各省视察，会晤民众，以“结百姓之欢”；三，皇帝“破把持之局”，坚决实行变法。光绪帝闻知这篇文章，颇感兴趣，遂召见严复，询问其对变法的意见，并命严复修缮进呈。但是，没等到光绪御览上书，慈禧太后就发动了政变。严复于政变的当天在大学士王文韶的暗示下慌忙跑回天津。

戊戌政变发生后，严复参与创办的《国闻报》被封闭，通艺学堂被停办。严复心情沉痛，写下了《戊戌八月感事》诗。“伏尸名士贱，称诏疾书哀”的诗句，表达了他对六君子喋血都门及光绪被囚的无限愤慨。严复因与康有为等维新党人没有组织联系而未“获罪”。回到水师学堂，严复感到“一无可为”，于是“屏弃万缘，惟以译书自课”[①]。从1898年至1911年的十余年间，他陆续翻译了斯宾塞《群学肄言》、亚当·斯密的《原富》、穆勒《群己权界论》和《名学》、甄克思《社会通诠》、孟德斯鸠《法意》、耶方斯《名学浅说》等西方名著，内容涉及哲学、经济学、社会学、逻辑学、法学、政治学。这些书合在一起构成一个相对完整的体系，基本反映了西方资本主义赖以建立并奉为准绳的各方面有代表性的学术思想。据此，胡适后来称誉严复“是介绍近世思想的第一人”[②]。

① 《与张元济书》（一），王栻主编《严复集》第3册，第525页。

② 胡适：《五十年来中国之文学》，《胡适文存》二集，上海亚东图书馆，1924年。

1900年，义和团运动发生，严复离津赴沪，从此脱离水师学堂。唐才常等于上海邀集各省代表组织国会，挽救时局，严复被推为副会长。1902年，京师大学堂附设编译书局，管学大臣张百熙聘其为译书局总办。同年致书《外交报》主人，具论中国教育方针，并条拟新教育行政办法。1904年，严复辞去译书局任职，回到上海。1905年，他协助马相伯（马良）创办复旦公学，任校长。张燕谋学士以开平矿务局讼事，约严复同赴伦敦。时逢孙中山在英，两人会晤探讨中国前途，严复以中国民智未开；“为今之计，惟急从教育上着手，庶几逐渐更新乎！”孙中山曰：“俟河之清，人寿几何？君为思想家，鄙人乃执行家也。”[①]1906年，清政府宣布预备立宪。严复在上海青年会演讲政治学，共计八讲，系统介绍欧亚历史上国家的形成和政治的沿革，宣传自由主义的社会渐进观。清廷为笼络人心，对严复亦加封各种虚衔。1908年，严复被学部聘为审定名词馆总纂；1909年，被赐给文科进士；1910年，海军部特授协都统，又征为资政院议员；1911年，授海军一等参谋官，但严复对所供之职并不热心，只是“借馆觅食，未抛心力为之也”。

中华民国成立后，严复被聘为京师大学堂校长。不及一年，辞去。袁世凯与严复曾有过交谊，1913年遂聘严为总统府外交法律顾问。1914年任约法会议议员，参政院参政及宪法起草委员。民国初年，社会秩序动荡不安，各大政党纷争

① 王蘧常：《严几道年谱》。

不已，严复忧心忡忡，他一面提倡尊孔读经，希望借传统伦理道德维持社会规范；一面发表《〈民约〉平议》，谓“自卢梭《民约》风行，社会被其影响不少，不惜喋血捐生以从其法，然实无济于治，盖其本源谬也”。特作《〈民约〉平议》“以药社会之迷信”[①]。

一战爆发后，严复留心战争局势，将外国报刊所登消息和社论译成中文，刊于《居仁日览》，供袁世凯浏览。袁世凯蓄谋称帝。1915年8月，杨度组织“筹安会”，为复辟帝制制造舆论，强邀严复列名为发起人。严复虽称病不出，但不置可否，因此名声一落千丈。

严复喜好老庄学说，且有独到心得。1905年12月，在日本东京出版《侯官严氏评点〈老子〉》，夏曾佑作序曰：“老子既著书之二千四百余年，吾友严几道读之，以为其说独与达尔文、孟德斯鸠、斯宾塞相通。”1916年，手批《庄子》，自谓：“平生于《庄子》累读不厌，因其说理语语打破后壁，往往至今不能出其范围。”[②]把中国传统典籍与西方近世思想交融互释，严复可谓第一人。

袁世凯死后，严复不再在北洋政府中供职。晚年肺病时生，与外界甚少来往，除与友人通讯及赋诗填词之外，别无所为。他与学生熊纯如一百余封通信，挖掘孔孟学说的现代意义，批评欧美个人利己思想之弊，语至警切，发人深省。

---

① 《与熊纯如书》（十五），王栻主编《严复集》第3册，第614页。

② 《与熊纯如书》（三十九），王栻主编《严复集》第3册，第648页。

1921年10月27日，严复病卒于福州故里。临终留下遗嘱，大旨谓中国必不灭，旧法可损益，而必不可叛。人生宜励业、益知、轻已、重群。

盖棺论定，其友陈宝琛评曰："君于学无所不窥，举中外治术学理，靡不究极原委，抉其失得，证明而会通之。六十年来治西学者，无其比也。所译《天演论》《原富》《群学肄言》《穆勒名学》《法意》《群已权界论》《社会通诠》，皆行于世。杂文散见，不自留副，仅存诗三百余首。其为学，一主于诚，事无大小无所苟。虽小诗短札，皆精美，为世宝贵。而其战术、炮台、建筑诸学，则反为文学掩矣。"[①]

（收入欧阳哲生编校：《中国现代学术经典·严复卷》，河北教育出版社，1996年）

① 陈宝琛：《清故资政大夫海军协都统严君墓志铭》，王栻主编《严复集》第5册，第1542—1543页。

年谱中的经典
——《梁任公先生年谱长编初稿》整理札记

梁启超（1873—1929），广东新会人，字卓如，号任公，别号沧江，又号饮冰室主人，近代著名启蒙思想家、政治家和学者。其主要著作结集为《饮冰室合集》，生平事迹则见载于丁文江主编的《梁任公先生年谱长编初稿》（以下简称《梁谱》）。近代人物年谱虽持续不断有人撰著，但《梁谱》迄今仍享有盛誉，被视为同类体裁著作中的经典之作。在此，我们借新版《梁谱》出版之机，对是书的编撰、特点、版本和此次整理中的细则作一简要说明，以对该书的价值有一明确认识。

《梁任公先生年谱长编初稿》的撰写

丁文江（1887—1936）是《梁谱》的主编，他与梁启超相识于1918年底。当时梁启超组织考察团赴欧洲游历，经徐新六推介，丁文江得以加入该团。从此，丁文江进入梁启超为首的研究系圈子，与任公关系渐趋密切，二人在思想上相互磋商，在学术上互通信息，成为知交。梁启超归隐清华国学研究院后，对丁文江言听计从、颇为倚重，丁氏成为梁府的主要“幕僚”。

1929年1月19日，梁启超去世。“生我者父母，知我者鲍子；在地为河岳，在天为日星。”这是丁文江在梁启超追悼会上所敬献的挽联，从这幅挽联可以看出他俩之间关系的非同寻常。梁启超的亲属故旧为纪念“这位有影响的历史人物，给后人研究评论梁启超提供基本资料，商议办两件事。一是编辑文集——《饮冰室合集》，由梁的朋友林志钧（宰平）负责”。“二是编一部年谱，为《梁启超传》作准备。”此事交给丁文江负责。[①]这两件事，都是具有象征传承衣钵意义的大事。将整理文集一事交给林宰平，将编辑年谱长编一事交给丁文江，这样的安排究竟是出自梁启超的遗托，还是亲友们商量的结果，或是林、丁两人的自告奋勇，我们没有直接材料可证，但它明显反映了当时林、丁两人与梁启超不同寻常的亲密关系。它象征着林、丁二人作为梁任公的传承人，继续延续梁氏的事业。丁文江去世时，周作人曾作挽联：“治学足千秋，遗恨未成任父传；赞闲供一笑，同调空存罗素书。”[②]上

① 赵丰田：《梁启超年谱长编前言》，丁文江、赵丰田编《梁启超年谱长编》，上海人民出版社，1983年，第2页。

② 《周作人致胡适》（1936年1月7日），曹伯言整理《胡适全集》第32卷，安徽教育出版社，2003年，第552页。

联表现丁文江与梁任公的继承关系，下联表示丁、周对罗素《赞美闲暇》（*In Praise of Idleness*）一书的共同爱好。可见，丁文江作为梁任公的传人在朋友圈中已有所流传。

丁文江接受这一任务后，即着手搜集有关材料。因公开出版的梁启超著作，已交由林宰平负责整理，年谱须搜集的主要材料自然是未曾公开出版的梁启超的私人信札，这也是后来面世的《梁谱》以梁氏信札见长的缘由之一。

丁文江在与胡适通信中，详谈他为编撰《梁谱》、搜集材料的情形。1929年4月16日他给胡适的信中首次谈及他开始的这项工作："连日为任公年谱事极忙，竟将地质研究放过一边，甚为忧闷。《知新报》已从北大借到，《湘报》《湘学报》也觅得。报的一部分，已完全了。任公家中所发现的信不下千封，整理极费时日。任公自己的长信也有多种。材料不可谓不多，但各时期详略不一，真正没有办法。"[①]过了一个月，5月21日他致胡适信中再次提到："近来搜集年谱的材料日多一日，壬子以前的一千几百封信已将次整理好了。自光绪丙午到宣统末年的事实已经很可明白。""朋友方面所藏的任公信札，也居然抄到一千多封，但是所缺的还是很多。"[②]7月8日他向胡适汇报自己新的工作进展："自从我上次写信以后，又收到许多极好的材料。任公的信，已有二千多封！有用

① 《丁文江致胡适》，中国社会科学院近代史研究所中华民国史组编《胡适来往书信选》上册，中华书局（香港），1983年，第513—514页。

② 《丁文江致胡适》，中国社会科学院近代史研究所中华民国史组编《胡适来往书信选》上册，第515—516页。

的至少在一半以上。只可惜他家族一定要做《年谱》，又一定要用文言。我想先做一个《长编》，敷衍供给材料的诸位，以后再好好的做一本白话的‘*Life and Letter*’。”[①]7月15日他致胡适信又详述为印刷《康南海自编年谱》，与时在燕大教书的顾颉刚商谈一事。[②]8月13日他又提到：“任公的Private东西很多，都在我这里。我看过了，认为可供宰平参考的就送给他去。”[③]在梁启超去世后短短的半年多时间里，丁文江为撰写《梁谱》，除搜集梁启超本人的著述和私人信札等材料外，还收集与梁启超有关的报刊，如《知新报》《湘报》《湘学报》等；与梁启超交往密切的人的材料，如康有为日记、自编年谱，《驿舍探幽录》，孙慕韩兄弟孙仲屿的日记，蒋观云与梁启超来往书信等；他人撰写的纪念、追悼梁启超的文字等。丁文江为此工作劳累了半年多光景，可谓收获颇丰。由于这年冬天，他须率团去西南地区进行地质考察工作，搜集、整理梁启超年谱材料一事只能暂时搁下。第二年6月，丁文江结束西南地质考察工作，回到北平。1931年秋，丁文江就任北京大学地质系研究教授，需要承担繁重的地质教学和研究工作，只好另寻助手，帮助他继续这项工作。

1932年暑假，赵丰田“到北京图书馆正式接手此项工

---

① 《丁文江致胡适》，中国社会科学院近代史研究所中华民国史组编《胡适来往书信选》上册，第520页。

② 《丁文江致胡适》，中国社会科学院近代史研究所中华民国史组编《胡适来往书信选》上册，第521—522页。

③ 《丁文江致胡适》，中国社会科学院近代史研究所中华民国史组编《胡适来往书信选》上册，第532页。

作”。据赵后来回忆：“当时已经搜集到的梁启超来往信札有近万件之多，这是编年谱的主要材料。此外，还有梁几百万字的著作，以及他人撰写的有关梁的传记。要把这么浩繁和杂乱的资料疏理清楚，并编辑成书，任务是比较艰巨的。好在丁文江对此已有了比较成熟的意见，向我强调了下面几个主要之点：一、梁启超生前很欣赏西人‘画我象我’的名言，年谱要全面地、真实地反映谱主的面貌；二、本谱要有自己的特点，即以梁的来往信札为主，其他一般资料少用；三、采用梁在《中国历史研究补编》中讲的编辑方法，平述和纲目并用的编年体；四、用语体文先编部年谱长编。这最后一点与梁家的意见不同。梁的家属主张编年谱，并用文言文。丁文江觉得重要材料很多，先编年谱长编，既可以保存较多的材料，又可较快成书。他又是胡适的好友，很赞成胡适提倡的白话文运动，所以仍是坚持用白话文。”[①]可见，在赵丰田介入《梁谱》的编撰工作以前，丁文江至少已经基本完成了材料的搜集工作，“刚粗加整理”；且对年谱的编写“已经有了比较成熟的意见”。从我们现在看到的由丁文江授意、赵丰田撰写的《梁任公先生年谱长编例言》可以看出丁氏当年主持此项工作的基本的构想。丁文江的初期工作，为以后《梁谱》的编写打下了重要基础。这是《梁谱》工作的第一阶段。

从1932年暑假赵丰田开始参与这项工作，至1934年秋编出

① 赵丰田：《梁启超年谱长编前言》，丁文江、赵丰田编《梁启超年谱长编》，第2—3页。

第一稿，抄成24册，计一百余万字，这是《梁谱》工作的第二阶段。为什么这时要选择赵丰田作为自己的助手呢？一是因为丁文江本人于1931年秋就任北京大学地质系研究教授，担负沉重的地质学教学和调查研究的任务，“实无余力编辑《梁谱》”，故丁文江“就托朋友从北京高等学校中替他物色助手，帮他编辑《梁谱》”。二是赵丰田此时“正在燕京大学研究院学习，曾撰作《康长素先生年谱》的大学毕业论文，对康有为和梁启超作过一些研究”。燕大研究院院长陆志韦和史学系教授顾颉刚遂推荐了赵氏给丁文江作助手，帮助丁文江继续编撰《梁谱》。关于此事，顾颉刚先生在回忆中如是写道：“1929年，予任教燕京大学，赵君丰田从予治古史，予察其资性适于治当代史，适康同璧女士以其父杂稿一箱畀予整理成书，遂以交赵君，尽一年之力成《康长素先生年谱》一篇，载入燕大《史学年报》。其文为丁文江先生所见，颇加赏誉。时梁启超没（殁）未三年，其子女辈以其书籍及稿件悉数捐献北平图书馆，为丁先生所见，慨然以梁氏年谱自任。然其所任职务弥众，梁氏稿件又繁，力不能胜，遂又商之于予，借赵君之力以竣其功。”[①]赵丰田本人也说：“回忆我1932年秋应丁文江之邀从事梁谱编纂时，还是一个年仅二十七岁的青年，这是我结束学生生活、走向社会后所从事的第一件工作。”第二阶段主要由赵丰田阅读和选定所需资料，“再将选录的资料按年

① 顾颉刚：《梁启超年谱长编序》，丁文江、赵丰田编《梁启超年谱长编》，第1页。

分类连缀起来，定出纲目，加上说明性的或论介性的文字，显现谱主在有关年月中的主要活动”。丁文江则“不定期地前来了解编辑情况，及时提出一些指导性的意见”。[①]第一稿出来后，丁文江认为篇幅太大，要赵丰田“大加消简后，再送给他审阅”。

1934年6月，丁文江就任中研院总干事后，赵亦于1935年初从北平移居南京中研院，以就近丁文江，便于工作，赵对第一稿“进行删削”。1936年1月5日丁文江去世，翁文灏“接替主管《梁谱》编辑工作”，至1936年5月赵完成了第二稿，约八十万字（赵丰田估“六七十万字”）。这是《梁谱》工作的第三阶段。第二稿定稿后，“由翁文灏根据丁文江的原意，题名为‘梁任公先生年谱长编初稿’，油印五十部，每部装成十二册，发给梁的家属和知友作为征求意见之用”，这就是我们现今能看到的最早的《梁任公先生年谱长编初稿》（油印本，丁文渊称“蓝晒本”）。

从《梁谱》工作的三个阶段来看，第一阶段主要由丁文江本人承担，第二、三阶段他扮演的是主编和指导者的角色，赵丰田任其助手，从事具体编撰。从丁文江在《梁谱》中留下的批注，以及赵丰田本人的回忆可以见证这一点。

在当时并不便利的环境中，林宰平、丁文江二人切实履行了他们的使命，表现了他们对梁任公的忠诚。在近代中

① 赵丰田：《梁启超年谱长编前言》，丁文江、赵丰田编《梁启超年谱长编》，第3页。

国，许多政治、文化名人的身后事，除非有强势的政治集团作为背景依托，否则极为冷落、进展维艰。《饮冰室合集》和《梁谱》幸赖林、丁二人的鼎力撑持，得以出版或告竣，可以说是一个例外。

《梁任公先生年谱长编初稿》撰写的特点

主持编撰《梁任公先生年谱长编初稿》，是丁文江在历史学领域为人推崇的一项工作。这项工作明显贯彻了丁氏的个人意图和他对《梁谱》的构想。解读《梁任公先生年谱长编例言》，通览《梁谱》，我们即可见出其不同于以往年谱的特别之处：

一，搜集材料以积聚书信见长。年谱之撰写创始于唐宋，发达于明清。然在年谱中以聚积未刊书札见长，且篇幅之大空前未有，这是《梁谱》的一大特色，也是它面世后受到学界特别重视的原因所在。采用这种方式撰写《梁谱》的一个原因诚如例言第二条所揭，“本书采用英人《赫胥黎传记》（*The Life and Letters of Thomas Henry Huxley*）体例，故内容方面多采原料，就中尤以信件材料为主”[①]。也就是说，丁文江在设计《梁谱》时，参考了西方传记撰写体例，这一外来因素也就是《梁谱》区别于传统的年谱的特质所在。

关于《梁谱》的这一特点，书前例言有关书信的处理有多条特别说明，如第三条“本书所收材料虽以信件为主，但

① 赵丰田：《梁任公先生年谱长编例言》，丁文江、赵丰田编《梁启超年谱长编》，第1页。

以其离集单行，故凡信件中所无而著述中所有者，亦酌量采录。其信件中所有而著述中亦有者，或一并录入，俾相互发明，或仅列其目供读者参考，借求不失年谱之价值”。第四条“本书所根据之信札，凡六千余件（电稿凡三千余件），而所采录之重要信札亦逾数百件。其中有任公与人者，有人与任公者，亦有他人与他人者，惟采录之标准，皆视其与任公及其事业有无直接或间接之重要关系而定”。第五、十二、十三、十四条对所收书信的处理亦有具体说明。

二，采用白话文撰写。传统的年谱写作均用文言文，丁文江作为胡适的好友，支持新文化运动，主张使用白话文撰写《梁谱》，这在年谱写作中也可以说是一种尝试。例言第廿二条对此有所说明：“本书叙述文字采用白话，惟以语文之分本无严格标准，故所用者，仅属现代通行之语体而已。”可见，采用白话文撰写《梁谱》是适应时代潮流的产物。

三，采用按事情发生的先后，分节叙述的办法。如《梁谱》1895年条，则分：（一）二月先生入京会试；（二）三月初成，与南海联合各省公车上书陈时局；（三）新政情形；（四）参与创办强学会；（五）交游。又如1898年条，分：（一）入京；（二）俄索旅大事件；（三）开保国会于北京；（四）请变科举；（五）徐致靖之奏荐；（六）诏改八股取士旧制；（七）先生之被召见；（八）改《时务报》为官报；（九）革礼部六堂官职；（十）擢用四京卿；（十一）政变之作；（十二）逋逃。这些小标题对梁启超本年各个月份的活动有画龙点睛之用。这种按小专题分节叙述的方式，在年谱写作中可以说也是一个创试。这种方式，显然更易掌握谱主某年的主要事迹。

四，每年开首载有当年发生大事和对谱主本年事迹的综述。前者可帮助读者了解时代背景，后者则便于读者对谱主当年事迹有一提纲挈领的了解。

五，创设“年谱长编”这一体裁。丁文江原有写作一部“新式的《梁启超传记》”之打算，“为了搜集这部大传记的资料”，他先将收集到的资料整理、编撰成一部年谱长编。这样一种想法，可能是从胡适那里受到启发。梁启超去世时，胡适结合教学需要正在撰写《中国中古思想史长编》，以为其所拟撰写的《中国中古思想史》作准备。《梁谱》采用分节叙述且每年先对当年发生的大事和谱主本年事迹作一简要交待，这种写法，实有为其传记作准备的意味。《梁谱》篇幅之长，为此前年谱之未有，盖因其为一资料长编。《梁任公先生年谱长编初稿》作为年谱长编的创试，对后来的学者有很大的影响。后来历史学者撰写一些具有重大影响的历史人物的年谱时，亦喜采用这样一种体裁，如胡颂平编撰的《胡适之先生年谱长编初稿》、汤志钧编撰的《章太炎年谱长编》、陈锡祺主编的《孙中山年谱长编》即为接踵《梁谱》而来的后起之作，在体例上它们明显依循《梁谱》的轨辙。

但《梁谱》诚如其最初题名“梁任公先生年谱长编初稿”，毕竟还是一部稿本，内中明显存有需要修订、改善之处。1958年台北世界书局出版《梁任公先生年谱长编初稿》时，胡适在该书的序中写道：“这部《长编初稿》的主编人是丁文江，编纂助理人是赵丰田。每年先有一段本年的大事纲领，然后依照各事的先后，分节叙述。凡引用文件，各注明原件的来源。”“但这部《长编初稿》是大致完成了的一部大书。其中最后的一小部分是在君死后才完成的。”从我们现在看到的《梁谱》（油印本）来看，应该说它还是一部未完成的“大书”，全书至“光绪二十六年庚子（公历1900年）先生二十八岁”这一年，的确是“依照各事的先后，分节叙述”的做法处理，此后的年份则只有1908年如此处理。其他年份则未见分节叙述的情形了。例言第廿三条“本书原拟为《大事年表》及《人名录》两篇附载于后，兹以时间仓卒及篇幅过多之故，未能编入，拟俟再版时补缀”。第廿四条“本书除信件材料不便亦不必再作目录外，为便于读者参考计，将引用及参考书列一目录，附于全书之后”。这两条均未及完成。可见后面的整理、修订工作尚未及进行。胡适当年阅读时，还发现《梁谱》“因为原料实在太多，赵君句读标点也不免偶有小错误”。尽管如此，胡适当年仍大加褒奖和推荐这部书：“正因为这是一部没有经过删削的《长编初稿》，所以是最可宝贵的史料，最值得保存，最值得印行。”①

《梁任公先生年谱长编初稿》的各个版本

现在有关《梁任公先生年谱长编初稿》一著先后出版三个中文版本、一个日文译本。兹分别简介如下：

---

① 胡适：《梁任公先生年谱长编初稿序言》，丁文江主编《梁任公先生年谱长编初稿》，世界书局（台北），1972年，第3—4页。

一，《梁任公先生年谱长编初稿》（以下简称“油印本”）。即1936年5月完成的第二稿，约80万字，油印50部，每部装成12册。北京图书馆出版社1999年4月所出版的《北京图书馆藏年谱珍本丛刊》，其中第193—196册收入《梁任公年谱长编初稿》，即据“油印本”影印而成。这个版本的优点是原稿存真，缺点则是原稿中的错误或问题一仍其旧。赵丰田后来阅读上海图书馆收藏的“油印本”时称：“从陈叔通先生赠给上海图书馆的那部《初稿》上可以看出，直到1948年，征求修改意见的工作仍在继续进行。这部《初稿》上面有梁启超生前好友陈叔通、何天柱、贾毅安和亲属梁启勋、梁思成、梁思顺批注的文字数十处，提出应予删改的资料数百处。”[①]除资料收录所存问题外，引文、书信和句读标点的问题亦复不少。

二、《梁任公先生年谱长编初稿》（以下简称“初稿本”）。1956年11月，台北“中研院”为纪念丁文江逝世二十周年曾出版纪念刊《丁故总干事文江廿周年纪念刊》。与此同时，“中研院”新址落成，将其所收藏的所有图书陈列于历史语言研究所。承董作宾帮助，将史语所收藏的“油印本”借出，世界书局杨家骆愿“出资重抄，代为出版”，终使埋没二十余年的“油印本”重见天日。1958年，世界书局版据“油印本”正式出版，书名题为“梁任公先生年谱长

① 赵丰田：《梁启超年谱长编前言》，丁文江、赵丰田编《梁启超年谱长编》，第5页。

编初稿”，书前有胡适的序和丁文渊的前言。“初稿本”对“油印本”作了部分编辑、整理，订正了“油印本”中所存的错讹字。但编排不佳，阅读不便；《梁谱》中所引用书信的误植甚多，吴铭能博士撰著的《梁启超研究论稿》［学生书局（台北），2000年］所附《台北世界书局版〈梁任公先生年谱长编初稿〉校后记》，据《梁启超未刊书信手迹》（中华书局，1994年），对“初稿本”中引用的梁启超家书作过校勘，订正之处达154条，足见该版问题之多。

三，《梁启超年谱长编》（以下简称“长编本”）。上海人民出版社1983年8月出版此书修订本，由赵丰田和其助手负责修订，书名改题“梁启超年谱长编”。据该书的编辑说明第一条“《梁启超年谱长编》系据《梁任公先生年谱长编初稿》（1936年油印本十二册）修订而成”。第二条“本书的修订原则是，在不变动原书的内容和结构的基础上，作适当的增补和删改；增补侧重于信札和有关谱主的重大史事，删改仅限于与谱主无堪关系的少量资料及部分编述文字”。该书精装一册，书前有照片14页，顾颉刚作序，赵丰田撰写前言，全书81.5万字。据辛建《〈梁启超年谱长编〉简介》一文交待：“新增资料中主要是解放后陆续发现的未刊或散见于其他书刊的梁氏信札。其中比较重要的有，在《时务报》时期及稍后的几年内致汪康年书信多件，这有助于进一步研究《时务报》及梁、汪关系。”“关于后期的重要信件中，有袁世凯窃取辛亥革命成果后，为稳定袁氏反动统治、分化革命派而竭诚献策的上书；在反袁护国战争中，据记载梁氏曾连续致蔡锷八书，

《初稿》只录其第二书，这次增补了第一、三、四书，其中第一书是初次与读者见面，为研究梁在护国战争中运筹帷幄之功，增添了新资料。”“此外，还节补了少量学术方面的书信和文章。”[①]“长编本”较“初稿本”在编排上有很大改进，故比较便于阅读。

四，《梁启超年谱长编》（以下简称“日译本”）。此项编译工作的主持者为京都大学名誉教授、学士院会员岛田虔次（1917—2000），狭间直树、井波陵一、森时彦、江田宪治等京都大学教授参与了这项工作。岩波书店2004年11月26日出版该书，共五卷。此书第一卷前有编者的《凡例》《编辑说明》。第五卷后有《补注（第一卷—第四卷）》、《解说》（狭间直树）、《跋语》（井波陵一）、《人名总索引》。每卷前有1—2页照片，后有《注》《文献目录》《中国人名表》《外国人名表》，《注》中的部分注释采用日本方面特藏的资料。从体例上说，“日译本”反较中文各版完备，实现了原主编丁文江对《梁谱》的基本构想。而从每卷后面所附的《注》可以看出编译者所下功夫之巨，这不能不使研究梁启超的中国学者对日本学者为《梁谱》所做工作之细致感到叹服。“日译本”实具有中文各版所不具有的特殊文献价值，值得中国学者参考、借鉴。

这次整理出版的《梁任公先生年谱长编（初稿）》，系据北京图书馆出版社影印出版的“油印本”，参照台北世界书

---

① 辛建：《〈梁启超年谱长编〉简介》，《史学月刊》1984年第5期。

局的“初稿本”和上海人民出版社的“长编本”，并在此基础上又作了新的改进，修订的原则是：（一）保持原稿内容不变；（二）主要是对文字进行刊误；（三）对原稿某些引文误植，据原作加以校订；（四）对“初稿本”和“长编本”所出现的文字处理歧异，酌加“编者注（按）”说明；（五）对“油印本”的某些错误，加“编者注（按）”订正；（六）“油印本”原有的“江注”（丁文江注）和其他注释，则一仍其旧；（七）“初稿本”“长编本”所新加的某些“注（按）”，酌情保留；（八）书名改题“梁任公先生年谱长编（初稿）”；（九）书后新增人名索引，以便检索使用。

《梁任公先生年谱长编初稿》（油印本）行世已有86年，《梁任公先生年谱长编初稿》（初稿本）出版也有51年，《梁启超年谱长编》出版也已26年，这些书籍早已脱销。此次整理、出版《梁任公先生年谱长编（初稿）》，主要是应学界之求，满足广大读者的需要。至于我们在整理《梁谱》中所存在的问题，尚祈学界同人批评指正。

2009年4月28日于北京蓝旗营

（原载《中华读书报》，2009年6月10日；收入欧阳哲生整理：《梁任公先生年谱长编（初稿）》，中华书局，2010年）

梁启超与《南长街54号梁氏档案》

从1895年甲午战败到1928年梁启超逝世，是中国社会变化最快，政治、文化转型最为急速的一段历史时期。在这期间，发生了戊戌变法、义和团运动、辛亥革命、民初政争、五四运动、国民革命等重大历史事件，梁启超是这一阶段的重要历史人物。与同时期的康有为、章太炎到五四运动以后，逐渐退出历史舞台的中心，失去了原有影响力相比，他的影响力持续不衰。

梁启超之所以能够保持自己的影响力，与他不断调整自我，与时俱进，“以今日之我战昨日之我”，在思想、学术上追求进境有关。在中国近代史上，变与不变对一个重量级人物，的确大有讲究，面对变革的历史潮流，顺应的“变”自然是识时务者，守旧的“不变”则势必被历史淘汰。在辛亥革命的风潮中，梁启超从立宪走向共和，这是他识大体之举。袁世凯复辟帝制，梁任公不为袁的收买所动，毅然与袁决裂，发表《异哉所谓国体问题者》的惊世檄文，发出反对帝制的吼声，这是他的过人之处。五四运动以后，梁启超宣传社会主义，反省西方文明弊病，致力于文化学术研究，讲学清华国学院，再创晚年辉煌。这些“变化”都是顺应时势之“变”。特别是他晚年讲学清华园，进入现代大学体制，这与拒绝北大、清华聘请的章太炎，形成鲜明对比。

梁氏产生影响力的第二个原因是他具有魔力一般的文字表述，半文半白、汪洋恣肆、一泻千里，时人称之为“新文体”或“梁文体”，对青年学子具有极大的吸引力。胡适曾在《四十自述》中回忆起青年时代的思想成长时说：“梁先生的文章，明白晓畅之中，带着浓挚的热情，使读的人不能不跟着他走，不能不跟着他想。”毛泽东1936年同斯诺谈起当年求学时的情形表示：“我对读经书不感兴趣，当时我正在读表兄送给我的两种书刊，讲的是康有为的维新运动。其中一本叫做《新民丛报》，是梁启超主编的。这些书刊我读了又读，直到可以背出来。我那时崇拜康有为和梁启超。”梁启超可谓胡适、毛泽东青年时代的“偶像”。康有为、严复、章太炎亦为同时代具原创性和影响力的思想家，但他们习用文言文写作，严复、章太炎甚至喜用古典、深奥的文字表述，故他们的思想主张不易为大众所接受，其思想流布自然也受到限制。

梁氏保持影响力的第三个原因是他真正躬行传统儒家“修身、齐家、治国、平天下”这一伦理准则，严格要求自己，领袖群伦，为人表率，具有强烈的道德感召力，在这方面他超越了自己的老师康有为，几乎达到了圣贤的境界。

理解、评价梁启超不是一件容易的事。近代中国变革节奏太快，梁氏周围人际关系又极为复杂，梁启超的历史表现和思想主张常常矛盾多变，使我们不易把握。我们对梁氏的历史定位自然也不易确定。

围绕梁启超的争论主要是在两个层面：一个是在政治层面，有所谓革命与改良之争。从20世纪初起，围绕中国的改革道路，就出现了康有为、梁启超为代表的君主立宪派与孙中山为首的革命党的两派之争，这一争论持续到民国初年，争论的要点是：君主立宪制还是共和制国体，何者更适宜中国？渐进还是革命，哪条道路更适宜成为改变中国的途径？在革命话语占主流地位的时代，研究者们的口径大都是接着革命派的主张继续讲，对立宪派或改良派大加贬低，随着激进革命日后的流弊渐次暴露，人们开始对改良派、立宪派的主张逐渐给予“同情的理解”，对其存在的合理性也有所体认。一个是在文化层面，有所谓中学与西学之争。这一论争从19世纪下半期即已开始，围绕中学西学孰先孰后，谁主谁辅，学人之间展开异常激烈的争论，这一争论不仅关系到每一位学人自身的文化选择，而且关系到每一个人的文化生命。梁启超是他那一代人中追求新学，学习西学的先驱人物，他虽不是五四时期新文化运动的主要代表，但他是新文化的先行者。他在19世纪末、20世纪初所发动的“诗界革命”“文界革命”“小说界革命”“史学革命”成为新文化的先声。他为中国文化与西方近代文化的对接做出了自己力所能及的贡献，他对中国文化又表现了深切的关怀，这在他晚年的中国学术史研究中表现得淋漓尽致。五四时期，中国文化学术出现了转型，陈独秀、胡适、鲁迅等为代表的五四一代替代了康有为、章太炎、梁启超这一代人，之所以出现这种转型，主要是上一代学人的知识素养在西学这一层面被下一代所完全超越。新一代知识精英曾经在西方或日本接受了系统的西学教育，其西学素养超越了康有为、梁启超、章太炎这一代人，从而为新文化的推进提供了新的动力资源。

两巨册《南长街54号梁氏档案》（以下简称《梁氏档案》）的问世，是梁任公文献整理的一件大事。它不仅为我们研究梁启超增添了新的材料，而且可为编辑新版的梁启超全集，减少遗珠之憾。

《梁氏档案》最具文献价值的是在书信部分。其中梁启超与其大弟梁启勋通信226通，从第43通以后均为1918—1928年所写，可以说绝大部分是梁任公最后十年留下的信札。过去我们看到梁启超的家书，主要是梁任公给他大女儿梁思顺、大儿子梁思成的信件，如中华书局1994年出版的《梁启超未刊书信手迹》收入梁启超书信394通（其中含少量电文），这批书信手迹大部分是写给其子女的家书，小部分是写给杨度、张君劢、段祺瑞、唐继尧、刘显世、陈炳焜、李耀汉、梁季宽、徐树铮、罗家伦等人的函电。写信的时间范围，在1912年至1928年之间。张品兴所编《梁启超家书》（中国文联出版公司，2000年）即主要取材于这批书信。我们现在看到的这批梁启超给他大弟梁启勋的书信，其价值自然不让其给子女的家书，它们对于我们研究梁任公晚年的生活、学术和家庭情况，有着重要的文献价值。

《梁氏档案》所收梁启超与他人信札数量虽少，然弥足珍贵。如致袁世凯一信，写于1915年9月1日，此信对于我们了解梁氏写作《异哉所谓国体问题者》的背景及心路有相当的文献价值。与其他政要冯国璋、岑春煊、汪大燮、孙传芳、罗文干的信，则可见梁任公的交谊。其中致孙传芳一信，应写于1925年10月孙传芳担任五省联军司令一职以后，事涉南昌心远中学校长熊纯如被拘捕，梁任公写信向孙传芳要求帮助释放，可见其爱才惜才之情意。

《梁氏档案》收存康有为致梁启勋信21通，写作时间为1904—1908年，这些信件对了解康有为在海外流亡时期的动态提供了不少线索。这些信件均为《康有为全集》（中国人民大学出版社，2007年）所未收，显有填补遗缺的重要文献价值。康有为本系书法名家，其存世的书法作品已不多见，这批书信的公布，又给我们提供了一次一睹康氏书法真迹的良机。

总之，《梁氏档案》这批文献材料的公布和出版，对于梁启超及其人际关系的研究、对于中国近代思想史、学术史的研究均有重要价值。

2012年10月28日夜于北京海淀蓝旗营

（本文系作者参加2012年10月24日清华大学国学院主办“梁启超与现代中国”国际学术研讨会提交的论文，该文收入《梁启超与现代中国——“南长街五十四号”藏梁氏重要档案》论文集，北京匡时国际拍卖有限公司出品，第61—63页）

蔡元培先生小传

蔡元培，字鹤卿，改字仲申；号鹤庼，后改号孑民。1868年1月11日（清同治六年十二月十七日）出生于浙江省绍兴府山阴县城内笔飞弄。父亲蔡光普是钱庄经理，母亲周氏。蔡元培5岁入家塾读书。10岁时父亲病逝，家境渐窘，无力延师，遂附读他处。12—15岁，受业于同县秀才王懋修（子庄），并得到举人叔父蔡铭恩的指导，阅读四书五经以及《史记》《汉书》《困学纪闻》《文史通义》《说文通训定声》等经史典籍，学做八股文。

1883年，蔡元培考中秀才后，即自由阅览，有关考据或词章的书，均随意检读。1884—1885年，在当地充任塾师。1886—1888年，为同乡徐氏“古越藏书楼”校订其所刻图书，因得博览群书，学业大进。1889年，赴杭州参加乡试，中举人。1890年，去北京应会试，中贡士。1892年，再入京补应殿试，被取为二甲第三十四名进士，授翰林院庶吉士。1894年，应散馆考试，升补翰林院编修。

在翰林院数年中，蔡元培阅读大量书报，开始涉猎新学和自然科学，学习日文。戊戌变法时，他同情维新派，敬佩谭嗣同。戊戌政变后，他认为维新派“由于不先培养革新人才，而欲以少数人弋取政权，排斥顽旧，不能不情见势拙”[①]，立意兴办教育，培养人才。同年秋，他携眷离京南归，担任绍兴中西学堂监督，提倡新学。1901年，赴上海开拓新教育事业，先任南洋公学教员，继任爱国女校校长。1902年创建中国教育会，被推为会长。同年秋，在上海创设爱国学社，与吴稚晖、章太炎等宣传排满革命，提倡民权，参加拒法、拒俄运动，为《苏报》撰稿。1903年底，参与创办《俄事警闻》报，受到无政府主义思潮的影响，介绍俄国虚无党历史，反对帝俄侵略东三省，宣传废财产、废婚姻等无政府主义主张。

1904年冬，在上海发起组织光复会，任会长，以排满革命为宗旨。1905年10月，在沪经何海樵介绍，加入中国同盟会，被孙中山委任为上海同盟会分部主盟员。以后又加入暗杀团，与杨笃生、苏凤初、钟观光等秘密赁屋，试制炸弹，用暗杀清吏的手段开展革命活动。

1907年，蔡元培赴德留学，入莱比锡大学。三年期间，

---

① 蔡元培口述，黄世晖记：《蔡孑民先生传略》，商务印书馆，1943年，第2页。

除选修哲学、文学、美学、人类学、文明史等课程外，还学习了教育学及心理学领域的前沿理论。他对于冯特（Wundt）教授所授心理学实验室一课甚感兴趣，连续选修三个学期。西方“重启发学生，使能自动研究”的教育方法，给他留下了深刻的印象。蔡元培一面攻读，一面著译，编写出《中学修身教科书》《中国伦理学史》，译出泡尔生的《伦理学原理》。

武昌起义爆发后，蔡元培闻讯回国。1912年1月，中华民国成立后，孙中山任命其为教育总长。2月间，他被派去北京，担任迎接袁世凯南来就总统职的专使。袁纵兵哗变，拒不南下，蔡蒙受欺骗，将洽谈经过撰写成《告全国文》发表。袁世凯继任大总统后，唐绍仪新任内阁总理，蔡元培被继续留任。7月，因不满袁世凯擅权，与同盟会阁员愤而辞职。

蔡元培主持教育部工作时，对教育进行大胆的改革。他提出停止祀孔，废除读经，把清学部规定的忠君、尊孔、尚公、尚武、尚实的五项教育宗旨修正为军国民教育、实利主义、公民道德、世界观、美育五项。他解释说：“以忠君与共和政体不合，尊孔与信仰自由相违，所以删去。至提出世界观教育，就是哲学的课程，意在兼采周秦诸子、印度哲学及欧洲哲学，以打破二千年墨守孔学的旧习。提出美育，因为美感是普遍性，可以破人我彼此的偏见；美学是超越性，可以破生死利害的顾忌，在教育上应特别注重。”[①]以新的教育宗旨为指

---

① 《我在教育界的经验》，高平叔编《蔡元培全集》第7卷，中华书局，1989年，第197页。

导，他主持了学制改革、课程修订，推行义务教育和社会教育，实行小学男女同校等。这些措施有力地推进了中国教育由传统向现代的转型。

蔡元培辞去教育总长职后，再度赴德，进莱比锡大学从事研修工作。1913年夏，因宋教仁被刺案，奉召回国，奔走调停南北关系。二次革命爆发后，他发表《敬告全国同胞》书，与吴稚晖等创办《公论》晚报，呼吁祛除袁世凯。讨袁失败后，他前往法国，从事著述。编译、撰著的作品有：《哲学大纲》《石头记索隐》《康德美学述》等。他还主编《旅欧杂志》，为《学风》杂志撰写发刊词。1915年6月，与李石曾等组织“勤工俭学会”。1916年3月，组织华法教育会，并亲自在所开办华工学校授课。1917年1月，在教育总长范源廉的敦请和孙中山的劝促下，蔡元培就任北京大学校长。北大前身是京师大学堂。在清末十余年中，该校所招学生多为京官，校中官僚习气严重，民国以后并无改变。学生追求升官发财，整天游荡；教员不学无术，混饭度日的大有人在，校风非常腐败。蔡元培决心整顿革新北大，他在就职演说中指明“大学学生当以研究学术为天职，不当以大学为升官发财的阶梯”。为此，他聘请一批积学而热心的著名学者来校任教，调整科系及课程设置，设置研究所，改年级制为学分制；改革行政体制，实行教授治校与民主管理；打破大学不招女生的先例，实行男女同校。为养成学生高尚道德，他发起组织进德会；为提倡正当的消遣，他推动成立体育会、技击会、音乐会、书法研究会等组织；为养成学生服务社会的能力，他倡导开设消费公社、学生银行、校役夜班、平民学校、平民讲演团；为活跃学术气氛，他同意资助出版《新潮》《国民》等杂志。通过这些举措，北大校风大为改观。

蔡元培治理北大，最突出的主张也是最为人称道者，即“思想自由，兼容并包”的方针。他说：“（一）对于学说，仿世界各大学通例，循‘思想自由’原则，取兼容并包主义……无论为何种学派，苟其言之成理，持之有故，尚不达自然淘汰之运命者，虽彼此相反，而悉听其自由发展……（二）对于教员，以学诣为主。在校讲授，以无背于第一种之主张为界限。其在校外之言动，悉听自由，本校从不过问，亦不能代负责任。”[①]这种“圆通广大，兼容并包”的方针实质上是为新文化的发展和思想解放开辟道路。陈独秀、胡适、李大钊、周作人、杨昌济、钱玄同、陶孟和、刘半农等一批名流学者登上北大讲坛，介绍世界学术，掀起新文化的巨澜，使北大在全国教育界、思想界居于领先的地位。

五四运动爆发后，北大许多学生被捕。蔡元培同情学生，多方营救被捕者。被捕学生释放后，北洋政府对校方施加压力，蔡颇为愤懑，于5月10日辞职离京。7月，在校内外各方恳切催促下，他打消辞意，吁请学生复课，“力学报国”。9月中，返回北大任事。

1919年冬，蔡元培被派往欧美各国考察教育。在他热情

---

① 《致〈公言报〉函并附答林琴南君函》，高平叔编《蔡元培全集》第3卷，第271页。

邀请下，世界著名学者罗素、杜威等人相继来北大并巡回全国各地讲学，大大推进了中西文化交流。1921年回国后，感于教育被政治蹂躏之恶状，发表《教育独立议》，力倡“教育是帮助被教育的人，给他能发展自己的能力，完成他的人格，于人类文化上能尽一分子的责任；不是把被教育的人，造成一种特别器具，给抱有他种目的的人去应用的。所以，教育事业当完全交与教育家，保有独立的资格，毫不受各派政党或各派教会的影响”①。1923年1月，教育总长彭允彝借金法郎案，非法要求逮捕财政总长罗文干。当时罗在北大任课，蔡元培深感不平，发表《不合作宣言》，表示不能与任意践踏人权而毫无人格的彭允彝为伍，辞职南下。同年7月，他去欧洲访学。先在比利时、法国从事学术研究，并协助华法教育会工作。旋赴伦敦，与英国政府商洽退还庚子赔款供我兴学的问题。1924年4月，他前往德国哥尼斯堡，参加康德诞辰二百周年纪念会；8月，去荷兰和瑞典出席国际民族学大会；11月，入德国汉堡大学，研究民族学。

1926年2月，蔡元培回国。在这之前，国民党“一大”，经孙中山提名，他被选为候补中央监察委员；国民党“二大”，他当选为中央监察委员。国民革命军誓师北伐后，他参加皖苏浙三省联合会积极响应。1927年3月，担任浙江临时政治会议代理主席；4月，参加南京国民党中央政治会议及国民政府。他以中央教育行政委员会委员的身份，领衔提出变

① 《教育独立议》，高平叔编《蔡元培全集》第4卷，第177页。

更教育行政制度的议案获得通过；他本人亦被任命为大学院院长。

为什么要创设大学院呢？蔡元培申诉说："顾十余年来，教育部处于北京腐败空气之中，受其他各部之熏染；部长者又时有不知学术教育为何物、而专骛营私植党之人。声应气求，积渐腐化，遂使教育部名词与腐败官僚亦为密切之联想。"建立大学院"亦多与旧式教育部不同"，其最要之一点，即大学委员会以各国立大学校长、院教育行政处主任及专门学者组成，"有推荐本院院长及讨论学术上、教育上重大方案之权。以学者为行政之指导，此亦以学术化代官僚化之一端也"①。大学院成立之初，蔡元培又提出"使教育科学化，劳动化，艺术化"的教育方针。其意是在教育体制、教育内容上贯彻其"教育独立"的思想。为筹措教育经费，蔡元培竭尽全力。他提议以英、俄等国退还的庚子赔款拨充教育基金，提议江浙所征渔税充教育经费，提议设立商标注册局，以其收入作教育经费。他还与孙科联名提出《教育经费独立案》，要求"通令全国财政机关，嗣后所有各省学校专款，及各种教育附税，暨一切教育收入，永远悉数拨归教育机关保管，实行教育会计独立制度；不准丝毫拖欠，亦不准截留挪用"②。

由于一些人反对试行大学区制，蔡元培便辞去大学院长

① 《大学院公报发刊词》，高平叔编《蔡元培全集》第5卷，第194—196页。

② 《提议教育经费独立案》，高平叔编《蔡元培全集》第5卷，第178、189页。

及所兼司法部长、监察院长等职，专任中央研究院院长。在他的领导下，中央研究院历史语言、社会科学、物理、化学、工程、地质、天文、气象、心理等研究所及历史博物馆聘请了一批知名学者负责所务，或从事专题研究，他们各展所长，在天文、气象、地质和考古发掘领域取得了引人注目的科研成果。

作为知识界的领袖人物，蔡元培晚年还担负了大量社会工作。1929年1月，他被选为中华教育文化基金会董事会董事长。1932年12月，他与宋庆龄等发起中国民权保障同盟，任副主席。他还兼任北平图书馆馆长、上海市图书馆董事长、故宫博物院和中央博物院理事长等职。

在应付各类繁杂事务的同时，蔡元培仍不忘民族学研究。1934年12月10日，他在谈到自己的治学志趣时如是说："我向来是研究哲学的，后来到德国留学，觉得哲学的范围太广，想把研究的范围缩小一点，乃专攻实验的心理学。当时有一位德国教授，他于研究实验心理学之外，同时更研究实验的美学，我看看那些德国人所著的美学书，也非常喜欢，因此我就研究美学。但是美学的理论，人各一说，尚无定论，欲于美学得一彻底的了解，还须从美术史的研究入手，要研究美术史，须从未开化的民族的美术考察起。适值美洲原始民族学会在荷兰、瑞典开会，教育部命我去参加，从此我对于民族学更发生兴趣，最近几年常在这方面从事研究。"[①]这段自述，勾

① 《民族学上之进化观》，高平叔编《蔡元培全集》第6卷，第455页。

勒了蔡氏中年以后研治学术的基本轨迹。蔡元培有关民族学研究的代表作有：《说民族学》（1926年）、《社会学与民族学》（1930年）、《民族学上之进化观》（1934年）。他还在中央研究院社科所内组建民族学组，亲自以院长身份兼任民族学组主任。蔡元培的这些工作，为我国民族学科的创建奠定了基础。

1931年九一八事变，蔡元培坚决主张对日抗战，“直接间接对于国内团结共御外侮，用力甚多”。1938年4月，吴玉章“道经香港得与晤谈时，他犹欣欣然以国共能重新合作共赴国难，为国家民族之大幸”①。1939年，蔡元培被国际反侵略大会中国分会推举为名誉主席，他满怀爱国激情，为该会撰写会歌。

1940年3月5日，蔡元培在香港病逝。以中国传统标准论，蔡元培一生立德、立功、立言，可谓人世楷模。为后人所难以忘怀的更是他树立的一种精神，这就是“思想自由，兼容并蓄”和“教育独立”。弘扬这种精神，中国的文化、科学和教育就必将拥有明日的辉煌。

（收入欧阳哲生编校：《中国现代学术经典·蔡元培卷》，河北教育出版社，1996年）

---

① 吴玉章：《纪念蔡孑民先生》，蔡建国编《蔡元培先生纪念集》，中华书局，1984年。

蔡元培研究述评

蔡元培（1868—1940），字鹤卿，号孑民，浙江绍兴人，是我国近代著名的民主革命家、教育家和思想家。他在我国近代民主革命史和教育史上占有重要地位，被誉为“现代中国知识界的卓越前驱”。

1940年3月蔡元培在香港逝世时，数千人参加他的葬礼。全国各阶层对他的去世，不分政治派别和思想信仰，都深表哀悼。国民政府发布褒扬令，称他“推行主义，启导新规，士气昌明，万流景仰”。中共中央、毛泽东发出了唁电，周恩来题写的挽联是“从排满到抗日战争，先生之志在民族革命；从五四到人权同盟，先生之行在民主自由”，准确地概括了蔡元培求索、奋斗的历史。1941年浙江研究社出版了《蔡孑民先生纪念集》，选辑悼念和纪念蔡元培的电文、挽联、讲话、新闻报道、回忆文章，它们从不同侧面或某一片断反映了蔡元培的生平事迹和思想，对他一生的思想、学术、人格给予了高度评价。

蔡元培作为一个历史研究对象，很长一段时间并没有引起人们的重视。他逝世后到1949年这段时间，研究条件不够成熟。新中国成立后到“文革”前的17年，对他的研究成果也极少。主要出版了两本书，一本是蔡尚思撰著的《蔡元培学术思想传记》（上海棠棣出版社，1950年），主要论述了蔡元培学术思想的发展，同时兼及他的政治观、哲学观、教育观、伦理观等，是蔡元培研究的第一部学术专著。一本是《蔡元培选集》（中华书局，1959年），收集蔡元培1902年至1937年的代表作67篇。此外，有些学者就蔡元培的教育活动和教育思想发表了一些论文，如毛礼锐的《爱国民主教育家蔡元培》（《光明日报》，1954年6月28日）、潘懋元的《蔡元培的教育思想》（《厦门大学学报》社会科学版，1955年第4期）等。20世纪80年代关于蔡元培的研究日益为人们所关注，吸引了越来越多的研究者。1980年3月5日，北京举行了纪念蔡元培逝世40周年大会。1982年10月15日，蔡元培铜像落成典礼在北京大学举行。近十余年来蔡元培研究情况，主要可归纳为如下三个方面：

一是搜集、整理出版了蔡元培的著作和有关资料。中华书局出版了七卷《蔡元培全集》，收录了蔡元培撰写的专书、论文、汇叙、小说、建议、序跋、演讲词、谈话录，书信、电文、宣言、译文和试卷等，把它们按写作时间先后编次，是迄今为止最为齐全、系统和可靠的蔡元培著作的汇集。高平叔编选了《蔡元培论著专集》，这套专集包括《蔡元培论科学与技术》（河北科技出版社，1985年）、《蔡元培语言及文学论著》、《蔡元培哲学论著》、《蔡元培政治论著》（河北人民出版社，1985年）、《蔡元培教育论集》、《蔡元培美育论集》（湖南教育出版社，1987年）。1984年中华书局出版了蔡建国编的《蔡元培先生纪念集》，该书选辑悼念和纪念蔡元培的电文、挽联、讲话、回忆文章和自述简历等80余件，以及照片数十帧，它们从各个方面反映了蔡元培的活动事迹和思想。

二是出现了一批有关蔡元培的研究专著、传记和年谱。年谱方面有高叔平编写的《蔡元培年谱》（中华书局，1980年），该年谱写得简明扼要，正如作者在凡例里所说，是“仅举其荦荦大者”。传记方面有蔡尚思著《蔡元培》（江苏人民出版社，1982年），它被收入“中国历史名人传记丛书”，是一本带普及性的蔡元培传记。胡国枢、姚辉、应家淦著《蔡元培》（浙江人民出版社，1985年），唐振常著《蔡元培传》（上海人民出版社，1985年）。这时期具有一定研究深度的传记要推周天度著《蔡元培传》（人民出版社，1984年），该书共七章，30余万字，材料翔实，体例严谨，对蔡元培的生平事迹和思想脉络作了较详细的介绍和力求实事求是的评价，是“解放以来蔡氏研究诸书中一部具有较高的学术水平，较为完整的传记”（陈铁健《读〈蔡元培传〉》，《文史哲》1985年第3期）。研究专著方面有梁柱著《蔡元培与北京大学》（宁夏人民出版社，1983年），它对蔡元培与北京大学的历史关系及其在北大进行的教育改革活动作了较详尽的论述。聂振斌著《蔡元培及其美学思想》（天津人民出版社，1984年），该书在将蔡元培的整个思想勾勒出一个概貌的基础上，突出地探讨了蔡元培的美学思想。1988年，蔡元培研究会在北京大学组织召开了纪念蔡元培先生120周年诞辰学术讨论会，共收到论文40多篇，其中包括美国、法国、日本、德国学者提交的论文，内容涉及极为广泛，后结集为《论蔡元培》（旅游教育出版社，1989年），这是迄今为止第一本专门探讨蔡元培思想与活动的学术论文集，大体反映了近年来学术界研究蔡元培的研究状况。

三是研究领域的扩大，既涉及蔡元培的教育思想、美学思想、哲学思想、政治思想、科学思想和他所进行的民主革命活动，又包括蔡元培从清末到辛亥革命，到五四运动前后，直至晚年的思想演变和活动轨迹。

其一，教育思想和教育活动。作为中国近代最重要的资产阶级教育家和教育改革的先驱，蔡元培有着丰富的教育思想。论者从这一基本观点出发，对蔡元培一生的主要教育活动给予了评述。邹时炎的《蔡元培1912年教育改革述评》（《武汉师范学院学报》1983年第2期），对蔡元培出任中华民国第一任教育总长时在教育制度、教材、教学内容、教学方法、学校教育系统、社会教育等方面所进行的改革作了详细的介绍，指出蔡元培“1912年任教育总长期间改革封建主义教育，积极创建和发展资产阶级的教育事业，在我国奠定了资产阶级教育制度的初步基础”。梁柱的《论蔡元培在北京大学的革新》（《教育研究》1984年第2期）、高平叔的《蔡元培改革北大》（《群言》1987年第2期），两文全面介绍了蔡元培从1917年至1923年就任北大校长时在北大进行革新的经过，认为“在一定意义上说，蔡元培的思想自由、兼容并包方针助成了北大成为新文化运动的摇篮，五四运动的发源地”。“蔡元培在北大的改革工作，是他一生从事文化教育事业的最重要实践，取得了重要成就，不仅在当时产生了深刻的影响，而且在今天也仍是有意义的。”蔡元培的德育思想在其教育思想中占有重要地位，并构成富有特色的一部分。程斯辉的《蔡元培的道德教育思想浅谈》（《湖北大学学报》1987年第3期），评介了蔡元培有关道德教育的地位和作用、目标、内容、方法的思想，认为蔡氏的教育思想是以完全人格教育（即通过德、智、体、美四育的和谐发展来培养完全人格）为中心的，这种完全人格教育又是以道德教育为其根本途径，因此，蔡元培关于道德教育方法的论述和与之有关的思想主张，是他道德教育的精华之所在，也是他教育思想中最富有价值的组成部分之一。沈善洪、王凤贤的《评蔡元培德育论的特色》（《浙江学刊》1985年第4期），陈瑛的《蔡元培和中国伦理学史》（《书林》1984年第3期），亦高度评价了蔡元培道德教育思想的历史作用，认为“蔡元培在反对封建的道德教育，整理中国伦理遗产，建立新的德论和德育方面作出了卓越的贡献”。此外，关于蔡元培其他方面的教育思想，有马福业的《试谈蔡元培关于高等教育的理论和实践》（《天津师范大学学报》1984年第1期）、李范的《蔡元培和美育》（《青海师范学院学报》1980年第2期）、吕金藻的《中国现代专业音乐教育的启蒙者——蔡元培》（《吉林歌声》1980年第4期）、杨丁新的《积极提倡体育的蔡元培先生》（《新体育》1980年第4期）、盛家材的

《蔡元培的教育救国思想》（《天津师范大学学报》1987年第2期）等，对蔡元培有关高等教育、美育、音乐教育、体育、教育救国诸方面的思想，分别作了评述。

其二，哲学思想。这是蔡元培研究中相对薄弱的一个环节。肖万源的《试论蔡元培的哲学思想》（《社会科学辑刊》1985年第1期），就蔡元培关于哲学的基础、宗教神学以及他的哲学思想的特点与渊源提出了自己的看法，认为在物质与精神二者关系的根本观点上，客观唯心主义始终是蔡元培的基本思想；但他在根据近代自然科学分析自然界的演化、说明人的认识、批驳宗教神学等方面，却又具有明显的唯物主义倾向。聂振斌则认为，蔡元培的哲学思想比较复杂，其基本倾向是唯心主义的，但也包含着丰富的唯物主义见解。他的历史观是唯心主义的，他的自然观却是唯物主义的；他的本体论是唯心主义的，他的认识论又是唯物主义的；他的发展观是唯物的、进化的，而其发展观的最终归宿又完全是唯心的、形而上学的（参见《蔡元培及其美学思想》第4章）。

其三，政治思想。李华兴提出蔡元培的政治思想是资产阶级民主主义与小资产阶级无政府的复合体，认为20世纪初，当无政府主义出现在中国政治舞台时，蔡元培就宣传过；辛亥革命前，蔡元培不仅有无政府主义之言，而且有实践；辛亥至五四阶段，他仍受到无政府主义思想的影响；后来由于无政府主义思想的影响，他在政治上经历了很大曲折（《民主主义与无政府主义的复合体——蔡元培政治思想初探》，《复旦学报》（哲学社会科学版）（1980年第4期）。周天度则认为蔡元培的政治思想虽表现出一种“兼收并蓄”的特点，既有民主主义的、空想社会主义的，又有克鲁泡特金的无政府主义、儒家的大同思想，但毕竟他是一个革命民主主义者，而不是无政府主义者。他赞成克鲁泡特金的无政府主义和互助论思想，主要是用来反对帝国主义侵略和封建军阀的反动统治，希望改变现存不合理的社会制度（参见《蔡元培传》）。

其五，美学思想。长久以来，人们对蔡元培的美学思想极为忽视，近年来，有些论者开始涉足这一研究课题。他们认为蔡元培是一位成就斐然、影响深远的美学家和美育实践家，他有丰富的美学和美育思想，对美学的范围和意义，美的特性、审美问题、美育的目的和重要性、美育与科学的关系以及如何实施美育的方法都有论述，并提出了具有积极意义的“以美育代宗教”说。蔡元培在中国近代美学发展史上占有重要地位，他是中国近代教育史上提倡美感教育的“唯一中坚人物”，他关于美学的重要论述是近代中国教育哲学的一种创见，大大开拓了我国近代思想界和文艺界的眼光，对我国近代美学的建立和发展，起了开路和奠基的作用。

其六，民主革命活动。论者一般认为蔡元培是我国近代著名的民主革命家，并对蔡元培各个时期的民主革命活动都作了评介。张寄谦的《辛亥革命时期的蔡元培》（《辛亥革命史丛》第3辑），对蔡元培在辛亥革命时期的革命活动作了全面介绍，认为1898年戊戌变法失败后，蔡元培认识到封建主义已不可救药，而“民权之趋势，若决江河，沛然莫御”，“革命者，即治世之方药也”，投身于孙中山先生领导的旧民主主义革命，完成了其一生政治生活的最重大转变。更多的论者围绕蔡元培在新文化运动中的历史作用及其五四前后的活动展开了探讨。他们充分肯定蔡元培以北大校长的特殊身份，对新文化运动起了很大的推动作用，从而使北大成为新思想的摇篮，成为反帝爱国运动的发源地。对五四时期蔡元培的历史表现，论者们均认为他反对北洋军阀，同情学生爱国运动。对于大革命失败后，过去因蔡元培这时期在政治上经历了一段曲折的道路，对其后期基本上持否定的态度。近年来，人们通过对蔡元培这一时期的思想和行动，及其同蒋介石政权之间的关系进行实事求是的具体分析，指出他坚决反对日本帝国主义的侵略和蒋介石国民党的法西斯专政，和宋庆龄、杨杏佛发起组织中国民权保障同盟，为争取民主自由而斗争，营救了许多被捕的革命者和爱国志士。抗战前后，他力主国共合作，全面抗战。可以说，蔡元培始终是一个主张反帝反封建，立志救国的爱国民主主义者。

近十年来，蔡元培研究虽已取得了令人瞩目的进展，但相对于蔡元培在中国近代史上，特别是在近代文化思想史上所处的重要地位而言，现有的研究成果还很不够。对蔡元培思想的分析仍缺乏阶段性和层次性，对蔡元培与同时期的人物关系，包括孙中山、章太炎、陈独秀、胡适、蒋介石等，还欠缺全面、深入的研究和比较，这些都亟待人们去继续探讨和加以解决。

（原载《文史知识》1992年第1期；收入林增平、郭汉民、饶怀民主编：《辛亥革命史研究备要》，湖南出版社，1991年）

章太炎研究述评

章太炎是近代中国著名的革命家、思想家和经学家，他对中国近代政治、思想、学术诸领域都产生了巨大的影响。史学界对他的研究经历了一个由浅入深、由表及里、由局部思想评价到总体综合分析的过程。迄今为止，这一研究过程仍在继续发展。由于章太炎本身及其所处时代的复杂性，更由于论者所持的评价尺度和探源溯流的途径不尽相同，对章太炎的历史评价自然也就褒贬不一，臧否相悖。现将半个世纪以来研究章太炎的状况作一概要述评，以期推动这一课题的研究朝着更高层次的方向发展。

新中国成立前章太炎著作整理及其研究

章太炎逝世时，鲁迅曾发表《关于太炎先生二三事》的纪念文章，对章氏一生的革命业绩给予了高度评价："我以为先生的业绩，留在革命史上的，实在比在学术史上还要大。”“战斗的文章，乃是先生一生中最大、最久的业绩，即使未备，我以为是应该一一辑录，校印，使先生和后生相印，活在战斗者的心中的。”他同时亦指出：“太炎先生虽先前也以革命家现身，后来却退居于宁静的学者，用自己所手造的和别人所帮造的墙，和时代隔绝了。”[①]章太炎是在寂寞中辞世的，然而，学术界对他的研究却从未出现过沉寂现象。章太炎学问渊博、著述宏富。他在被袁世凯幽禁期间，曾手定《章氏丛书》，有上海古文社铅字排印本、浙江图书馆木刻本、上海古书流通处印本、上海世界书局石印本，共收著作13种。1933年，章太炎的学生吴承仕、钱玄同等在北平又编校出版了《章氏丛书续编》，共收著作7种；章太炎逝世后，章氏国学讲习会编印《章氏丛书三编》，但仅于1938年在武汉排印《太炎先生文录续编》一种。他的许多门生弟子、朋友同仁为纪念这位大师，表彰他的革命业绩和学术成就，发表了一些有关章太炎的研究文章和逸事回忆之类的资料，如许寿裳的《纪念先师章太炎先生》（《新苗》第8期，1936年9月）、陆丹林的《章太炎与张之洞》（《逸经》第17卷，1936年11月）、李源澄的《章太炎先生学术次要》（《中心评论》第17卷，1936年7月）、庞俊的《章太炎先生学术述略》（《华西学报》第4期，1936年6月）、王森然的《章太炎先生评传》

① 鲁迅：《鲁迅全集》第6卷，人民文学出版社，1982年，第545、547页。

（《中国公论》10卷1—5期）、宋云彬的《章太炎的学术思想及其影响》（《文化杂志》1卷1期，1941年8月）、纪玄冰的《章太炎的宇宙根源论及其唯物论平议》（《文化杂志》3卷1期，1942年10月）、侯外庐的《章太炎基于“分析名相”底经史一元论》（《中山文化季刊》2卷2期，1945年8月）等。可以说，建国前对章太炎的研究，无论是资料整理，还是分析探讨，都只是处在草创阶段。

新中国成立后30年章太炎政治思想研究

新中国成立后至20世纪60年代中期，史学界集中运用阶级分析方法探讨章太炎的政治思想及其阶级属性，特别是在1961年举行的纪念辛亥革命50周年学术讨论会上，章太炎被作为重点，不同看法展开了争鸣。以金冲及、胡绳武为代表[①]的学者认为章太炎的思想反映了农民小生产者的利益。他们从剖析章太炎的政治思想入手，论证其阶级属性，认为辛亥革命时期章太炎突出的政治主张是抨击封建等级制度和批判资本主义的代议制度，主张限制政府的权力，采取各种措施保证平民应享的权益，因而只能说他是站在农村小生产者——农民群众和手工业工人的立场上，成为他们的政治代表。以蔡尚思、罗耀九为代表[②]的学者认为辛亥革命时期的章太炎属于地主阶级反

① 胡绳武、金冲及：《辛亥革命时期章炳麟的政治思想》，《历史研究》1961年第4期。

② 蔡尚思：《论章炳麟思想的阶级性》，《历史研究》1961年第6期。罗耀九：《辛亥革命前章太炎的封建意识浅析》，《学术月刊》1962年第6期。

满派。其理由为：一是章太炎否定资产阶级共和政体，嘲笑选举制度，蔑视人权，赞美王权，维护封建专制制度，这是典型的地主阶级政治立场；二是章太炎虽曾有过同情、赞扬农民的言词，但并不主张废除封建土地所有制，这只能说是他对农民抱一种开明地主的态度；三是章太炎的民族主义只具“排满复汉”的内容，所以他只可说是光复派而不是革命家；四是章太炎很少有民主主义思想，常以保守“国粹”自居，反对欧美资产阶级的政治思想和文化观念。以冯友兰、赵金钰为代表的研究者则认为章太炎在辛亥革命时期主要是资产阶级民主主义革命家。冯友兰在《章太炎在〈民报〉时期的哲学思想》①一文中指出，章炳麟在当时作为小资产阶级和资产阶级的先进分子，开始向美、法资产阶级革命寻找自己的理想，以为资产阶级和小资产阶级的经济要求和政治需要服务。赵金钰在《论章炳麟的政治思想》②一文中提出，章炳麟在辛亥革命酝酿时期主要是资产阶级民主主义革命家，他的思想体系中虽也包含封建主义因素，但以资产阶级民族主义和民主主义思想所占的比重为最大，对社会的影响也最显著。

“文革”时期，章太炎的学术研究不幸被变幻的政治飓风打断和搅乱。在影射史学盛行的年代里，作为历史研究对象的章太炎深受厄运，受到非历史主义的对待，这可以说是章太炎研究的非常时期。

---

① 见《文汇报》，1961年7月14日。

② 见《历史研究》1964年第1期。

近十余年来章太炎研究的进展

20世纪70年代末、80年代初，章太炎研究开始进入一个新的阶段。学术界渐次推出一大批有关章太炎的研究论文和专著，对章太炎政治实践、思想学术的各个时期和各个侧面，都有较为系统和深入的研究。1986年，中国史学会、杭州大学等14个单位联合发起并举办“章太炎逝世50周年纪念会暨学术讨论会”，来自海内外的100多名学者在热烈的气氛中缅怀先贤、争鸣学术，对章太炎的生平和思想进行了广泛的交流和讨论，取得了较大的突破。近十余年章太炎研究的进展主要表现在资料整理、专著出版和问题探讨三个方面，兹述如下：

资料整理方面。章太炎一生留下大量著作、政论、函电等文稿，这些著述旧时多有刊印，如他本人手定的《章氏丛书》及其门人弟子辑录的续编、三编等，坊间也流传各种“文钞”“尺牍”等，但都不完备。上海人民出版社从1982年起陆续出版新编的《章太炎全集》，至1986年已出版六册，所收文集已超过原有的《章氏丛书》三编。中华书局1977年出版了《章太炎政论选集》，所录以章太炎在中日甲午战争以后至1936年逝世前的政论为主，兼及带有政治主张的演说辞、宣言、通电、启事、书札、诗文、传记等，为研究章太炎的政治思想提供了基本资料。北京师范大学出版社1982年影印出版《章炳麟论学集》，该书系章太炎与吴承仕自1911年至1936年的来往书信集，反映了章太炎的治学态度和方法。上海古籍出版社1985年影印出版了《章太炎先生家书》，收集1913年8

月至1916年6月之间章太炎家书手迹84种，从一个侧面反映了“二次革命”、“云南起义”及章太炎为袁世凯羁禁于北京时期的思想。此外，还有齐鲁书社1982年出版《章太炎自写诗稿》，上海人民出版社1981年出版《章太炎选集》。

学术专著方面。1978年以前仅有朱仲玉的《章太炎》（三联书店，1963年），近十年来一批分量扎实、具有较高学术价值的研究论著陆续推出。传记方面有熊月之著《章太炎》（上海人民出版社，1982年）、王有为著《章太炎传》（广东人民出版社，1984年）。年谱方面有汤志钧编撰《章太炎年谱长编》（中华书局，1979年》和《章太炎年谱长编补》（《文史》第18辑），为研究章太炎的生平和思想脉络提供了丰富而有根据的史料和索引。思想研究方面有姜义华著《章太炎思想研究》（上海人民出版社，1985年），它是作者20多年呕心沥血研究章太炎思想的结晶。著者力求结合中国近代社会环境的变革和章太炎本人的政治实践，系统地剖析章氏的思想，又透过章氏的思想认识中国社会，这使该书具有一定的理论深度，可以说这是一部具有较高学术价值的研究专著。唐文权、罗福惠合著《章太炎思想研究》（华中师范大学出版社，1986年），与以往有关章太炎思想的研究大多侧重于政治思想方面不同，力图比较全面、客观地考察章氏完整的思想体系，它分析了章太炎思想产生的时代与地域背景、前期的西学汲引、经济思想、政治学说、认识论、宗教观、佛学思想、道德学说、经学、史学、诸子学及其对历代学术的初步总结等，堪称同类著作中的一部力作。此外，李润苍著《论章太炎》（四川人民出版社，1985年）对章太炎的阶级特征、经济思想、民族主义、国粹主义亦有较深入的研究。何成轩著《章炳麟的哲学思想》（湖北人民出版社，1987年）将章太炎哲学思想以1903年为界，段分为前后两期。前期为机械唯物主义，以后逐渐向唯心主义转变，并最终建立了其唯心主义的体系。该书以此为线索，深入探讨章太炎前期哲学思想、唯物主义哲学体系向唯心主义转变的原因。

在问题探讨方面，章太炎与辛亥革命的关系仍旧是人们讨论的热点。有的学者继续对章太炎政治思想的阶级属性提出不同看法，认为辛亥革命时期的章太炎是城市小资产阶级（包括富裕农民）的政治代表[①]。这表现在政治上，章太炎对中国实行议会制持偏激的否定态度，称议会是"高货兼并之家"所控制的机张；主张宪法由通晓法律的知识分子制定，以避免国家大权为大资产阶级所把持。在经济上，章太炎着眼于保护小资产阶级的利益，限制大地主大资产阶级的剥削。在社会理想上，章太炎在《社会通诠商兑》一文中所描述的幸福社会是一个工作自由、经商自由、耕种自由、以个体手工劳动为基础的小资产者的社会。对于辛亥革命时期章太炎的民族主义思想，过去一般认定其内涵是"排满复汉"，带有狭隘的大汉族主义色彩。有的论者对此提出商榷，认为章氏的民族主义在辛亥革命前虽具"排满"的倾向，但这并不是基于传统的

① 林庆元：《章太炎是小资产阶级思想家》，《历史研究》1955年第4期。

“夷夏之辨”，而是出于对清军入关的屠城掠地的痛恨，形为“反满”，实为反封；辛亥革命后，他的民族主义由反满转为反对投降卖国，反对君主专制，反对民族压迫，这些内涵不尽相同的要求联系起来，达到了当时的先进水平。至于章太炎民族主义思想形成的时间，有的论者认为，1897—1900年间，章氏虽有变法改制言论，但已提出“光复”和“逐满”，其民族主义思想渊源于《春秋》“夷夏之辨严于君臣”的大义，萌发自对亡明痛史的潜研过程，至第二次东渡日本前已完成反清立场转变。有的论者则认为，在1897—1900年间，章的民族主义尚未具有“排满”的内容，只是在变法失败的刺激和义和团运动的推动下，并经历1899—1901年两次东渡日本才逐步确立了其排满的立场。

关于章太炎与孙中山的离合关系，唐振常在《论章太炎》[①]一文中认为，章太炎参加同盟会时，便和孙中山搞摩擦，闹分裂，大反孙中山，对孙中山所进行的革命工作起了很大的破坏性作用。武昌起义后，章太炎提出“革命军兴，革命党消”的错误口号，要求解散同盟会，进而献媚袁世凯，逼孙中山下台；孙中山改组国民党，实行三大政策后，章对之更是恨之入骨，章太炎可谓一贯反孙。汤志钧在《章太炎与孙中山》[②]一文中不同意上述看法，认为章太炎与孙中山“定交”后，他们共同商讨“开国的典章制度”和中国的土地赋税以至

① 见《历史研究》1978年第1期。

② 见《社会科学战线》1978年第2期。

建都”等问题。章在孙的赞助下，准备在东京举行“支那亡国二百四十二年纪念会”，反对清朝统治。章在《民报》上发表的政论，基本上是宣扬同盟会的革命纲领，《民报》封禁前后，章孙关系才起了变化，章因《民报》的经费和续刊问题与孙意见不合，终至破裂。武昌起义后，章孙之间在处理同盟会和建都问题上意见相左，两人的矛盾随之进一步加深。章对袁世凯的幻想破灭后，又与孙中山契合赞成护法运动。五四运动后，章对孙大肆攻击。孙中山逝世后，章参与商讨治丧事宜，所献挽联虽有微词，但在《祭孙公文》中又对之称誉，并未“余恨犹在”。章与孙的关系经历了从开始追随，到“中途弃捐”，到渐告叛离的过程。

章太炎的思想研究以前注重于政治思想方面，近年来人们的视点开始转向哲学、史学、佛学、经学、逻辑学等其他方面，力图从更为广阔的文化思想视角，对章太炎思想给予透视。章太炎的思想构成十分驳杂，其特点如何把握？有的论者认为，章太炎的思想取向是双向二元、多维流转，它的内在构成依次积淀古文经学、西学、佛学、老庄思想和儒学五个层次，维新与革命是先后交替的两面旗帜，前者是反封建启蒙，后者是反资本主义启蒙。有的论者则认为，五层次说法仅从时间上划分，不足以全面概括章氏的思想内容和构成，他的思想有明流与暗流之分，即使在明流上西学占统治地位时仍存在传统儒学的暗流。他晚年提倡国粹，不但谈不上思想“倒退”“复归”，反而说明其儒学思想得到进一步发展。至于两个启蒙，承认其反封建启蒙，对其反资本主义启蒙持质疑态度。[①]

章太炎作为近代哲学的开路人，建立了一套与传统既相联又不同的哲学体系。如何评估章氏的哲学思想？有的论者认为，章的哲学思想以1906年为界，大体经历了《訄书》为代表的唯物主义向以“唯识”为基础的唯心主义转化过程。促使他变化的原因既与中国传统文化的落后有关，也与他个人治学的经历相关，而他在上海租界牢狱中对佛经的研究是产生这一转变的关键。这时，章在政治上仍坚持民族民主革命立场，故说他的哲学思想与政治思想同步退化似嫌不妥。有的论者在认定章太炎哲学经历了唯物主义向唯心主义这个大转化的同时，还认为他在辛亥革命前小有变化，这就是他以佛解庄，以庄证孔，实以老庄相对主义注入佛学唯心主义，辛亥以后，章又从解佛回到儒学。对于章太炎的佛教哲学，过去人们把他信奉佛学唯识宗，并把它与老庄思想联系起来，看成是消极颓唐、虚无主义的典型。近来有论者对此提出不同意见，他们肯定章太炎以佛解庄、庄佛一体的思想是积极进步的，认为他建立的无神宗教，尽管在理论上并不科学，但主观上也非消极遁世，他是把佛学作为反对帝国主义精神侵略、激励革命斗志的一种武器。至于章大炎所宣传的新宗教实际上是经过理论改造的佛教哲学，它具有反帝反封建的革命内容，说不上是回避现实的虚无主义。

① 余丽芬：《纪念章太炎逝世五十周年学术讨论会综述》，《杭州大学学报》1986年第3期。

章太炎在近代史学方面占有重要地位，对他的史学观历来争讼不已。有的认为他赞同“六经皆史”说；有的认为他是主张经史相通，“通史致用”是其史学思想的核心；还有的认为，即使“六经皆史”为章太炎所倡，也不应简单归之为进步思想，要加以具体分析，因同一提法其内涵和意义在章太炎早期和晚期是截然不同的。至于史学和经学何者在章太炎学术建构中占主导地位，一种意见认为，章太炎历来主张经史并用，其史学与经学并重；另一种意见则认为，章氏史学的地位高于经学，他的经学、小学虽皆卓然成家，然莫不以史学为归依。

章太炎的历史贡献主要是在辛亥革命前后，故人们对他晚年的思想一向忽视，甚至全盘否定。有的论者不同意长久以来流行的关于章太炎晚年思想“倒退颓唐”说，提出“经世济民”说[①]。他们认为鲁迅逝世前一周写下的《关于太炎先生二三事》一文，有些评语可能缺乏斟酌，故不能完全依据权威意见对历史人物作出价值判断：章太炎20世纪20年代主张“联省自治”是当时众多学者的公意，并非他个人独倡；他晚年虽屡言“反赤”，但并不反对把共产主义作为一种学理加以研究；他基于中国病因在于道德文化的认识，并未偏离早期救治时弊的学术宗旨；他关心国家政治，憎恨蒋介石，探求经世济民之途。章太炎晚年虽不如辛亥革命时期那样叱咤风云，扮演历史的主角，但也绝没有成为一个“退居于宁静的学者”。有

① 《如何评价章太炎》，《文汇报》，1956年7月22日。

的论者还提出“读经治史，保存国性”说[①]，认为章太炎晚年未必陷入思想上颓唐，学术上僵化的境地；他主张读经，是由于相信中国的病因在于道德文化，希望通过读经治史，保存国粹；他晚年所论述的唐代为何轻经学又用经学的矛盾，宋儒重礼教而明儒不讲礼教的差异以及从学派和学说的角度对国学发展历史的考察，都是他中年以前没有说过或语焉不详的新见解。

章太炎是中国新旧文化交接点上的一位思想巨匠，在中国近代文化史上起有承上启下、继往开来的作用，他的文化观展现了传统文化现代化的端倪。这是人们对章太炎的共同看法。但在具体分析章太炎的文化观时，人们的看法又殊不一致。有的论者认为，章太炎基于对中国文化断裂的“危机意识”，对传统文化作了历史主义的重估，为新的文化搭建了理性主义的架构，他对传统文化与西方文化的双重反省，有助于寻觅中国传统文化走向现代化的特殊道路。他同时开启了两道闸门：一是激烈批判传统文化的闸门，一是怀疑、批评乃至摒弃西方近代文化特别是西方资本主义价值取向、行为模式的闸门。但章氏本人在这一历史过程中无法自控，反而从文化革新走向了文化保守主义。有的论者不赞成将章太炎归纳为一位“文化保守主义者”[②]，认为他的文化观是基于“文化多元论”而强调一国文化的特殊性即“国性”，不宜斥之为“守

① 朱维铮：《关于晚年章太炎》，《复旦学报》1986年第5期。

② 姜义华：《章太炎与中国文化的新旧擅替》，《文汇报》，1989年7月22日。

旧”或“泥古”。他们指出，在寻求本民族文化独立自强的过程中，章太炎形成了自己独特的中西文化观，它既有别于中体西用式的保守，又有别于康有为式的浪漫，还不同于《新世纪》派的民族虚无主义。他对近代文化体系的构造以尊崇国学、重视西学为原则，虽然粗糙，却是开拓性的。[①]

章太炎的国家学说因与孙中山的理论存在距离，又与新思潮方向发生冲突，过去一直被人们否定。近年来有人对此提出质疑，认为章氏国家学说以否定代议制为起点，以消灭国家进入“五无”境界作为终极目标，以民选总统、四权分立、临时集议为创建国家的现实方向，虽带有乌托邦的色彩，但它把矛头指向封建专制，传播了民主共和的思想，以其爱国性和创造性奠定了章太炎作为近代国家学说史上杰出思想家的地位。[②]

人性论在很长一段时间横遭批判，对人性论的研究自然也就被视为禁区。随着拨乱反正的进行，对人性论的探讨也成为学术自由的象征。章太炎的人性论学说开始受到人们的关注，姜义华在《章太炎的人性论与近代中国人本主义的命运》[③]一文中系统考察了这一课题，分析了章太炎从社会环境人性决定论到以人的自然存在为前提的现代型批判人文主义的

---

① 余丽芬：《纪念章太炎逝世五十周年学术讨论会综述》，《杭州大学学报》1986年第3期。

② 余丽芬：《纪念章太炎逝世五十周年学术讨论会综述》，《杭州大学学报》1986年第3期。

③ 见《复旦学报》1985年第3期。

演变过程。他认为章太炎在《辨性》这部具有总结性的人性论专门著作中，明确区分了人的自然属性与社会属性，并对这两种属性形成的不同基础、不同条件作了说明，在我国近代人文主义思潮中独树一帜，高出同侪。

综上所述，20世纪70年代末期以后，章太炎研究无论是在资料整理，还是在专题研究的深度和广度上都取得了较大的进展，可谓硕果累累、成绩斐然。但是，这并不意味着章太炎研究已达到饱和程度，恰恰相反，随着研究的不断深入，现有研究成果所暴露的问题和新发现的研究课题仍有待人们去解决。现有研究成果多数集中在对章太炎思想，特别是其社会政治思想的横向评述，缺少分阶段的深入解剖；对于章太炎的文化思想，尤其是经学思想、古文字研究、学术思想、佛学思想等尚欠深入的专门性探讨。章太炎一生不仅以文化学术闻名于世，且以政治活动繁多、社会关系复杂而活跃于当时的历史舞台。对于章太炎与各种社会政治集团的瓜葛，包括孙中山领导的同盟会、袁世凯政权、西南军阀、北洋军阀、蒋介石政权，还有章太炎与所处时代历次重大社会运动的关系，仍急需人们做更为细致的研究。而章太炎与同时代许多文化人物的历史关系及其比较研究，如康有为、蔡元培、鲁迅、钱玄同、胡适等，还有待具体、全面的探讨。

（原载《求索》1991年第4期，《新华文摘》1991年第10期转载）

学术史研究的人文情怀

北京大学出版社推出的陈平原著“学术史三部曲”《中国现代学术之建立》（1998年）、《作为学术的文学史》（2011年初版，2016年增订）、《现代中国的述学文体》（2020年）是其近20多年来潜心学术史研究的成果，其行进路线在我看来是从学术史到文学史，再到学术史与文学史结合之路，有一点正、反、合的味道。除了自著的这三种著作外，他为推动学术史研究还做了大量组织工作，如主编《二十世纪中国人的精神生活》（贵州教育出版社，2000—2007年）、“学术史丛书”（北京大学出版社，1998年至今）、“20世纪中国学术文存丛书”（湖北教育出版社，2002—2008年），主编《学人》《现代中国》《文学史研究》三个同人刊物，组建北京大学二十世纪中国文化研究中心等。我因参与二十世纪中国文化研究中心工作，担任《现代中国》编委，对他在此过程中所付出的劳作和个中甘苦多少有所了解。与在座的其他学者都来自中文专业不同，我来自历史学，所以我想从历史学的角度谈谈自己的一管之见。

中国自古即有修治学术史的传统，有关学术史的著述种类繁多、体例不一。近人梁启超著《论中国学术思想变迁之大势》《清代学术概论》《中国近三百年学术史》，章太炎著《国故论衡》，钱穆著《中国近三百年学术史》，胡适撰《清代学者的治学方法》，对象均为学术史，然对何谓学术史似无定见。近人的学术史研究与思想史、文化史研究常常混用，并无严格界限。从平原兄的这三种著作可以看出，他大致已形成自己的一套学术史研究思路，对学术史别有见解："学术史的主要功用，还不在于在对具体学人或著作的褒贬抑扬，而是通过'分源别流'，让后学了解一代学术发展的脉络和走向；通过描述学术进程的连续性，让后来者尽快进入某一学术传统，免去许多暗中摸索的工夫。这不只是一项研究的课题，更是一种自我训练，在探讨前辈学人的学术足迹及功过得失时，其实也是在选择某种学术传统和学术规范，关键是在研究过程中，亲手触摸那个被称为'学术传统'的东西，有过感觉和没这个感觉就是不一样。具体的知识和技能可以讲授，而这种学术境界只能自己去感受和领悟。治学不只是求知，不只是择业，更体现为一种人生选择和人生价值追求。"按照这一看法，他的著作不是取平铺直叙式的通史写法，也不是一个个人物的"学案"估衡，而主要是以问题为中心。其所设置的问题，举凡求是与致用、官学与私学、学术与政治、专家与通人等，都是关系现代学术之建立及其走向的关键问题，也是他所关心的学术传统这条血脉。这种看法比起仅仅从技术上把握学术规范、学术技艺似更具深层意义。实际上，我们这一代之所以学术规范意识薄弱，很大程度上不仅是学力不够，更是缺乏学术上的“师承”关系，也就是无学术传统可言，缺乏学术的“根柢”。20世纪80年代以来，中国学术界之所以从反省“文革”，到反思50年代以来建造的意识形态，再回到五四启蒙传统；从反省五四新文化运动的主流选择，到重新认识非主流的思路，再到开掘中国传统人文资源；为的就是寻找中国学术的“根”，发掘和构建民族文化的伟大传统。

平原兄的这三部著作（也可能是他的所有著作）都有一个共同特点，就是文字畅达、才情横溢，他的导师王瑶先生当年即有此见。我不能不承认，相对于历史学专业的学人来说，中文专业的学人在文字表达上占有天然的优势。历史学者长于材料搜集、史料梳理，但在文字表达上可能就比较“拙”。中国学人自古就讲求“言之无文，行而不远”，讲究文字的修炼。而在中文专业，平原兄的文字功夫又非一般人所能及，他的确是“最能写、最会写”的文章高手。这一点甚至影响到他的学生，我读过他的几位学生，如王风、秦燕春、彭春凌的论文，发现他的学生在文字表达方面也有同龄人所不及的优长，文章给人以精致之感。能写得一手好文字，这是一种本事，这是长久有心训练得来的功夫。平原兄有一句名言在网上流传甚广：人生一辈子的发展取决于语文。他还说，你的阅读、写作和表达能力，必定影响着你的发展。这应是他的心得，也是他的座右铭。

平原兄学力深厚、打通文史、贯通古今，这是他能进入学术史研究领域的基础，也是从事这项研究的必备功夫。因为学术史研究，相对于单一的文学史或史学史来说，边界要相对模糊，近代的一些学术大家，如章太炎、梁启超、王国维、胡适、陈寅恪，都是纵横捭阖、有张有弛、文史皆通的大家，研究这些人物可从单纯的文学史、史学史角度去研究，但有些问题，如学术与政治的关系、为学与撰文的关系、求是与致用的关系，似乎又不限于此。学术史研究可以泛用，也可能走向专深，但对研究者的“博学”要求却又似乎高于专门之学，从平原兄三著所列参考书目和引述的论著，可以看出他的阅读兴趣广泛，阅读量很大，他的征引，大多不是靠检索工具所获，而是通过自己的阅读所得。正因为如此，他的著作渗透了人文情怀，有着依靠科学工具检索不曾有的那种人文情趣。

我与平原兄在学术上有着一些共同爱好，我们都从事五四新文化运动史研究，都对胡适有着相当的偏爱，都对学术史研究有探求的浓烈兴趣，在京城虽为异乡人，但都喜好玩“京味”“京派”的北京学研究。但与他相比，我感到自己动作要慢，著作的速度相对迟缓，好在两人处在不同的专业，研究视角因而不致重合。

《中国现代学术之建立》初版后，我曾写过一篇书评发表在香港《二十一世纪》予以推介。当时进入学术史这一领域的学人，多关注的还是学术与政治的关系、学术规范的建立这方面的问题。《中国现代学术之建立》一著的前六章都与此有关。研究学术史研究可从两方面入手：一是研究学术内部的问题，如老（子）学史、经学史、红学史、小学史等专门的学术问题。该书的第五章“作为新范式的学术研究”、第六章“关于经学、子学方法之争”大概可归于这类问题。平原兄比较关注发掘传统人文资源的现代意义，对西学霸权保持相当的警惕，对现代性维度似乎给人保持距离之感。一是研究学术与其他层面的关系，如学术与社会、学术与政治、学术与市场等，这或可称为学术社会学、学术政治学、学术经济学。20世纪中国学术的一个突出特点是：学术的外部矛盾极为激烈，因此，学术与政治、学术与社会、学术与经济等外部关系也就比较复杂。如何处理学术与这些层面的关系也成为人文学者特别敏感而又十分辣手的问题。此书花了相当篇幅来讨论这些问题，其意在凸显学术独立的品格、弘扬学术独立的精神。《中国现代学术之建立》出版已有20余年，所涉两个主角章太炎、胡适的研究已有长足发展，中国现代学术史研究的许多问题，如学术体制、学术机构、学术评价机制、学术个案研究等都有了新的大量研究，回头来看，此书之倡导、初创之功尤不可没。

《作为学科的文学史》非我所长，在此我就不加以评论。《现代中国的述学文体》是一个富有价值且有一定空间的题材，在我看来更具创新意义。此书八章，第一章“以引经据典”为中心讨论现代中国述学文体，讨论引语诸例：明引与暗引、正引与反引、全引与略引。第二、三章讨论作为著述体的“演讲”及其与白话文的关系。后五章分别以蔡元培、章太炎、梁启超、鲁迅、胡适为个案，这五位大师级名家文字功底深厚，表现风格各异，他们不仅以思想引领一个时代，转移时代之风气，而且以文章影响千万追随者。梁启超是典型的范例，少年胡适、青年毛泽东读了《新民说》之后，都被梁氏文章那“魔力一般的文字”所感染，深受其影响。章太炎先生对鲁迅的影响也不小，从文体到文风到遣词造句，鲁迅都遗留有乃师影响的痕迹。展现这些大师丰富多彩、风格多元的文体表达方式，似乎对时下日益单一化的学术文体和被规训化、体制化的论文写作程式是一个明确的提醒：要谋求学术创新，离不开新颖、多元的表达形式，单一的学术制作势必窒碍学术的生机，人文研究领域尤其如此。作者论述这些问题，引经据典，顺手拈来，有不少自己的发现，给人以启迪和解惑之快。

平原兄对章太炎似有所偏好。从《中国现代学术之建立》一书即可窥见这一点，该书第二章讨论章太炎对官学与私学的态度。他认为，章太炎终其一生基本上是一个在野的思想家，对官场始终没有好感，对朝廷兴学的诚意及效果抱怀疑态度，对“暴政”与“利禄”对学术的双重摧残有深刻的体会，故对康、梁将振兴学术的希望完全系于朝廷的自新很不以为然。章氏对二千年来的私学传统十分推崇，以为就学术贡献而言，私学在官学之上。章太炎的“学在民间”要求不仅仅是出于反清的考虑，而是在总结中外历史所得的一个结论，是对“学术独立”的一种诉求。这些看法自有其依存的理据。但我总觉得，章太炎对近代大学成见太深，他拒绝北京大学、清华大学国学院的聘请，这是他的失策，也是他的损失。大学并非“官学”，在野也不一定就是“私学”，近代意义的官私之分与传统意义上的官私之别，还是有一定区隔。近代大学有其制度的规定和限度，近代大学有国立、公立、私立、教会办之别，其属性并不单一，即使在国立大学，像蔡元培、胡适这样的教育家，对“教育独立”有执着的追求，北京大学、清华大学和西南联大的教师也保有学术自由的空间。私立学校如上海的中国公学、北京的中国大学，背后反而有党派的支撑。因此所谓“公”“私”之分不可简单以名定性，而要究其实质。章太炎不愿接受大学制度的约束，对他的学术视野和创造动力都是一个极大的限制。梁启超、王国维在晚年，学术追求步入新的境界，与他们晚年在北大、清华的经历密切相关，章太炎“自我放逐”于现代大学体制之外，对他的学术进境当然构成极大的制约。20世纪二三十年代，章氏给人落伍之感，鲁迅先生甚至讽刺他晚年“拉倒车”，与这一选择多少有些关系。平原兄在最近十多年间，一度投身研究中国大学或中国大学史，我想他对这一问题的看法可能会有新的体认。惜我还未及通读他后来研究大学方面的著作，只能据前面的文本表达自己的一得之见。

胡适在《五十年来中国之文学》中评及章太炎时说：“章炳麟是清代学术史的押阵大将，但他又是一个文学家。他的《国故论衡》《检论》，都是古文学的上等作品。这五十年中著书的人没有一个像他那样精心结构的；不但这五十年，其实我们可以说这两千年中只有七八部精心结构，可以称做

'著作'的书，如《文心雕龙》《史通》《文史通义》等，其余的只是结集，只是语录，只是稿本，但不是著作。章炳麟的《国故论衡》要算是这七八部之中的一部了。他的古文学工夫很深，他又是很富于思想与组织力的，故他的著作在内容与形式两方面都能'成一家言'。"（收入《胡适文存》二集卷二）在长达两千年的历史中"只有七八部精心结构，可以称做'著作'的书"，可见胡适对"著作"的要求悬得甚高，在文字表达之外，他似乎特别看重"精心结构""成一家之言"。今天我们受自然科学研究风气的影响，似乎更看重论文，而对专著，尤其是那些通论性的著作并不怎么看好。论文以深究问题见长，只求深入，不在乎系统、全面，平原兄三著的每一章都曾以论文的形式发表，这样做自然有助于探讨的深入。著作讲究结构严谨、逻辑严密、系统呈现，在结构、逻辑、系统的背后往往还要求有理论支撑或理论建构，胡适之所谓"精心结构"的意旨大体如此。如果在成书时，再作一些加工，使其内在结构更为紧密，更具系统性，自然就更上一层楼了。

（原载《探索与争鸣》2020年第12期）

卷 三
湘学寻踪

梁启超笔下的谭嗣同

康有为、梁启超、严复、谭嗣同是戊戌维新运动中涌现出来的历史人物，也是世所公认的维新派主要代表。从思想史的意义来看，过去常有史家认为谭嗣同的价值在梁启超之上，至少在戊戌维新时期可作如是观。梁启超后来的知名度和影响力虽然很大，但他是以传播、发挥康有为的思想为主，谭嗣同有其独创意义的思想。侯外庐先生的《中国近代启蒙思想史》、冯友兰先生的《中国哲学史新编》（第六册）都设专章探讨谭嗣同的启蒙思想或哲学思想，而没有梁任公，就反映了这样一种看法。谭嗣同是一位颇具个性的维新思想家，他毅然以“流血变法”启迪后人，这是他留在历史上光彩夺目的不朽篇章。如果没有谭嗣同在菜市口演出壮怀激烈的那一幕，戊戌变法简直就是一个作鸟兽散的结局，有了谭氏英勇献身的悲壮场面，具有近代意义的中国变革运动就有了一个真正的开始。可见，谭嗣同是以自己的生命对变法精神做了全新的诠释，他在中国近代史上的确具有特殊的历史地位。

谭嗣同是1865年3月10日诞生于北京宣武城南，1898年9月28日在北京菜市口英勇就义。他生命的起点是在北京，最后牺牲也是在北京，但人们对此并不太在意。而是按照传统的籍贯说法，称呼他为“谭浏阳”，实际上他一生的行迹在湖南为时甚短，他一生浪迹天涯、行踪不定，真正闪光点却是他在时务学堂讲学的那一段时间（1897—1898年）。

谈起戊戌变法的历史叙事，我们首先会想到梁启超的《戊戌政变记》，这本书分“改革实情”“废上始末记”“政变前记”“政变正史”“殉难六烈士传”五篇，对戊戌变法的历史过程作了最初的历史总结。该书有两个版本：一个是1899年横滨《清议报》的九卷本；一个是1907年以后出版的八卷本，《饮冰室合集》专集用的就是这个版本，因为后出，这也许是梁氏的定本。《戊戌政变记》可以说是叙说戊戌变法史的一个母本，以后对戊戌变法史的历史叙事都不脱此著的窠臼。

《戊戌政变记》中有两篇与谭嗣同密切相关：一篇是附录二《湖南广东情形》，一篇是《谭嗣同传》。梁启超是广东人，来湖南担任过时务学堂总教习，谭嗣同是教习，他俩存有同事、同志的密切之谊。梁启超对湖广的风俗民情知之甚深，感情弥笃。他在《湖南广东情形》一文中论及近代湖南新旧两派对立时有一段名言：“湖南以守旧闻于天下，然中国首讲西学者，为魏源氏、郭嵩焘氏、曾纪泽氏，皆湖南人，故湖南实维新之区也；发逆之役（指太平天国运动），湘军成大功，故嚣张之气渐生，而仇洋人之风已起。虽然，他省无真守旧之人，亦无真维新之人；湖南则真守旧之人固多，而真维新之人亦不少。此所以异于他省也。”[①]戊戌变法时期的湖南新旧两派极端对立，应是他的切身体会。旧派以叶德辉、王先谦为代表，新派则以谭嗣同为急先锋，双方之矛盾势同水火。梁启超是维新派，他的看法当然是预设立场的。实际上，王先谦1896年创办宝善成机器制造公司，1897年1月时务学堂呈报立报时，王还是领衔提倡者，说他是守旧派或是顽固保守派并不太公允，旧派并不乏新思想。如果细究所谓新旧两派的思想，其实都是以传统为底色。传统既可成为守旧的藩篱，也可演变进化为维新的动力。谭嗣同的思想演变是传统思想向“维新”转化的一个实例。谭嗣同思想中讲求“仁学”、坚守“志节”，体现了传统思想在近代演进中鲜活的生命力。梁启超以新旧两派对立的观点评价康党与王先谦为代表的地方士绅之间的矛盾，很大程度上是为了获取话语权的优势，将论敌置于负面的境地。梁启超的《湖南广东情形》对后来的湖南维新运动研究可以说起了提纲挈领的作用。今天我们应该如何叙说湖南维新运动的历史，或者扩而言之整个戊戌维新运动的历史，除了像黄彰健、孔祥吉、茅海建那样在史实上下扎实功夫外，在观念上还需根据实证研究的新发现做出新的调整，其中

---

① 梁启超：《饮冰室合集》专集第1册，中华书局，1989年，第130页。

可能下手的地方就是摆脱梁氏的叙事模式。

1985年，业师林增平先生为李喜所撰写的《谭嗣同评传》作序时就表示："给谭嗣同写传记和进行评论，已是起点很高的话题。"如果翻阅贾维后来撰写的《谭嗣同研究著作述要》（湖南大学出版社，2010年），对谭嗣同研究已达到的高度和饱和程度就会有新的体认。研讨谭嗣同的著作已是汗牛充栋，研究的起点也许要追溯到梁启超的《谭嗣同传》。

梁启超的《谭嗣同传》最初是1899年1月22日发表在《清议报》第四册。这篇文字可以说是塑造谭氏形象的一个经典文本。后来流传的谭氏生平事迹、个性偏好、烈士逸事都是出自这部小传。如谈到谭早年的生活、性情："少倜傥有大志，淹通群籍，能文章，好任侠，善剑术。"如称赞谭在湖南传播新学所发挥的先锋作用："自甲午战事后，益发愤提倡新学，首在浏阳设一学会，集同志讲求磨砺，实为湖南全省新学之起点焉。"如回忆他俩结识的经过："余方在京师强学会任记纂之役，始与君相见，语以南海讲学之宗旨，经世之条理，则感动大喜跃，自称私淑弟子，自是学识日进。"如评价谭在湖南新政中的功劳："于时君为学长，任演说之事。每会集者千数百人。君慷慨论天下事，闻者无不感动。故湖南全省风气大开，君之功居多。"如对八月初三晚，谭"径造袁所寓之法华寺"，与袁世凯深夜作长时间对话，这段文字在传中写得最为传神、生动，它对袁世凯极具杀伤力。后来这个故事演变成袁世凯违背谭约，向荣禄告密，出卖光绪帝和维新派。现在有的历史学者经考证，认为袁世凯即使告密，时间也在慈禧与荣禄已做出政变决定之后，对政变决定并未起诱导的作用。最有意思的是，谭嗣同与梁启超临别时交代："不有行者，无以图将来；不有死者，无以酬圣主。今南海之生死未可卜，程婴杵臼，月照西乡，吾与足下分任之。"这算是遗托。还有谭不愿去日本大使馆躲避追捕说的那席话："各国变法，无不从流血而成，今日中国未闻有因变法而流血者，此国之所以不昌也。有之，请自嗣同始！"谭被捕下狱后在狱壁中题诗："望门投止思张俭，忍死须臾待杜根。我自横刀向天笑，去留肝胆两昆仑。"这是大家熟知的谭嗣同遗诗。这些后来长久流传有关谭氏的故事，实际上都是出自梁启超的手笔，梁氏着意创造一个变法烈士的英雄形象，以鼓励他的同志。

梁启超这篇传记文学虚构的成分不少。在《谭嗣同传》的最后，梁启超强调谭嗣同怀抱大乘"悲智双修"的佛法与孔儒"舍生取义"的献身精神。"世界之外无净土，众生之外无我；故惟有舍身以救众生。佛说：'我不入地狱，谁入地狱？'""孔子治《春秋》，为大同小康之制，千条万绪，皆为世界也，为众生也。"佛儒两者的结合，造就了谭氏的烈士精神。"故孔子言不忧不惑不惧，佛言大无畏，盖即仁即智即勇焉。通乎此者，则游行自在，可以出生，可以入死；可以仁，可以救众生。"可以说，这是对谭氏牺牲做了最初，也是最贴切的解释。

梁启超一生写了不少人物的传记，如《李鸿章传》《康有为传》，虽然在当时也产生了一些影响，但后来逐渐为人们淡化，甚至遗忘。只有《谭嗣同传》一直被奉为经典。其中的意义，就是他塑造了谭氏作为一个英雄烈士的鲜活形象。

从历史的角度去解析，梁启超所塑造的谭嗣同烈士形象，明显受制于三个因素：一是他本人作为维新派与保皇党人的双重身份。他将谭嗣同定位为维新志士和保皇党人，强调谭氏的献身精神，当然是寓含激励维新，推动新政，为光绪帝保驾护航之意。二是他作为康有为的学生和追随者，有意称谭为康的“私淑弟子”和《仁学》为发挥康有为学说。《仁学》最初是在《清议报》上刊载，文前有梁启超的序，这篇序值得注意的是：特别强调谭是康有为的弟子，谭的《仁学》是发挥康有为的思想主张。“《仁学》何为而作也，将以光大南海之宗旨，会通世界圣哲之心法，以救全世界之众生也。南海之教学者曰：‘以求仁为宗旨，以大同为条理，以救中国为下手，以杀身破家为究竟。’《仁学》者，即发挥此语之书也。而烈士者，即实行此语之人也。”三是维新派对袁世凯的忌恨与试图离间清廷与袁的关系。他长篇讲述八月初三夜晚谭造访袁世凯的故事，即寓此意。梁启超的《谭嗣同传》所提供的材料可以说成为后来各种谭氏传记的原形。

“变法”“维新”古已有之。历史上我们熟知的有商鞅变法、王安石变法、张居正变法。戊戌变法是一批具有传统背景而又倾向改革、对西学抱有热情态度的士人发起并领导的运动，它不同于传统意义的“变法”，它具有近代“维新”的意义。这个“维新”主要是要求在中国发展资本主义、走现代化之路。“变法”“维新”的自我定位表现了运动的两面性：与传统相承继的一面和追求改革、维新的一面。在这场运动中担负领导角色的康有为、梁启超、谭嗣同受过良好的传统教育，按照传统儒家的道德理想来要求和塑造自己。他们对新输入的西学知识孜孜以求，但与对传统功名的追求相比，追求西学于他们又处在次要的地位，这反映了当时流行的“中体西用”模式和传统科举制度对他们的限制。

在革命话语中，戊戌变法一度被定性为一场资产阶级的改良运动，变法的失败被视为是改良主义道路在中国走不通的证明。从当时历史的情形看，“维新”作为进步改革士人的诉求引发了巨大的思想解放浪潮，“变法”并非改良，而是具有相当浓厚的激进色彩。改良是与革命并行的选择，在近代意义的革命尚未走上历史舞台之前，“维新”“变法”是历史发展所必须经历的一个阶梯。维新遭遇的阻拦，唤起改革者更大的反抗，这就是后来革命的起源。从甲午战争结束到1927年大革命，这是中国近代社会急速转变、极不稳定的时期，戊戌维新可谓这一历史大转型的开端。梁启超说：“谭浏阳志节、学行和思想，为我中国二十世纪开幕第一人。”20世纪是一个革命性的世纪。谭嗣同的思想实际上成为革命派、革命党人继承的遗产，其因也在于此。

梁启超晚年作《清代学术概论》，仍不惜篇幅评述谭氏的思想，谭嗣同短暂的一生只活了33个春秋，故梁启超称他为晚清思想界的一颗“彗星”。从他留下的《仁学》遗稿看，他有意构建自己的思想体系，至少是系统清理自己的思想来源。但这一工作因其猝逝，还没达到瓜熟蒂落的成熟地步就中止了。所以，我们只能遗憾地说，谭嗣同的思想是一个伟大的未完成的工程。

如将谭嗣同与其他同时期戊戌维新的领导人，如康有为、梁启超比较，我们可以发现谭氏至少具有两个重要特点：一是他出身权贵之家，属于上层士宦子弟，这与出身中下层的康、梁等人有很大差异。谭周游四方，广结各界朋友，见多识广，谙熟政治内情，这些与他的出身有相当关系。二是1895年以前，谭嗣同的生活区域、交游圈子几乎都在内地。美国学者柯文《在传统与现代性之间——王韬与晚清改革》一书中将中国近代改革人物的产生分为沿海与内地两种类型。显然，康有为、梁启超、严复属于沿海型的改革思想家，他们或出生在珠江三角洲，或生活在东南沿海，比较容易受到外来文化的刺激和影响；而谭嗣同属于内地型的改革思想家，由于接触外界的信息相对有限，他的思想动力和思想资源很大程度上是来自传统。那么，从谭嗣同留下的思想文献看，在他的思想形成过程中，哪些传统思想资源构成他的革新思想来源呢？

一是与湖湘学派相承接的“道德实用理性”。谭嗣同受湖湘学派的古典学者张载、王夫之影响甚大，梁启超称他：“又好王夫之之学，喜谈名理。”张灏先生在《烈士精神与批判意识——谭嗣同的思想分析》一书中曾详细地论证了这一点。张载的道德精神、宇宙意识，王夫之的“实学”“学以致用”以及近代湖湘学派的“经世致用”构成谭氏的传统思想背景。二是墨学的“任侠”和“格致”对他有很大的影响。谭嗣同19岁时开始研读《墨子》，他在《仁学·自叙》中说，“墨有两派：一曰‘任侠’，吾所谓仁也”；“一曰‘格致’，吾所谓学也”。谭嗣同性情豪放、广游四方、喜结义士所表现的正是墨家的“任侠”精神。墨家讲究名学（逻辑），喜讲“格致”，是先秦诸子中最接近科学方法的一家。谭嗣同意识到墨学之“格致”与西学有相通之处，故特别有意发掘。三是大乘佛教的宗教精神。谭嗣同尝游南京，从杨仁山学佛一年（1896—1897年），“自从杨文会闻佛法，其学又一变”。佛教对谭嗣同的思想影响是两面的，一方面是对生死无常、世道淡远的感叹，谭嗣同早年多遭家变，这对他寻求佛教慰藉有一定影响，但佛教给他的更大影响可能是“大无畏”思想。他曾在致欧阳中鹄的信中说：“佛说以无畏为主，已成德者名大无畏，教人也名施无畏，而无畏之源出于慈悲，故为度一切众生故，无不活畏，无恶名畏，无死畏，无地狱恶道畏，乃至无大众威德畏，盖仁之至矣。”①谭嗣同显然赞赏佛教的“大无畏”精神，视之为“仁”的境界。他最终选择“杀身成仁”、为变法献身，与其身所蕴含的宗教精神有关。

梁启超在《清议报》刊登的《谭嗣同传》中极力表现谭氏救众生的献身精神，而在《清代学术概论》强调的是“打破偶像”与“冲决网罗”一面。他说，“仁学内容之精神，大略如是。莫若端倡‘打破偶像’之论，遂启近代科学；嗣同之‘冲决网罗’正其义也”。“其《仁学》所‘冲决网罗者’，全书皆是也，不可悉举”，对谭氏诋骂名教做了积极推

① 谭嗣同：《上欧阳中鹄·十一》，蔡尚思、方行编《谭嗣同集》，中华书局，1998年，第469页。

介。梁启超写作此著正是新文化运动凯歌行进之时，梁启超对谭氏的评价显然是与时俱进，与新文化运动的主流相呼应。

《仁学》是谭嗣同的代表作，写于1896年下半年至1897年上半年之间。全文约五万字，写成后，未出版，在一部分维新志士中流传，保有其稿者有梁启超、唐才常等人，宋恕、章太炎亦接读过此书。谭嗣同在就义前将这部文稿交给梁启超保存，此文1899年始在日本横滨出版的《清议报》发表。同年出版单行本，在思想界引起震撼，今文经学家皮锡瑞1901年得见书后惊为“骇俗之文”。

《仁学》的思想来源，诚如谭嗣同自己交代：“凡为仁学者，于佛书当通《华严》及心宗、相宗之书；于西书当通《新约》及算学、格致、社会学之书；于中国书当通《易》《春秋公羊传》《论语》《孟子》《庄子》《墨子》《史记》，及陶渊明、周茂叔、张横渠、陆子静、王阳明、王船山、黄梨洲之书。”这实际说明《仁学》的思想主要有三大来源：印度的佛教思想，西方的基督教、自然科学和社会学，中国先秦的儒家、道家、墨家、宋明理学。其思想来源可以说十分混杂。

《仁学》讨论的核心概念是仁、以太。孔子把“仁”当作人生追求的最高道德境界和伦理原则，谭嗣同既把“仁”视为世界的本体和本原，又把“仁”当作维新变法的政治伦理观念来理解。“以太”原是17世纪至20世纪初流行于西方自然科学界的物理学名词，指的是弥漫宇宙，无所不在，作为光、热、电、磁的传播媒介的没有重量、弹性极大的物质，后来因为得不到物理学的证明而被否定。谭嗣同借用“以太”这一西方物理学概念，与传统的“仁”相结合，构造自己的哲学体系。“仁为天地万物之源，故唯心，故唯识。”“唯心”把心看成自然界、人类社会和思维活动的主宰与创造力量，看成万物之源；“唯识”是佛教术语，梵文意指一切精神现象或人的内在的心识。“仁以通为第一义，以太也，电也，心力也，皆指出所以通之具。”“通之象为平等”，“通”之义包括中外通、上下通、男女内外通和人我通四义。“夫心力最大者，无不可为。”在谭看来，人力做不到者，心力当能所及，强调主观的战斗性和主观意志的能动性。

《仁学》的思想体系是从孔子的“仁”出发，经过“以太”这个载体，最后归结于人的“心力”，其思想流程为“仁—以太—心力”。学术界对谭嗣同的仁学体系看法不一，有人认为谭氏的这个思想体系是唯心主义的，也有人认为其包含唯物主义的成分。冯友兰先生评价谭嗣同的“仁学”思想时说：“谭嗣同有哲学的天才，但他的仁学是一个在创作中尚未完成的体系。在两种文化接触的初期，有一个互相了解、互相渗透的过程，谭嗣同的仁学是当时这个过程的产物。他企图用中西两种文化互相说明，他所用的方法是‘格义’。当时的人们对于西方文化这个庞然大物的认识各有不同，犹如笑话中所说的瞎子摸象，各有猜测。谭嗣同企图把西方文化的全貌用中国传统哲学的范畴加以说明，这就是‘格义’。格义不免有生搬硬套的地方，这在谭嗣同的仁学中也在所不免，可以说他的仁学是在创作中尚未完成的体系。”①

谭嗣同社会政治思想的最大特色是“冲决网罗”。他以其刚刚接受的自由平等观念为武器，“冲决君主之网罗”，“冲决伦常之网罗”，大胆批判了旧的纲常礼教、名教和君主专制，抨击旧的三纲，其中对“君为臣纲”批判尤烈，否定君权的民主思想可谓呼之欲出。“冲决网罗”思想是谭氏思想中最大胆、最激进的一部分。梁启超称之为“打破偶像”的思想启蒙。然而，这种批判并不是科学的，将中国之落后、社会之黑暗归结为“心劫”，并“以心挽劫”，用慈悲心肠感动帝王，以促其实现自上而下的变革，这是不切实际的幻想。但“冲决网罗”所构造的“仁—通—平等”思想确有其积极意义，它反映了要求自由、民主、平等的要求，对中国的政治革新显然具有推动作用。诚如论者所言：“谭嗣同思想驳杂不纯，言行以激进著称，而间有消极意志。因此，对他的评论，至今还颇有歧异。”②理解、把握谭嗣同的思想确非易事。

从梁启超前后对谭嗣同的评论文字，我们可以看到：梁对谭的精神阐释主要着重两个方面：早期他主要是阐发谭氏的舍生取义、拯救众生的献身精神，救世博爱的宗教精神，大仁大智大勇大无畏的博大胸怀。这是一个烈士形象。晚年他则

---

① 冯友兰：《中国哲学史新编》第6册，人民出版社，1989年，第148页。

② 林增平：《谭嗣同评传》序言，李喜所著《谭嗣同评传》，河南教育出版社，1986年，第5页。

主要弘扬谭氏“冲决网罗”，批判纲常名教，排斥尊古观念的一面，这是一个思想先驱者的形象，梁氏之所谓“思想彗星”。这当然与新文化运动的影响有一定关联。从烈士精神到思想彗星，这是梁启超评价谭嗣同走过的轨迹。梁启超对谭氏精神的阐扬成为后来人们理解、把握、评价谭氏的基调。后来虽然有关研究谭氏的研究成果层出不穷，但大体都不离梁任公指陈的轨道。

（2017年12月7—8日，赴长沙参加湖南大学岳麓书院主办“时务学堂与中国近代高等教育”学术研讨会提交并宣读论文；后载《读书》2018年第12期）

范源廉：一位被忽略的教育家

——《范源廉集》前言

在清末民初教育界，范源廉是一位颇为重要且富有影响力的人物。遗憾的是，在现今出版的“中国近代教育论著丛书”（人民教育出版社）、“中国近现代教育系列研究”（辽宁教育出版社）等丛书中，我们却看不到有关范源廉教育论著和相关的研究专著。在《中国教育思想通史》第六卷（湖南教育出版社，1996年）亦只有一小节论及范氏的军国民教育思想，其分量明显单薄。范源廉作为一个近代教育家的形象因文献资料的缺乏，迄今未得到很好的确认。造成这一现象的原因，一方面固然是因范氏本人的著述甚少，生前几无著作出版，范氏“素不喜作文章”、重行不重言的个性，限制了我们可能了解他的视域；一方面则是尚无一部系统整理的《范源廉集》问世，这是一个值得弥补的缺陷。从这个意义上说，编辑、整理、出版一部《范源廉集》确有必要。

范源廉生平

范源廉1876年（清光绪二年）8月29日出生于湖南湘阴县一个普通家庭。字静生。上有一姐，早夭。下有一弟范源让（字明俊，后改名范旭东），以民族企业家名世。1889年，范源廉的父亲范琛去世，家陷贫境。随后母亲谢氏带其兄弟两人投靠长沙城里的慈善机关——保节堂。1893年，范源廉在其舅父资助下进入清泉学校读书，两年后回家乡私塾任教，承担起支撑家庭经济的重任。戊戌维新时期，湖南巡抚陈宝箴主持湘政，大力推动变法；梁启超等维新志士赴湘串联，创建时务学堂；湘人为之一振，湖南成为"全国最富有朝气的一省"。范源廉为时风所动，投考时务学堂。1898年3月22日（农历三月初一），时务学堂在长沙南学会举行第二次入学考试，报考者共150名，范源廉列第二期招考学生第五名，为中文内课生兼西文留课生，同学中有蔡锷、李稼等才俊青年。从此范源廉成为梁启超的忠实追随者。在维新派主持的《湘报》第33号《南学会问答》上刊出范源廉关于推广学会的提问，这是我们所发现的范源廉最早的文字。可见，范源廉当时已投身维新运动，成为运动的一个积极分子。

戊戌变法失败后，范源廉离开时务学堂。1899年，与同学蔡锷、唐才质结伴前往上海，投考南洋公学。范考取外班生第五名，蔡锷列第六名。时梁启超在东京，函约东渡赴日本自费留学，范源廉遂与同学李稼等筹集经费，相偕东渡，进入梁启超主持的东京大同学校学习。1900年6月，唐才常成立自立会，范亦回国观察形势。自立军起义事泄未成。范源廉再返日本，1901年秋考入东京高等师范学校。留学期间，他结识严修、杨度、曹汝霖、陆宗祥等人；建议日本法政大学校长梅谦次郎为中国留学生开设法政速成科。1905年学部设法政学堂于北京，聘日本教授主教，而任范为学部主事佐之。1906年学成回国，经严修推荐进入学部。据吴家驹回忆："先生既到部，亦不以微员新进稍自委卸，于本部事务之划分，职责之分配，各省提学司使之任命，各级学校之规程，各地高中、小学校之分期进行，教育人员之考察，凡认为力所当尽者，无不悉心规划，劳瘁不辞。""故不到三四年间，由主事而员外、而郎中、荐升至参事。"除处理部务外，范源廉还参与创建了殖边学堂（民国后改为蒙藏学院）、优级师范学堂，将求志学会扩组为尚志学会等活动。

民国建立后，蔡元培任南京临时政府教育部总长，力约范源廉就任次长。蔡、范之间在教育理念上存有差异，蔡元培多注重于高等教育，范源廉则主要关注普通教育。受地域、党派、教育背景影响，教育部人事虽存矛盾，但因蔡、范两人极力维持，共同致力于教育变革，遂呈现一派新气象。

1912年5月9日，共和党在上海成立，制订党纲，成立组织，范源廉被选为该党干事。7月13日，蔡元培因与袁世凯政见不合，辞去总长一职。范源廉随即继任总长一职，7月26日在国务院宣布政见时表示："蔡前总长对于整顿教育之办法，首重社会教育，盖共和国体贵在人人有普通之智识，本总长当接续进行。”[1]7月31日再次表示：“教育宗旨及行政大纲，业由蔡总长宣布或规定，悉当遵行。现以个人意见，尚有二端，须与诸会员商榷：一、发挥国民固有精神，一、提倡个人职业独立。反复阐发，至切时病。”[2]这表现了其“蔡规范随”的主政意愿。1913年1月，范源廉辞去教育总长一职。卸职后，转赴上海任中华书局编辑部长。袁世凯死后，北京人事更动，段祺瑞组阁，再次任命范源廉为教育总长，范遂交卸中华书局编辑部长一职。1916年8月26日，范致电在法国的蔡元培，促其回国担任北大校长。

1917年1月20日至7月17日，范源廉代理内务总长。1918年5月至11月，他与严修赴美国考察教育，“于其教育实况多有所研求”，为创办南开学校大学部作准备。回国后作《调查美国教育报告》（1919年1月）、《范静生先生演说赴美调查教育之情形》（1919年1月）、《美国教育行政谭》（1919年2月），述其游美考察教育之观感和收获。1919年3月26日，教育调查会成立，选举范源廉、蔡元培为正、副会长。

1920年8月11日，范源廉任靳云鹏内阁教育总长，着手文字改革，公布国语注音字母。1921年4月，范氏有感于教育处在绝境，前途无望，辞去总长一职。5月，靳云鹏再邀范源廉就任教育总长，范不肯就职，由次长马邻翼代理。1922年2月7—14日，中华教育改进社在上海举行董事会，选举范源廉为

① 高平叔：《蔡元培年谱长编》第1卷，人民教育出版社，1998年，第476页。

② 《教育杂志》第4卷第6号，1912年9月。

董事长。1922年6月，范赴美考察农业教育和公民教育，并在美国旧金山参加万国教育会议。1923年赴英国磋商退还庚子赔款事宜。1924年1月范源廉就任北京师大校长。同月被任命为教育总长，坚辞不就。9月，中华教育文化基金会推选范源廉任董事，翌年6月，被推为董事长。

1925年1月，范源廉辞去国立北京师范大学校长一职。任职期间，北京师大修订组织大纲，本科分教育、国文、英文、历史、地理、数学、物理、化学、生物九系，附设体育及手工、图画两专修科。范还为北京师范大学撰写校歌。“五卅”运动爆发后，范源廉与梁启超、顾维钧、朱启钤联名发表对沪案宣言。[①]据任鸿隽回忆：“范静生先生于从事教育行政之外，雅好生物科学。晚年常手自采集，躬行研究。又欲设立天然物产博物馆于北平，以广搜罗。惜因时局多故，此志终未实现。”[②]

1927年7月，范源廉任北京图书馆馆长。12月23日，因腹膜炎在天津病逝，终年51岁。为继承先生研究生物学之素志，尚志学会同人倡议设立静生生物研究所，以作为对范源廉的纪念，这一建议得到中华教育文化基金会董事会赞助，该所于1928年10月1日在北平正式开幕。

纵览范源廉一生，大致可分为五个阶段：第一阶段（1876—1897年）早年在家乡求学、教学，基本上过的是一种

---

① 参见《申报》，1925年6月9日，第1张。

② 任鸿隽：《静生生物调查所开幕记》，《科学》第13卷第9期，1929年4月。

传统读书人生活；第二阶段（1898—1906年）从考入时务学堂到赴日本留学，这时范源廉追随梁启超，学习新学，继赴日本留学，接受系统的近代师范教育；第三阶段（1906—1912年初）在清朝最高教育行政机关——学部任职，成为一名新式的教育行政官僚；第四阶段（1912—1921年）先后出任民国教育部次长（1912年4月8日—7月26日）、三度任总长（1912年7月26日—1913年1月8日、1916年7月12日—1917年11月30日、1920年8月11日—1921年12月25日），[①]成为中国教育界的主要领导人和决策者；第五阶段（1922—1927年）晚年出任北京师范大学校长（1924年1月—1925年1月）、中华教育文化基金会董事长（1924年9月28日—1927年12月）等职，是北京教育界的领衔人物。在民国前期，北京教育界主要存在两大派系，一派以蔡元培为代表的革新派，与国民党保持密切关系，他们主要以北京大学为依托；一派以范源廉为代表的稳健派，与前清学部和共和党有渊源关系，他们把守着北京师范大学等高等学校。两派既有争斗，又有合作。范源廉是北洋政府在教育界台前幕后的主要操控者，可谓与民国前期的北洋政府相始终，对于范氏所扮演的这样一个角色，我们过去显然认识不足。

范源廉教育思想

范源廉自从1899年赴日留学，考入东京高等师范学校学习，随后与教育结下不解之缘。范源廉任职清朝学部，三度出

① 参见刘寿林、万仁元、王玉文、孔庆泰编：《民国职官年表》，中华书局，1995年，第39—40页。

长北洋政府教育总长，他是清末到民国北洋政府时期教育界的主要领导人之一，他与当时教育界的关系可谓既深且长，这一时期正是中国教育从传统向现代急速转型。那么，范源廉教育思想的主要内容有哪些呢?

一，明确新教育宗旨。民国初年，范源廉首度就任教育总长时，即发布训令三则：一是表示男子教育与女子教育并举、学校教育与社会教育并举，二是强调“教育为神圣之事业，乃国家生命之所存”，三是阐明“国于世界，有学则兴，无学则亡”的道理。[①]在《说新教育之弊》一文中，范源廉表示，“清季罢科举，颁学制，兴学校，励游学，而新教育以兴。非轻事纷更也，诚鉴于世界之大势，处积弱之余，而欲为图存之计，莫要于教育之革新也”。在他看来，新教育所存弊病“大抵以宗旨不正，学科太繁，费用过多，成绩不良之四者为尤甚”。[②]第一次世界大战爆发后，范源廉又告诫说：“特值世界大战之今日，于吾所期养成国力之教育，实为最良之时机。此则凡在学校或家庭负教育之责者，所特宜注意也。”他认为：“明世界之大势，示科学之重要，振尚武之精神，阐爱国之真义是也。之是数者，平时固当教之，而在今日为尤不容缓。”[③]将识势、科学、尚武、爱国作为战时中国教

① 《教育部训令》，《教育杂志》第4卷第7号，1912年10月。

② 《说新教育之弊》，《中华教育界》第2卷第5期，1914年5月15日。

③ 《今日世界大战中之我国教育》，《中华教育界》第3卷第11期，1914年11月15日。

育发展的精神指南。在范源廉心中，教育乃精神之道，教育应适应世界的大势。

二，提倡义务教育。在《论义务教育当规定于宪法》一文中，范源廉详细说明了自己实施“义务教育”的观点：“义务教育云者，为国民必应受之教育，即所谓强迫教育是也。何为义务？绎其义盖有三：一为儿童之父母或其监护人有使儿童就学之义务；一为地方公共团体有筹款设学收容其地学龄儿童就学之义务；又其一即为儿童者苟非疯癫白痴残废不具，在学龄期内即有就学之义务也。”范源廉介绍了普鲁士、丹麦、瑞士、葡萄牙在宪法中明文规定实施“义务教育”的情形。他列举了“义务教育应规定于宪法”的三大理由：一“曰义务教育非规定于宪法，则人民公私家国之观念不易革之使新也”，二“曰义务教育非规定于宪法，不足以增强法律之实施力也”，三“曰义务教育非规定于宪法，不足以追先进之前踪而挽国势于将来也”。据此，他认定“在吾国固可断此问题实存亡盛衰关键之所存矣”[①]，大力推动义务教育列入宪法。

三，提倡军国民教育。范源廉早年留学日本，深受日本“尚武”精神的影响，他以为“振尚武之精神”[②]是振兴中国教育之要端。受到第一次世界大战的刺激，范深感：“吾人受

① 《论义务教育当规定于宪法》，《中华教育界》第2卷第7期，1913年7月15日。

② 《今日世界大战中之我国教育》，《中华教育界》第3卷第11期，1914年11月15日。

此痛切之刺激，乌可苟安旦夕，以坐待人之宰割耶？天下虽安，忘战必危。今日之天下，安乎？否乎？故振起学者尚武之精神，又当务之急也。惟在吾国而言尚武，苟不先除文弱之积习，则亦空言无效。”[①]范二度出任教育总长时，特别发布《提倡军国民教育》训令：“（一）凡高等小学以上之学校，均施行军事教育。（二）无论士农工商均须入学，以期军事教育之普及。（三）各学校既施军事教育，而于文事教育亦须并行，总期文武兼备。（四）所有军国民一切教育之制度，均参仿英、美两国。”[②]显然，范氏之提倡“尚武”并非模仿日本之军国主义，而是学习英、美这类民主国家的军事教育。

四，重视普通教育。民国初年，蔡元培、范源廉分别就任教育总长、次长，关于他们之间的工作关系，蔡元培有一交待：“我与次长范君静生常持相对的循环论，范君说：‘小学没有办好，怎么能有好中学？中学没有办好，怎么能有好大学？所以我们第一步，当先把小学整顿。’我说：‘没有好大学，中学师资哪里来？没有好中学，小学师资哪里来？所以我们第一步，当先把大学整顿。’把两人的意见合起来，就是自小学以至大学，没有一方面不整顿。不过他的兴趣，偏于普通教育，就在普通教育上多参加一点意见。我的兴趣，偏于

① 《今日世界大战中之我国教育》，《中华教育界》第3卷第11期，1914年11月15日。

② 《提倡军国民教育》，《教育杂志》第8卷第9号，1916年9月。

高等教育，就在高等教育上多参加一点意见罢了。”[①]由此可见，范源廉的个人兴趣偏于普通教育。范源廉在任教育总长期内，大力整顿中小学，公布中小学校令，在全国范围内规范中小学的办学；提出《论义务教育当规定于宪法》，使教育普及在法律上得到保障；出任中华书局编辑总长时，主持编辑中小学教科书；晚年又出任北京师范大学校长，推动师范教育发展。这些都有力地促进了民国初年普通教育的发展。1916年9月，蔡元培与汪精卫、李石曾联名致函，称赞范氏：“主持教育救国，亘二十年，尝有以普及教育规定于宪法之议。近年总编辑之务，所鉴定各种教科书，风行全国。”[②]可见，范氏推动普通教育所取得之显著成绩，已获时人承认。

五，注意吸收欧美教育之长。范源廉曾先后两度前往欧美国家考察教育，对西方国家教育之优长，他都悉心研探。1918年他第一次前往美国考察教育时，临行前发表《对教育之意见》：“（一）此行所欲研究者为小学高等院校及师范之办法，愿诸君以所见中美两国诸校之短长见教。（二）中国学生最苦无参考书，诸君能各以所习科中要书之目抄示，则补助中国教育界不浅。（三）中国留学生宜与国内教育界联络，惟中外须有一机关为执行此事之媒介。”[③]考察归国后，

① 蔡元培：《我在教育界的经验》，高平叔编《蔡元培全集》第7卷，中华书局，1989年，第197页。

② 中国蔡元培研究会编：《蔡元培全集》第10卷，浙江教育出版社，1998年，第279页。

③ 杨铨：《中国科学社、中国工程学会联合年会记事》，《科学》第4卷第5期，1919年1月。

他多次撰文、演讲，详细介绍美国的学校系统、学校经费、美国学生、蒙养园、小学校、中学校、高等教育、师范教育、体育、社会教育、中国留学生、美国华侨教育、美国在华所营之教育事业。1923年10月，他第二次从美国、欧洲访问归来后，深有感慨地说："余西游一年，所见极浅薄，而所受刺激则甚深，刻欧美人与中国不同者，即在渠等完全系科学的生活。"[①]他多次发表谈话或演讲，讲述其欧美考察之收获和感受。"中国事事不及外人，群以为教育不发达之故，此诚为事实。但余以为为教育而研究教育，不知注意其他学问，既不能实用，尤不足以挽救颓象。"范源廉提出中国所最缺者为二：一，科学知识。"中国现下最缺乏者科学也"，"为今之计，宜速求一输入之途，务实验，去空谈，则科学之发达可指日而待"。二，公民常识。"中国号称共和，于兹十三载，然人民中之能了解共和意义者，究有几何？勿论权利义务，即民国之所以成立，亦瞠目不知。"[②]"苟科学而得输入，则物质文明可以发达；公民教育普及，则政治易于改革。如是，则中国庶几乎可强盛矣。"[③]范源廉的这一看法与新文化运动的主流看法基本一致。

蔡元培比较他与范源廉的个性时说："我在教育部时，请范君静生相助。我偏于理想，而范君注重实践，以他之

① 《西方人的科学生活》，《申报》，1923年10月8日。

② 《关于教育的演讲》，《清华周刊》第303期，1924年3月7日。

③ 《关于教育的演讲》，《清华周刊》第303期，1924年3月7日。

长，补我之短。”[1]重行轻言是范源廉行世的特点。这一特点使得范源廉留下的著作供我们研究者较少，这是一个遗憾，因而我们只能从他有限的、简约的言论中，去捕捉他的思想信息，勾勒他的教育思想梗概。

《范源廉集》的编辑说明

范源廉生前除单篇文章、演讲、函电刊行报章杂志外，没有结集的著作或专著单行出版。本集可以说是范氏著作第一次结集出版。根据范源廉的著作情况，本集分三卷：卷一为“言论辑录”，收录范氏发表的文章、演讲、部分公函和报道，共164篇（内含同文异稿2篇）。卷二为“函电”，共36件（另附1函）。卷三“未刊遗稿”，系抗战胜利后静生生物研究所所长胡先骕委人整理的范源廉遗稿——《静生先生遗墨》，当时未刊，原有八卷，现寻获七卷，即：一、会务；二、荐函；三、捐启函；四、答谢函；五、复候、吊唁函；六、序文、诗、联；七、约柬。遗墨形成时间大约起于1924年9月范源廉任中基会董事会董事长，止于其去世。内容涉及教育、科学、文化、体育、赈灾诸项内容。现按原来目次，予以过录，不辨之字，以□代替；信函标题则根据本书体例，稍作修改，并加题注。考虑到这部遗稿的整体性，我们一仍其旧，单组一卷，作为本集卷三，内收各类函文276件。须加说明的是，《未刊遗稿》中之函文等归类不尽合理，为存真

---

① 蔡元培：《我在教育界的经验》，高平叔编《蔡元培全集》第7卷，第201页。

起见，现仍遵原稿整理刊印。书后附录：一、范源廉签署批示、公文目录。收录范氏三度担任教育总长时期所签署的批示和公文目录，这些文件发表在《政府公报》上，标题系编者根据公文或批示内容所拟。二、悼念范源廉挽联挽词。收录范源廉去世后南开中学追悼会（1928年1月7日）、中央公园追悼会（1928年2月12日）、中国科学社南京社所追悼会（1928年3月4日）三次追悼活动的报道。三、追忆范源廉文章。收录诔词、悼文、回忆录7篇。本集之编辑、整理，刘慧娟负责卷一、卷二和附录的材料搜集、整理，胡宗刚负责卷三的整理，最后由我总其成。在材料搜集过程中，我们主要得到国家图书馆、北京大学图书馆和档案馆、北京师范大学档案馆、北京市档案馆等机构的帮助和范源廉先生后人的协助，硕士生刘崇锤、曾小顺两君参与附录一的校核工作。另还得到一些朋友的帮助，恕我们不一一点名，在此我们一并致谢。

本集系范源廉著作首次汇编出版，无论在材料搜集上，还是在文献整理上，出现遗漏和差错恐难避免，在此我们诚恳期待读者诸君的指正。

2009年10月29日晨初稿，11月22日修订于北京海淀蓝旗营

（原载《书屋》2010年第5期；收入欧阳哲生、刘慧娟、胡宗刚编：《范源廉集》，湖南教育出版社，2010年）

《魏源全集》出版感言

2005年3月22日，《魏源全集》的新书发布仪式在人民大会堂隆重举行，摆在人们面前的皇皇20册镀银版《魏源全集》，终于了结了长期郁积在人们心中的一个愿望。

看到这20册的《魏源全集》，触书生情，我不禁想起了去世已有12年之久的林增平先生，他是我从本科到博士生的老师，亦是第一届《魏源全集》整理委员会主任。大约是在1984年，林先生在自己书房里与我兴冲冲地谈起《魏源全集》在高校古委会立项之事。那年我考入林先生门下，林先生当时身任湖南省历史学会会长，他将当年（每年一度）的湖南省历史学会年会放在魏源的家乡隆回召开，会议期间组织了与会人员参观魏源故居，聆听了魏源家族人士对魏源生平掌故的介绍。1987年12月，第二届中国近代文化史学术讨论会在长沙召开，作为会议的主办者，林先生又不失时机地抓住这一机会，将会议与他正在从事的魏源文献整理工作联系起来，将会议主题定为“纪念魏源逝世130周年暨中国近代文化史学术研讨会”，那次提供给会议的有关魏源的论文就有十多篇。湖南师大中文系的两位教师谭承耕、何慎怡参加了《魏源全集》的文献整理工作，为使他们安心专注于这项工作，林先生又利用自己校长的“职权”，将他俩调入湖南师大文史所从事专职研究工作。当一本本整理好的魏源著作稿本汇集到林先生的手中时，他又不厌其烦地与出版社进行口头的、书面的交涉，催促出版社尽早出书。但当时岳麓书社接手《曾国藩全集》《左宗棠全集》《船山全书》《魏源全集》四大全集，由于人力财力的限制，出版社方面优先考虑出版曾国藩、左宗棠两位“大员”的全集，而将王船山、魏源两位大思想家的全集置于其后。故林先生生前只目睹了《诗古微》的出版，1993年他带着这一遗憾离开了人世。一年以后，《魏源全集》的另一位主要领导者和推动者杨慎之先生亦撒手人寰。在杨先生逝世前夕留下的书信中，仍不忘《魏源全集》的出版，他抱病写给《魏源全集》其他编委的书信，上面留有他吐出的血迹。据统计，在《魏源全集》编辑出版的过程中，先后有14位参与者先后去世。林、杨及其他整理者对《魏源全集》倾注的心力和执着精神，反映了老一辈学者真诚追求学术事业的赤子之心。

在林、杨两位先生去世之后，湖南省新闻出版局主动承担起《魏源全集》的领导责任，组织了新的一届编辑整理委员会，领导有关专家继续攻关，又经过一个十年的努力，终于拿下了这一套卷帙浩大的跨世纪的出版工程。

魏源是中国近代史上开一代新风的思想家。他的《诗古微》等书被视为今文经学的扛鼎力作，他的《海国图志》成为近代“开眼看世界”的启蒙著作，他编辑的《皇朝经世文编》是引领近代经世思潮的代表之作，他的《元史新编》在元史研究中占有一席之地。在近代经学、史学、文学、地理、政治、经济等领域，魏源以其特有的贡献，均占有重要地位。此次编辑、整理的《魏源全集》，除收录魏源存世的专著、文集、诗集和诗文、书信、联语等辑佚资料外，还收录了魏源负责编辑的《皇朝经世文编》《淮北票盐志略》两种编著，是魏源去世以来第一次，也是迄今最为完备的魏源著作结集。其编校之精、印制之美，堪称同类书籍之翘楚。

近代湖南名人辈出。嘉庆、道光年间陶澍，贺长龄、贺修龄兄弟，魏源等人倡导经世致用的学术新风，开近代湖湘文化之先河。咸同中兴崛起的曾国藩、左宗棠、胡林翼、罗泽南、彭玉麟、郭嵩焘等一代湘军名将，则一改湘省在古代碌碌无为的状况，一跃成为“功业之盛，举世无出其右”的省份。戊戌维新时期湖南开学会（南学会等），兴学校（时务学堂），产生了像谭嗣同、唐才常这样壮怀激烈的维新志士，时人称誉湖南为“全国最富有朝气之一省”。辛亥革命时期涌现的黄兴、宋教仁、蔡锷、陈天华、刘道一、禹之谟、蒋翊武、谭人凤、杨毓麟、焦达峰、陈作新等革命志士，使湖南步“首义之省”湖北之后，成为全国“首应之省”，为革命再添新章。至五四运动以后，中国共产党的老一辈领导人毛泽东、蔡和森、何叔衡、向警予、刘少奇、徐特立、任弼时、彭德怀、罗荣桓、贺龙、陶铸、胡耀邦等人的丰功伟绩已铭刻在中国革命的丰碑上。岳麓书院门前那块“惟楚有材，于斯为盛”的门匾，不知为多少人仰目、吟读，它是近代湖湘文化兴盛的象征。

近代湖南数量众多的历史文化名人为湖南出版业提供了丰富的资源和素材，整理这些历史文化名人的著作，也成为湖南出版部门一项艰巨的任务。自20世纪80年代以来，岳麓书社先后出版了《曾国藩全集》《左宗棠全集》《船山全书》《胡林翼全集》《陶澍全集》《彭玉麟全集》《湘绮楼诗文集》《湘绮楼日记》《曾纪泽日记》等集子，为地方文献整理做出了巨大的贡献，成为全国引人注目的优秀古籍出版社。

近代中国是一个历史转型时期，由于与当代衔接，故呈现出其特有的复杂敏感的情形，但正是这样一种复杂多变的历史机遇，造就了一代又一代历史文化人物，他们留下了丰厚的文化著述和思想遗产。然因种种原因，编辑整理出版的真正像样的近代历史人物全集或大型文集却并不太多。很多全集因为各种原因，都未能如愿出版。如《王国维全集》只出了书信一册（中华书局），《康有为全集》只出了三册（上海古籍出版社），《章太炎全集》出了八册（上海人民出版社），梁启超还是原有的《饮冰室合集》，《陈独秀全集》仍难以上马……如此事例，不胜枚举。造成这种现象的原因非常复杂，有经济上的，有编辑出版技术上的，也有毋庸讳言的政治因素。岳麓书社在这方面可谓表率，在建社后20余年间，接连推出《曾国藩全集》《左宗棠全集》《船山全书》《魏源全集》这四大集，而且越出越好，越出越精，嘉惠学林，着实值得人们钦佩。

出版一套大型全集需要四个方面的因素密切配合。一是领导的魄力。所谓魄力不仅仅是指要大胆拓展，而且包括眼光和识见，胆大妄为当然是不可取，而对确有文化价值和社会效益的出版品，该断不断，也是一种平庸无为的表现。二是编辑的毅力。一套大型全集，短则五年，长则十年、二十年，有时可能是耗费一个编辑一生的精力，一个编辑承担这样的任务，往往会遇到许多技术上的问题，需要编辑耐心地检查和解读。如果没有坚韧不拔的敬业精神，持之以恒地不懈工作，一套大型的全集往往中途夭折，或半途而废。三是作者的学力。在一套全集的整理过程中，自然有许多技术上的困难，包括材料的搜集、版本的认定、文字的认读、错讹的纠正等，这些都与整理者的学术素养有关，学者的学术功力和严谨精神是整理稿本质量保证的关键。四是出版社的实力。有了高质量的稿子，能否以最精美的形式出书，则取决于出版社的经济实力。书的形式美包括装帧设计、纸张选择、印刷技术等，这些都与出版社的投入有关。现在摆在人们面前的《魏源全集》，其装帧之美、印制之精、工艺之新，都是同类书籍中前所未见，完全称得上是精品，这样的精品实际上也是一个出版社的标志性产品和实力象征。

岳麓书社在未来的规划中，又将《郭嵩焘全集》纳入其中。可以预见，这将是一套十分壮观，也十分有益的作品。我们期待，投入运行的《郭嵩焘全集》能在《魏源全集》的基础上更上一层楼。

2005年5月15日于北京海淀蓝旗营

（原载《湘声报》，2005年9月9日）

强避桃园作太古，欲栽大树柱长天
——近代著名学者、教育家杨昌济

君子之泽，源远流长

杨昌济，字华生，湖南长沙人，1871年4月21日出生在一个儒生家庭。父亲杨书祥积学不第，长期在乡下教私塾；母亲向氏，理学世家出身，为人“恭让仁慈，孝友勤俭，天性之厚，里党同钦”。杨昌济排行第三，上有一兄一姐，下有一弟。

杨昌济自幼受到家风的熏陶，七岁入蒙馆。1879年，母亲“以痰厥逝”，杨昌济继随父亲攻读。1884年，父亲又因肺病谢世。杨昌济便埋头于自己的学业之中，少年时代的勤奋致学，为他日后的学问打下了扎实的基础。

1888年，杨昌济同其母内侄女向振熙结婚。次年应长沙县试，补邑庠生（即秀才），得到湖南学政张亨嘉的赏识。张思想开明，重经世之学，是湖南提倡新学第一人。他的勉励，促使杨昌济下了继续深造的决心。

1890年，杨昌济乡试不第，在家乡开始教私塾，专心致学，《达化斋日记》即从此时着笔。1893年再度乡试不第，仍回家教私塾。

康有为、梁启超、谭嗣同等维新志士鼓动变法，湖南一马当先。维新派在长沙办《湘报》，创时务学堂，设南学会。杨昌济深受维新思潮影响，积极投入运动，参加南学会、不缠足会等新组织。1898年变法失败，遂退隐家乡。是年，长子杨开智出世。

1899年至1902年，杨昌济在家授徒，继续探讨经世之学。1901年，幼女杨开慧降生。

1902年杨昌济参加赴日留学考试，获官费留学资格。次年与陈天华、刘揆一、李傥、石醉六、杨树达等人同船赴日。杨昌济入东京弘文学院速成科学习。1904年，因嫌弘文学院速成科课程太简浅，转入该院普通科，主要学习日本语言文学及中小学课程。1906年毕业，受到校长嘉纳治五郎的好评，直接升入嘉纳主持的高等师范学校学习教育学，修业四年。1909年春，经密友杨毓麟和章士钊的力荐，入读英国阿伯丁大学文科，除学习欧洲哲学、伦理学等课程外，还注意研探英国教育状况。1912年，得学士学位，随后去德国考察教育九个月。

1913年春，杨昌济结束长达十年的留洋生活归国，出任湖南省高等师范学校教授，讲授伦理学、心理学、教育学等课程。1914年，与黎锦熙、徐特立等人组织“宏文编译社”，编辑出版“共和国中小学”各科教学用书。同时，兼湖南省商业专科学校教务主任。1917年下半年至1918年上半年，兼任第一师范教员。

1918年6月，应北京大学校长蔡元培之邀，赴北京大学任教授，在哲学系教伦理学、伦理学史等课程。曾介绍毛泽东进北大图书馆工作，协助湖南赴法留学生筹措经费。

杨昌济一生勤奋治学，献身教育，终积劳成疾，1920年1月17日病逝于北京，终年48岁。

学合中西，德被乡里

杨昌济先生自幼笃志于学，早年留心于中国传统的经学、史学，于“旧学极有根柢”，对经学很有研究；中年出国留学，对西方的哲学、伦理学亦有著述。他毕生致力于伦理学的研究，对伦理学的基本原理和中西伦理学史都有很深的造诣，晚年在北京大学系统地介绍西方伦理学的研究方法和理论，为我国现代伦理学的诞生奠定了基础，是我国现代伦理学研究事业的开创者之一。

杨昌济把教学与科研结合起来，每开一门课，就有这门课的著译。他把当时青年所关心的问题，如劳工神圣、勤工俭学、自由平等博爱、民族主义、妇女、宗教等问题，穿插在教学内容里，因此，授课内容新颖，教学效果良好，对学生启发性大，深受学生的欢迎。杨昌济先生的主要著译有：《论语类钞》《各种伦理主义之略述及概评》《西洋伦理学史》《伦理学之根本问题》。另外，在《湘报》《游学译编》《湖南教育》《公言》《新青年》《民声》《民铎》《东方》《国民》

等杂志上发表过有关教育、伦理、社会等方面的文章。近几年，湖南人民出版社又将其论文和日记整理成《杨昌济文集》《达化斋日记》两书出版。

杨昌济先生不仅学问高深，而且品德优异、操行纯洁。他的道德观融中国传统思想中的性理和西方功利学派的伦理为一体，反对虚伪，提倡诚实；反对懒惰，提倡勤劳；反对无谓的应酬和铺张浪费，提倡惜时和节约。他认为必须诚、勤、节、俭，才会在事业上有所成就。

杨昌济先生笃志嗜学，献身教育及勤朴的生活作风，赢得了同事及其学生们的高度评价。杨昌济逝世后，湖南《大公报》称："杨怀中之死，令人心伤。好学之笃，立志之坚，诲人之勤，求之友辈，遂无此人。"

雍容讲坛，学生景从

杨昌济先生一生"以直接感化青年为己任"，为培养青年一代倾注了满腔热情和心血。杨昌济学成归国时，正逢辛亥革命的胜利果实被袁世凯所窃取。湖南督军谭延闿想罗致他当湖南省教育司长，杨昌济羞与为伍。而当湖南高等师范学校聘请他为教授时，他欣然乐从，决心以教育救国，以教育"兴湘"。1913年至1918年，他在长沙四所高等、中等学校任教，博得了这些学校师生的高度赞扬。

据黎锦熙先生回忆，在湖南第一师范时，杨昌济先生组织了一个哲学研究小组，成员有杨昌济、蔡和森、萧三等人。1914年冬到1915年9月，每逢星期六或星期日，毛泽东都要到杨昌济先生家中讨论有关读书、哲学的问题。杨昌济对这些学生特别器重。毛泽东等人在掀起一场反对不合理的教育制度，驱逐反动校长张干的斗争中崭露头角，被张干下令开除，杨昌济与徐特立等进步教师挺身而出，出面保护。他为表示自己的感慨，曾在黑板上书写诗句：“强避桃园作太古，欲栽大树柱长天。”

后来在杨昌济和其他进步教师的教育、影响和支持下，毛泽东、蔡和森、萧子昇、陈昌等进步青年，团结起来，成立了以“革新学术，砥砺品行，改良人心风俗”为宗旨的新民学会。杨昌济还和他们一道讨论当时的政治时局。新民学会成立时只有21人，除了罗章龙是第一联合中学的学生以外，其余20人都是一师的学生，受过杨昌济的教诲。作为新民学会的精神导师，杨昌济是当之无愧的。

杨昌济不仅终身从事教育实践，为祖国培养了一批重要人才，而且十分重视教育理论的研究。他在研究西方教育史和教育理论的同时，结合总结我国传统的教育理论和教学经验，对教育发表了许多合理的见解。他把发展教育，作为改良政治的基础。他主张普及教育，认为教育“不当徒为富家殷实之子弟图远大之前程，尤当为家道艰难者之子弟图谋生之良计”，因而积极提倡办夜校，广泛吸收没有文化的工农入学。他主张德、智、体并重，反对只重智育或只重德育的倾向，也重视体育的作用。

在教学方式上，他赞成启发式，废止注入式。他提倡留学，反对“留学迷”。此外，他在教师的选择和培养、课程的设置和安排、学校管理等方面，也提出过不少有见地的看法。

爱国救亡，改革图存

杨昌济生活的时代，祖国正处在严重的内忧外患之中，面对祖国积弱不振的局面，仁人志士不禁为之焦虑，他们奔走海内外，呼号变革维新，救亡图存。杨昌济是这一行列中的一员，忧国忧民，以自己的赤子之心报效祖国。

早在维新运动初兴之时，他和密友杨毓麟一道，反复讨论康有为提出的变法主张，一致认为“非改革不足以图存也”。于是，他们积极搜集一些介绍西方政治制度和自然科学知识的小册子，如饥似渴地学习。为向西方寻找真理，杨昌济先生刻苦自学了英语和日语。湖南“新政”进入热潮时，杨昌济正在岳麓书院读书，他热切地希望“新政”成功，以“南学会通讯会友”的身份，撰写了《论湖南遵旨设立商务局宜先振兴农工之学》一文，提出发展湖南工商业等进步主张，发表在维新刊物《湘报》上，并获南学会优秀奖。“戊戌六君子”喋血都门的惨痛事实，使杨昌济看清了以慈禧太后为首的顽固派的腐朽和残忍。为寻找救国救民的道路，1903年，杨昌济东渡日本留学，临行前，他更名“怀中”，表示自己身在异邦，心怀中土。

留学期间，杨昌济与革命人士黄兴、蔡锷、陈天华、刘揆一、杨毓麟等人往来密切，对他们的革命活动予以赞助和支持。他以“教育救国”为目标，与杨度、杨树达、周大烈、方表等人组织“中国学会”，共同研究和探讨与救国有关的问题。他在湘籍学生所编的《游学译编》上发表《达化斋日记》片断，宣传个性解放，反对封建专制主义。他对日本帝国主义入主中国之野心“十分警惕”。而当杨毓麟为抗议帝国主义列强瓜分中国和清政府无耻出卖国家主权在英国利物浦自杀身亡时，他悲痛欲绝，立即奔往现场，料理友人的后事，撰写《蹈海烈士杨君守仁事略》，抒发自己对烈士的革命品德和爱国精神的怀念之情。

二次革命失败后，章士钊在东京《甲寅》杂志上撰文抨击袁世凯的独裁统治，杨昌济非常赞赏。袁系军阀汤芗铭企图拉拢一些社会名流装潢门面，杨昌济大义凛然，断然拒绝。在袁世凯倒行逆施时，杨昌济先生与黎锦熙等人合办《公言》杂志，历数当时社会种种恶习，给予抨击。《新青年》一问世，他率起响应，批判传统的封建伦理思想，特别是三纲五常和禁欲主义，倡导新思想。

湖南大学的创办，凝聚着杨昌济的心血。辛亥革命前，他和章士钊就酝酿过创办湖南大学。回国不久，他又提出以原有几个职业学校为基础，联合组建湖南大学的设想。由于种种原因，直到袁世凯死后，湖南大学筹备处才成立，杨昌济便主持其事。民国初年湖南高等教育事业的发展，有杨昌济先生的巨大功劳。

杨昌济先生一生刻苦治学，博览群书，修养道德，教书育人，其高尚精神永远值得后人敬仰和怀念。

（载《湖南高等教育》1986年第2期）

卷 四
岳麓书缘

我与岳麓书社交往的一段经历

我与湖南出版界接交颇多、关系深厚，在这当中，岳麓书社可算是打交道时间最长、上下接触最多的出版社。岳麓书社从建社起，我就成为它的热心读者，因为自己的专业研究为中国近代史，岳麓书社出版的湘籍历史人物文献、《曾国藩全集》、“走向世界丛书”、“凤凰丛书”、“旧籍新刊”、“传统蒙学丛书”、《周作人集》等，都是我喜爱并购买的书籍。购书有时是去新华书店，有时是直接找责任编辑，我印象中岳麓书社在20世纪八九十年代的出书品种与湖南其他出版社相比并不多，但都很精。在我的藏书中，至今还保存着一份《岳麓书社书目1982—1996》，里面有不少记号，当年我按此书目索骥，添置了许多岳麓版书籍。岳麓书社以整理、出版古籍文献为主，相对比较冷门，但当时出版界的一个朋友跟我说，如果要看书，还是岳麓书社出的书比较有价值。这是真心话，也是行内的评价。据我所知，在中国地方古籍出版社中，岳麓书社在很长一段时间内，表现颇为强势突出，其地位都不让上海古籍出版社，这得归功于岳麓书社有一支专业、精明、敬业的编辑队伍。

岳麓书社的编辑中，我与丁双平、鄢琨接触最早。最初大概是为索书、购书找他们，后来则是为了策划选题与他们接洽。1993年5月底，我离湘赴北京大学从事博士后研究，初到京城，我手头并不宽裕，不知何故，与双平兄谈起了编辑一本通俗性的普及读物——《胡适妙语》。为了证明自己的实力，我拿出了获“胡适诞辰一百周年纪念征文”首奖的报道和博士论文《胡适思想研究》给他看，他欣然应允，这就是我们合作的开始。1994年冬，我赴台湾访问，利用此机会，经友人介绍，拜访了知名作家李敖、柏杨，取得他们对编辑《李敖狂语》《柏杨奇语》的授权认可。这三种书推出后，反响不错，鄢琨、双平兄认为这是一个可以发展的出版生长点。于是乎我们有了编辑一套“文人妙语系列”丛书的构想。鄢琨、双平来京出差，我给他们介绍了一批作者，如朱成甲、闻黎明、张跃铭、罗检秋等，大家一拍即合。以后又找到几位中国现代文学专业毕业的博士罗成琰、旷新年、范智红、孔庆东、刘为民等，与他们说起丛书的旨趣、体例，他们也表现出了同样的兴趣。这套书所约编者都是行家里手，做起来比较顺手，加上出版速度较快、稿费差强人意，大家对合作比较满意。当时收入微薄，这也算是“以学养学”、赚取快钱的一种方式。记得我带鄢琨、双平上门去朱成甲先生家约稿时，朱先生热情接待了我们三人，亲自下厨为我们做了一顿美味可口的晚餐，大家相谈甚欢，非常愉快，多年后都不忘这次聚餐。“文人妙语系列”共出17种：《胡适妙语》（欧阳哲生编，1995年）、《李敖狂语》（欧阳哲生编，1995年）、《柏杨奇语》（欧阳哲生编，1995年）、《林语堂隽语》（张跃铭编，1995年）、《郭沫若睿语》（朱成甲编，1995年）、《老舍趣语》（京一、抒瑧编，1995年）、《闻一多萃语》（闻黎明编，1996年）、《鲁迅箴语》（李德文编，1996年）、《朱自清絮语》（罗成琰编，1999年）、《郁达夫独语》（旷新年编，1999年）、《茅盾智语》（李标晶编，1999年）、《徐志摩恋语》（欧阳哲生、杨新民编，1999年）、《梁启超心语》（罗检秋编，1999年）、《张爱玲绮语》（范智红编，1999年）、《金庸侠语》（孔庆东、王伟华编，2000年）、《张大千画语》（欧阳哲生编，2000年）、《丁玲情语》（马会芹编，2001年）。这套丛书根据各书原作者的写作特色，各取一字表现其风格或性情。当我告诉李敖，他的这本题名“李敖狂语”时，他会意地笑了。各书的编者均为京城的文史学者，有的还是当时在读的青年博士生。过去出版单个作家的作品语萃虽已有之，但像这样成规模地推出十多种“文人妙语系列”却还是鲜见，故这套书畅销一时。这是我与岳麓书社合作编辑的第一套书。

我与岳麓书社合作的第二套书是“中国近代期刊影印丛刊”，共出4种：《努力周报》（1册）、《现代评论》（8卷）、《独立评论》（10册）、《观察》（6册），1999年9、

10月出版。编辑这套丛刊的原意是为了满足自己和所带研究生研究中国近代思想文化史的文献需要，为研究生毕业论文选题提供资料。我策划了这套选题，得到了鄢琨兄和有文化追求的书商卢光明兄的支持，大家在评估了印制成本、学界需求和市场反应后，决定出版这套丛刊。这在当时是一个不小的动作。没想到丛刊影印出来以后，市场反应不错，学界需求者众多，国内外读者来信要求购买者不断。北京师范大学好几位中国现代史专业博士生迅即以《观察》《独立评论》《现代评论》为研究对象作为毕业论文选题。这套丛刊销售势头旺盛，可能是继《新青年》《少年中国》《新月》等刊后，又一批引人注目的民国期刊影印出版。我为这套丛刊的销售专门撰写了内容简介，作为广告宣传，现抄录于此：

中国近代期刊影印丛刊内容简介

本影印丛刊是中国近代期刊影印丛刊第一辑前四种，学术价值高，印量少，是各图书馆资料室难得的第一手资料。本丛刊第一辑前四种现已出版，出版形式：全文原大影印。本次影印是这四种刊物1949年后第一次影印，可单种定购。

1. **《观察》**时事政治性周刊。1946年9月1日创刊于上海，1948年12月24日南京国民政府以“攻击政府，讥评国军”，违反“动员勘乱政策”罪名，被勒令永久停刊，时出至五卷十八期。1949年11月1日复刊，改为半月刊，并迁至北京出版，出六卷一期。1950年5月16日终刊，出至六卷十八期。十六开本。该刊由伍启元等发起，储安平主编，观察社出版发行。撰稿人有傅斯年、任鸿隽、张东荪、潘光旦、冯友兰、梁漱溟、钱端升、傅雷、王芸生、马寅初、吴晗、费孝通、钱锺书等。该刊设有专论、外论选评、特稿连载、科学丛谈、观察通信、读者投书、文艺等栏目。该刊发刊词称“大体上代表着一般自由思想知识分子”，“背后另无组织”，“独立的客观的超党派的”民营报刊立场，以“民主、自由、进步、理性”为宗旨，对当时的政局、战局、经济、文化和社会问题进行广泛的评论。既发表批评国民政府的言论，也刊载批评共产党的文章；登载九三学社的重要宣言、广告等，秉持所谓公正、中立、客观立场。该刊在国统区的知识分子中有着广大的读者群。每期发行量初为一万份，第四卷达五万份，并曾发行华北航空版和台湾航空版，是四十年代后期最有影响的期刊。

（16开本，180印张，精装分装6册，内芯用纸60克精白双胶纸，封面用纸：荷兰工业纸板英国书皮纸，定价：450元，1999年9月中旬出版）

2. **《努力周报》**政治与文艺综合性刊物。1922年5月7日创刊于北京，1923年10月31日终刊，共出版75期，另有增刊《读书杂志》18期。四开四版。胡适主编（1922年底至1923年初胡适生病期间由高一涵等代编），主要作者有丁文江、陶孟和、高一涵、朱希祖、徐志摩、陈衡哲等。努力周报社出版发行。《努力周报》的内容侧重于国内政治和文学艺术两方面。政治方面，在“这一周”“记载”“调查”等栏里主要报导北洋政府的施政状态、军事财政状况和地方政局的变动，外国列强对华政策，胡适等人的政论时评等。在文艺方面，发表了胡思永、徐志摩、陈衡哲等人的新诗和陈衡哲、冯文炳、叶圣陶等人的小说。《努力周报》当时引人注目或产生重大影响的有以“我们的政治主张”为题的讨论、制宪问题的讨论、玄学与科学的讨论和胡适的中国古典小说考证等。

（8开本，48.75印张，精装1册，内芯用纸60克精白双胶纸，封面用纸：荷兰工业纸板英国书皮纸，定价：150元，1999年9月中旬出版）

3. **《现代评论》**周刊综合性刊物。1924年12月13日创刊北京，1928年12月29日终刊，共出版9卷，209期，又增刊3期。第1至138期由北京大学出版部印刷，此后各期在上海印刷。十六开本。该刊是一部分曾经留学欧美的著名学者、作家创办的同人刊物，署“现代评论社”编，实际由陈源、徐志摩等编辑，现代评论社出版发行，主要撰稿人有胡适、王世杰、高一涵、陈源、徐志摩、唐有壬等。《现代评论》主要刊登政论时评、文学作品和文艺评论。其中“时事短评”栏广泛述评国际局势和中国现实政治、军事、经济状况。文学作品则以“新月”派作家早期作品占突出地位，短篇小说有郁达夫、凌叔华、冯文炳、王向辰、沈从文、汪敬熙、张资平、杨振声、胡也频、刘大杰等人的作品，新诗有胡适、徐志摩、闻一多、王独清、刘梦苇、饶孟侃等人的作品，还刊有少量剧本。该刊在二十年代的知识分子中有很大影响。

（16开本，336印张，精装分装8册，内芯用纸60克精白双胶纸，封面用纸：荷兰工业纸板英国书皮纸，定价：800元，1999年10月出版）

4.《**独立评论**》政论时评周刊。1932年5月22日创刊于北平，1937年7月停刊，共出版244期。十六开本。胡适等人主编。主要撰稿人多为北京大学、清华大学等校的著名教授、学者，如丁文江、翁文灏、傅斯年、蒋廷黻、任鸿隽、周炳琳、陈衡哲等。该刊以登载政论文章为主，同时也刊载一些游记、杂文、书评。另设有“问题讨论”一栏，经常开展有关政治、教育、妇女、文化问题的讨论，其中“民主与独裁”的论争、高等教育现状与改革的讨论、中西文化的论争、对日政策的讨论在当时有很大反响，是三十年代最有影响的刊物之一。

（16开本，326印张，精装分装10册，内芯用纸60克精白双胶纸，封面用纸：荷兰工业纸板英国书皮纸，定价：840元，1999年10月出版）

一九九九年十一月八日

现在影印近代期刊在国内出版界已颇为盛行，国家图书馆出版社、上海书店出版社、上海古籍出版社、社会科学文献出版社、广西师范大学出版社后来居上，出版了多套大型报刊丛刊，有的甚至影印成套的外文期刊，每当我看到这些影印报刊时，都会想起自己操持的那套岳麓版“中国近代期刊影印丛刊”，因为我们这套丛刊，不说是先行之作，确实也提供了成功的范例，以后大家不再因影印报刊工程量大而畏惧上这类项目了。

我与岳麓书社合作的第三套丛书是“海外名家名作丛书”，共出14种：周策纵著《五四运动史》（1999年）、唐德刚著《晚清七十年》（1999年）、李欧梵著《铁屋中的呐喊》（1999年）、蒋梦麟著《西潮新潮》（2000年）、汪荣祖著《走向世界的挫折：郭嵩焘与道咸同光时代》（2000年）、吴相湘著《晏阳初传——为全球乡村改造奋斗六十年》（2001年）、王尔敏著《明清时代庶民文化生活》（2002年）、张朋园著《湖南现代化的早期进展（1860—1916）》（2002年）、蒋廷黻著《蒋廷黻回忆录》（2003年）、许冠三著《新史学九十年》（2003年）、张玉法著《民国初年的政党》（2004年）、陈焕章著《孔门理财学》（英文版上下册，2005年）、周佳荣著《近代日人在华报业活动》（2012年）、陈三井著《华工与欧战》（2013年）。这里除了蒋梦麟著《西潮新潮》、蒋廷黻著《蒋廷黻回忆录》、许冠三著《新史学九十年》、陈焕章著《孔门理财学》4种系与出版社联系或版权已进入公版领域外，其他10种均为我在海外访学时，与作者亲自接洽或书信联系，与他们签订了授权合同。因为我自己的专业为中国近现代史，所选书目也都在此范围内。这套丛书选目均由我提出，出版社认定后，即与作者签订合同。

《五四运动史》是“海外名家名作丛书”第一种，作者周策纵先生是湖南祁阳人，操一口浓重的乡音。此书原在香港明报出版社出版过上册，由周先生的几位学生陈永明等翻译了前七章，下册迟迟未见出来，江苏人民出版社“海外中国研究丛书”1996年推出了周子明等译《五四运动：现代中国的思想革命》的新译本，但内存不少错译之处。当得知我组织接续翻译明报版《五四运动史》第八章以后的内容，周先生非常高兴，他写信将前七章明报版所存错字一一校订改正发给我，又作一新序《诗人疾之不能默，丘之不能伏——岳麓版〈五四运动史〉中文译本著者自序》，对我们的后续翻译工作做了肯定。1999年恰逢五四运动八十周年，岳麓书社推出这本书，学界反响强烈，第一炮打响，我们就有了继续做下去的勇气和干劲。

陈焕章著《孔门理财学》（英文版）因系原版影印，情况比较特殊，我向曾德明兄推荐后，社里有点为难，除了对内容没有把握，需找人审读外，还担心是英文版，岳麓书社从没出过类似的书，对推出该书有所犹疑，经我几次游说，才肯付印。此书出版后，引起了学界的关注，很快出现了三个中译本（翟玉忠译，中央编译出版社，2009年；宋明礼译，中国发展出版社，2009年；韩华译，中华书局，2010年），2015、2017年商务印书馆又在“中国现代学术名著丛书”推出了中译文版和英文原版，这本书的价值不断得到追加承认，这是后话，也算是一则趣事。岳麓版《孔门理财学》（英文版）在国内是第一次出版，在国内古籍出版社中影印英文著作这可能也是首开先例。当时销售并不成问题，这对以后国内古籍出版社影印以中国为题材的英文著作显然具有示范的作用。2009年上海辞书出版社影印出版王吉民、伍连德合著《中国医史》（*History of Chinese Medicine*），以后渐开此风。为了慎重起见，当时我还郑重其事为《孔门理财学》特别拟订了一份“出版说明”置于书前：

> 陈焕章（1881—1933），广东高要人，字重远。早年曾入万木草堂受学于康有为。1904年（光绪三十年）入京参加特科考试，获进士。1907年（光绪三十三年）赴美国哥伦比亚大学经济系留学，接受系统的西方学术训练和教育，1911年毕业，获博士学位，其博士论文*The Economic Principles of Confucius and His School*（陈焕章译成中文题目为《孔门理财学》）当年即收入由哥大政治学教师编辑的“历史、经济和公共法律研究丛书”，由哥大分两册精装本出版。在美留学期间，陈焕章与流亡在国外的康有为、梁启超保持联系、声气相投，在纽约创办了“倡教会”，提倡孔教。回国后，与沈曾植、梁鼎芬等在上海发起并创立“孔教会”，推康有为为会长，自任主任干事，负责日常会务，创办《孔教会杂志》，提倡尊孔读经。1913年被袁世凯聘为总统顾问。

袁世凯倒台后，继续依附北洋军阀，充当“安福国会”议员，反对新文化运动，1923年在北京任孔教大学校长，并被贿选总统曹锟聘为顾问。1928年北洋军阀覆灭后退居香港，1930年在港创办孔教学院（此学院一直保留至今），自任院长，1931年为其家乡修订了《高要县志》，1933年12月在港病逝。

《孔门理财学》（*The Economic Principles of Confucius and His School*）一书分五部分，按照西方经济学原理，分别讨论了孔子及其儒家学派的一般经济学说及其在消费、生产、公共财产方面的思想。书前有当时哥大著名的汉学教授夏德（Friedrich Hirth）、政治经济学教授施格（Henry R.Seager）所作序言，除了对陈焕章本人是康有为的弟子这一背景略有简介外，高度评价了陈著采用西方经济学框架对孔子及其学派的经济思想所做的精湛研究。鉴于此，哥大方面打破常规，资助出版了这本由中国留学生撰写的博士论文。继哥大出版以后，1973年美国卡莱萨拉出版社（Krishna Press）、1974年美国戈登出版社（Gordon Press）、2002年英国托玛斯出版社（Thoemmes Press）和美国芝加哥大学出版社（Chicago University Press）、2003年美国光明之源公司（Lightning Source Inc.）和太平洋大学出版社（University Press of the Pacific）等多家出版社以精装、软精装、平装形式重印了该书。其中在2002年英国托玛斯出版社的这一版中，书前冠有著名经济学家摩根·维特塞尔（Morgen Witzel）

的长篇导读，他回顾并分析了中国经济自19世纪以来由盛至衰这样一个历史过程，再次肯定陈焕章这本书在研究中国的孔子及其儒家学派经济思想方面的特殊贡献，称从该书“我们不仅能获得以中国为基础的经济理论的强有力的陈述，而且指出中国经济在未来可能如何进步的富有吸引力的暗示”。由此，不难看出，陈焕章这部著作在欧美学术界的声誉之高及影响之大，可以说已进入了经典著作的行列。与这种现象形成强烈的反差，在国内学术界，由于陈焕章在民国初年的国内政治斗争中所扮演的负面角色，这部书在五四以后的中文世界几乎就很少被人提及。但从学术史的角度看，陈焕章的《孔门理财学》是20世纪早期“中国学者在西方刊行的第一部中国经济思想名著，也是国人在西方刊行的各种经济学科论著中的最早一部名著”[①]，也可能是在欧美留学的中国留学生第一本以中国题材为博士论文且在欧美国家出版的著作，故其有着特殊的文献价值和学术价值。基于陈焕章《孔门理财学》这部书的历史价值，我们现影印出版该书（1911年哥伦比亚大学原版），以供国内学术界研究和参考。另收陈焕章留学归国后所著《孔教论》（1913年10月14日商务印书馆第四版）附于书后，作为外一种，俾读者诸君了解《孔门理财学》一书的旨趣。

---

① 胡寄窗：《中国近代经济思想史大纲》，中国社会科学出版社，1984年，第476页。

“海外名家名作丛书”所选书目都是第一次在中国内地出版。书出版后，学界反应热烈，一般都能重印，因此出版社这一方没有经济亏损的压力。这套丛书里有好几种著作，如周策纵的《五四运动史》、李欧梵的《铁屋中的呐喊》、蒋梦麟的《西潮新潮》、蒋廷黻的《蒋廷黻回忆录》后来辗转在多家出版社出版。在最近30年出版的海外华人作品丛书中，这套书可能是影响最大的。至今我与人交谈时，出版界仍有人不时与我提及这套丛书的选题，问我可否接续策划这样一套丛书。实际上，当年我在策划这套丛书时，有几种书已与作者、译者谈好，如李敖、汪荣祖合著《蒋介石评传》；夏志清著《中国现代小说史》；萧公权著，张皓、张升译《中国乡村：论十九世纪的帝国控制》。前两种我将繁体版书交给了责编，但因需要送审，手续繁杂，拖延时日太久，最后只能选择放弃。后来这些书在其他出版社出版，甚至多家接续出版（如《中国现代小说史》），我们只能望书兴叹。如今这套书的作者，有好几位（吴相湘、周策纵、唐德刚）已经故逝，他们都有深厚的中国情怀，带着对故土的无限眷恋离开人世，唐德刚先生还将其藏书悉数打包寄回国内，遗赠给安徽大学图书馆。健在的也都已步入八九十岁高龄，回想当年与这些先生交往的情景，心里不禁黯然神伤。

湘军曾是中国出版界的一支劲旅，在改革开放新时期的前十年迅速崛起，以后历经风雨，饱经风霜，如今已归于平常。回想起我与岳麓书社合作的这些旧事，颇有沧海桑田、世变无常之感，自己也不胜感慨！我这里所述权当一种史料、一则故事，聊备一格，可以见证岳麓书社发展的一个片断侧影，至于是非曲直，就让后人去品味评说吧！

值此岳麓书社建社40周年之际，我衷心祝愿她继往开来，蒸蒸日上！

2022年7月19日于京西水清木华园

（《中国出版史研究》2022年第4期）

精致的“文化快餐”
——“文人妙语系列”总序

语录体裁的著作古已有之，形式或口语对话体，或书写箴言体。它富有哲理，便于记诵，故为人们所喜读。流传之便、之长、之广，殆非其他文体所能比。

我国的语录体著作，可追溯至先秦。早期儒家经典《论语》，即是孔子与他的弟子们的对话言论集。《尚书》《孟子》中也有不少的篇章是以对话的形式出现。两汉以后，印度佛教传入中国，佛门僧徒参禅时授徒教义，也留下了不少这方面的本子，如著名的《六祖坛经》《神会和尚禅话录》《古尊宿语录》等。宋明以后，理学大师讲学风气兴盛，于是《朱子语类》《传习录》一类书籍不胫而走。迨至晚清，曾国藩平定太平天国，被时人尊为立德、立言、立功的一代完人，其著作被人编辑摘要成语录体著作，如《曾国藩嘉言钞》《曾胡治兵语录》等，流传甚广，迄今不已。我国古代这些语录体著作的出现，均源于教育的需要，或学校教育，或宗教教育，或社会教育之需要。大概因为教学方式的关系，所记内容往往以口授的面目出现。这种文体的最初采用，可能与古代书写材料的限制有关。加上年深日久的流传或失传、筛选，遂只有这类经过淘炼、提炼、锤炼的语录本子遗留人世了。孔子讲学几十年，绝不可能只有这薄薄的一册《论语》，今天我们看到的这个样子的《论语》，大概也只是孔子一生教书授人的语萃精选了。而造纸术、印刷术的出现，自然为文化的传播提供了巨大的方便，朱门弟子所整理的《朱子语类》，可称是皇皇巨制，其篇幅当然已不是其祖师爷的那本小册子《论语》所能比了。

西方亦有类似的语录体著作。古希腊著名哲学家柏拉图的著作，我们现在只能看到作为对话录流传于世的《理想国》等书了。古罗马的《西塞罗三论》中的二论《论老年》《论友谊》也是对话的形式。至于在中世纪被千人读万人诵的《圣经》，其实也是一本类似于《论语》的著作，书中处处所见皆是耶稣和他的弟子们的对话或耶稣规诫弟子的语录。文艺复兴以后，西方产生了一批思想箴言体著作，它们以富有哲理、言简意赅著称，如伊拉斯谟（1466—1536）的《名言录》、亨利·埃蒂安纳（1528—1598）的《希腊人和拉丁人的道德格言》、拉罗什福科（1613—1680）的《道德箴言录》和经人整理的法国帕斯卡尔（1623—1662）的《思想录》等。启蒙运动以后，爱克曼（1792—1854）辑录的《歌德谈话录》，成为人们了解大文豪歌德晚年思想最有价值的入门书，尼采称赞它是德国的一部大书。

从上述中外传世的语录体著作中，我们可以看出它们明显具有两个特点：一是道德的训诫意味浓厚，具有强烈的教育功用。二是言简意赅，妙语连珠，意趣横生。所以，这些语录体的著作在民间较易流传，也是不足奇怪的事了。

……

现代生活日新月异，节奏迅捷。人们一方面忙于各自的职业生活，另一方面在闲暇时又渴望调节精神生活。阅读仍然是我们时代获取精神食粮的主要手段。在现今这个书业大发展的时代，有选择性的阅读成为一种必要。举凡现代著名的作家、思想家、教育家，其撰文著书，少则近百万字，多则上千万字。对于普通民众来说，要阅读他们的全部著作，则是不可能也是不必要的事了。即使一些专业学者，也只能就其研究范围有选择地阅读。需要阅读的作品太多，生命的时间有限。我们只能就性之所近，学之所需，有选择地阅读。这样以来，一种新的文粹、隽语的结集就成为一种急需的文化消费品。鲁迅先生当年曾经批评这种“摘句”似的做法容易误导读者，其实对职业学者来说，自然应该这么要求。但对于普通读者，不妨把这种办法，视为理解作家思想的便捷之途。如果读者有心进一步了解，可以顺藤摸瓜，继续延伸、扩大自己的阅读范围。

带着这样一种心情，我们编辑了这套名人语萃书系。这套书系以精选中国近现代著名思想家、文学家、教育家的著作为主，每册书选定一位文化名人，将其著作的精彩隽语粹文，加以分门别类编排。每段选文后面，均标明其原书出处，以便有心的读者按图索骥。我们期待，这样一份精制的“文化快餐”，能给匆匆行走的人们带来愉悦的精神享受，为他们吸取经典作家的精髓，提供最便利的途径。

2002年12月29日于京西蓝旗营

一个寂寞的人
——《胡适妙语》前言

在中国从传统向现代的转型过程中，胡适是一位极为重要的历史人物。他一生涉足的领域极广，从文化思想层面到社会政治舞台，从传统国学研究到近代西方经典译介，他都留下了丰硕的文字著述，并进行了与此相关的富有影响的活动。他参与领导五四新文化运动，发起“整理国故”，是中国现代文化学术的主要开拓者和奠基人之一，被誉为“中国文艺复兴之父”。他卷入了五四以来文化思想战线上的多次论争，诸如问题与主义、科学与玄学、东西文化论战，是力图以“实验主义”和“世界主义”的思想眼光透视和把握中国文化前途的主要代表。他活跃于社会政治领域，主张“好政府主义”，坚持民主政治，反对独裁统治，并因此与北洋军阀、国民党政府和各种极权政治势力展开过极为紧张的正面冲突，是中国自由主义最具诠释力的发言人。胡适因其所具的这种独特历史地位，被人们称为“现代中国的孔夫子”“20世纪影响中国知识分子最深的思想家”。

然而，胡适又不是一个清纯一色的现代人物。正如他所处的时代呈现的种种转型特征一样，胡适又是传统文化与现代文化相互冲突、相互联结的矛盾体。世纪初，梁启超曾预言中国20世纪是一个“过渡时代”。在这样一个时代，中西文化激烈冲撞，新旧传统相互并存，产生了许多剪不断、理还乱的文化情结和情感纠葛，胡适作为这个新旧交替时代的代表人物，其内在世界和外部表现都凸显出一个典型的“边际人”特征。美国著名社会学家帕克（Robert Park）曾如此界定这种文化边际人：“生活于两个世界，在这两个世界他都是或多或少的异乡人。在亚洲或非洲的基督教改宗者身上表现了许多属于边际人的特征——相对的精神不稳定、强烈的自我意识、心理不安和痛苦。”胡适是一个文化上的改宗者，即思想信仰转变者。一方面，他自幼接受传统教育和经学训练，在道德操守和治学路径上深深烙上了传统的印迹；另一方面，他又属于向西方寻找真理的先进的中国人，他有意识地吸收了近代西方的科学方法、哲学理论、价值观念以及社会政治思想，力求以西方的价值标准来改造濒临深重灾难的中国社会。两种截然不同的文化类型、价值标准、行为规范和生活方式存在于一体，难免在他身上发生冲突，使其内在与外在、言论与行为相互矛盾。他既要对传统文化和社会现实进行激烈的批判，又不得不在实际操作过程中与之进行无可奈何的妥协。胡适这种处于过渡时代的文化边际人的身份，注定了他要尝受进退两难的苦味，注定了他要遭受难以被新旧两种类型的人理解的悲剧。

20世纪又是中国重新定向的时代。不管这个时代的风潮如何跌宕多姿，其主流的方向是走向世界，实现现代化。所谓现代化，立其大者，不外乎是专制独裁的君主政体让位于人民民主的共和政体，自给自足的小农经济转变为以大工业生产为基础的商品经济，古老的传统文化转换为多元的现代文化。立其小者，就是确立个人在社会中的独立个体地位；没有独立的个人，就没有独立的创造，就不可能有一个充满生机和活力的现代化社会。胡适看清了中国这一方向，他一生致力于民主政治的建设，捍卫人权、法治、思想自由等基本原则；他呼吁虚心接受近代西方的先进文明，破除一切阻碍科学发展和现代经济建设的障碍；他树立“再造文明”的大旗，不遗余力地为中国文化学术由传统向现代转换披荆斩棘，开拓前驱。当一代青年在黑暗的现实社会面前感到彷徨无路、消极绝望时，胡适提倡“健全的个人主义”，引领青年投身个性解放的潮流。胡适为中国的现代化和中国人的现代化，在诸多方面所作的努力，收成已历历可见；未见的，亦在成长之中。胡适在历史空间中所拥有的显赫地位及在未来世界所闪现的文化魅力，正是由其思想所内含的现代意义决定的。

促使胡适成为中国文化、思想、政治、教育等广泛领域的现代化工作的引路人的主要因素应该归于他所处的时代。生于忧患，死于安乐。在人类文明发展史上，我们常常看到某些时期以其猝然而至的一连串巨大事变而成为历史的重要转折点。对于中华民族来说，近代中国正是这样一个不寻常的时期，鲁迅先生形象地概括其为“不是死，就是生”的大时代。在这一百多年中，中华民族经历了她千古以来最创痛也是最壮观的历史变革。在一次次历史性的大地震中，一个接一个的历史巨人应运而生，他们若如一组组星宿，镶嵌在近代中国的茫茫夜空中。胡适便是这些星宿中耀眼的一组。他一生的所作所为、所思所想，都与他生活的这个时代紧密联系在一起。从这个意义上说，胡适是近代中国这个特定社会环境所孕育的一位巨人，是时代之母的产物。

学者一生的标志就是他的著作，而学者生活中那些最激动人心的事件往往也就是他的思想。就胡适而言，除了抗战期间负命充任四年驻美大使之外，他平常都是以一个温文尔雅的学者面貌出现在世人面前。他热心公务活动，但对政治抱的是“不感兴趣的兴趣”；他乐于解囊相助朋友、同乡、学生和那些向他求救的人，可平生从不以慈善家自居，他对攫取权力和累积钱财没有丝毫兴趣[①]。他的个人品质无可指责。他只认同于一个现代型的学者的身份，他的外表生活，比起从事同类工作的其他人来说显得更为单调刻板。除了在星期天例行做“胡适礼拜”时，人们可以在大厅里听到他幽默的谈吐和畅怀的大笑外，他通常是伏案工作。如果问胡适还有什么特长的话，也许就是他擅长演讲，这是留美时期有意识训练出来的专

---

①　在政治上，国民党当局曾数次邀请胡适出任台湾地区教育、行政、外事部门负责人，甚至地区领导人候选人，均被他谢绝。在经济上，胡适去世时，人们清点他的财物，发现仅有余款135美元。参见陈漱渝编《飘零的落叶——胡适晚年在海外》，《新文学史料》1991年第4期。

长，他演讲场次之多，一年内可达上百次，且受人欢迎，往往是座无虚席。这是他在当时影响力的又一个证明。他博学多闻，写作勤奋，成就惊人，给后人留下了2000多万字的创世纪录。有趣的是，自从胡适在新文化运动中崭露头角，“暴得大名”后，围绕他的争议和聚讼就一直在紧张、激烈地进行，所谓“誉满天下，谤亦随之”。尽管胡适表示对各方面的批评意见“欢迎之至”，尽管他笑纳各种不同意见的人，周围的辱骂和攻击仍从未停止过，以至于世人给他立传时，只能以“波逐四十年”感慨系之。怪不得李敖对胡适这一窘境，不无同情地感叹道：“别看他笑得那样好，我总觉得胡适之是一个寂寞的人。”①

德国哲学家康德有一句名言：我不怕证明有错误，却怕被误解。胡适也有类似的悲哀。

细加追究，围绕胡适生前死后那难以调和的争议和歧见主要是针对他的思想。誉之者，固然承认他的思想影响，但是否真正把握了其思想内涵，却也颇令人怀疑。毁之者，既然下了那么大的气力去批判他，自然也是为了肃清他的思想“流毒”。胡适生前自称为“多神信徒”，在他的神龛里，装有三位大神：“一位是孔仲尼，取其‘知其不可而为之’；一位是王介甫，取其‘但能一切舍，管取佛欢喜’；一位是张江陵，取其‘愿以其身为蓐荐，使人寝处其上，溲溺垢秽之，吾

---

① 李敖：《〈胡适研究〉前记》，文星书店（台北），1964年。

无间焉，有欲割取我身鼻者，吾亦欢喜施与’。”[①]他甚至还表示：“我受了十余年的骂，从来不怨恨骂我的人。有时他们骂的不中肯，我反替他们着急。有时他们骂的太过火了，反损骂者自己的人格，我更替他们不安。如果骂我而使骂者有益，便是我间接于他有恩了，我自然很情愿挨骂。如果有人说，吃胡适一块肉可以延寿一年半年，我也一定情愿自己割下来送给他，并且祝福他。”[②]这些话语如实地反映了胡适在现实面前不断碰壁，在众多的批评者、攻击者面前深感不被理解、苦闷而不甘寂寞的心态。上下艰难求索，知其不可而为之，他是一个理想的自由主义者。围剿他者，攻击他者，不能真正击中他的要害，击中他内在限制这一真正痛处，他当然也就难以心安理得地欢喜施与。对胡适而言，这未尝不是一个悲剧，对转型期的中国文化自身发展来说，这也恰好证明了它内在的不成熟性。

中国有句俗话：盖棺论定。其实，历史长河中的许多人和事都未必如此。有些人可以盖棺论定；有些人甚至未盖棺，即已作为一个历史的存在物，退到幕后，留待人们去思考了；还有一些人，他们遭遇的历史命运和提出的思想命题长久地在后人那里得到反响，引起人们连绵不绝的历史反思，大凡第一流的思想家皆是如此。20世纪30年代，国民党的御用文人叶青写作《胡适批判》一书，认定胡适可未盖棺，即可论

---

① 《胡适致周作人》，《胡适来往书信选》中册，中华书局，1979年，第297页。

② 《胡适致杨杏佛》，《胡适来往书信选》中册，第11页。

定。显然，这只是反映了他本人及当政者要求限制胡适生存的文化空间的主观愿望，后来一浪高过一浪的“胡适大批判”风潮和近十年来在学术界重新出现的“胡适热”，从正反两方面证明了胡适的历史生命力至今仍存，胡适当年提出的那些思想命题仍值得我们去思考、求解和咀嚼。

在逝去的人类历史的夜色中，有的星宿闪耀一时，稍纵即逝；有的星宿孤独地燃烧着，熄灭了，很久很久以后，它的光才到达我们的眼界。胡适是现代中国的思想巨人和学术宗师，对他的理解和研究，可以想象将旷日持久地进行下去，以至于发展到也许连胡适本人都不愿想象的一门浩大繁琐的“胡适学”。就像当今那些精雕细琢的“显学”，如儒学、红学、鲁迅学那样，不要说胡适公开发表的著作言论逃不过人们的研究批判，就是胡适羞羞答答所遮掩的那些恋情隐私也将曝光在人们的眼前。事实上，最近的胡适研究进展已向人们表明，重评胡适，对这位文坛巨匠重新加以历史定位的工作正方兴未艾，有些学者已开始“玩”胡适了，他们对胡适的博士学位真伪之辨和胡适与韦莲司、曹诚英的恋情同样也表现了浓厚的兴趣。

著名作家张爱玲曾意味深长地说过一段话：“我总觉得不但我们这一代与上一代，就连大陆上的下一代，尽管反胡适的时候许多青年已经不知道在反些什么，我想只要有心理学家荣格（Jung）所谓民族回忆这样的东西，像五四这样的经验是忘不了的，无论湮没多久也还是在思想背景里。荣格与弗洛伊德齐名。不免想到弗洛伊德研究出来的，摩西是被以色列人杀死的。事后他们自己讳言。年代久了又倒过来仍旧信奉他。”[①]联想到50年代“胡适大批判”后，在整整20多年间，知识分子视胡适研究为“禁区”，畅销多年的《胡适文存》在书店再也找不到了，国人几乎遗忘了这位历史老人，胡适几乎成为一个被杀死的“摩西”。这表面上看来是他个人的悲剧，但其实是一个民族的悲剧，这本身就是我们民族所经历的那段不正常的历史的真实写照。因此，结束过去那种明显具有“左”倾色彩或个人意气的政治评判，开始对胡适的文化成果和思想素材作一历史的处理，对他竭力阐释的思想命题作一个全面的文化诠释，这既是为了恢复民族的记忆，也是还历史以本来面目之必需。在胡适辞世已30年，“在其恩怨将尽之时”，我们完全有理由对他进行“价值重估”，对他的分析和研究，不再是一个纠缠不清的“问题”，一个带有政治意味的“学案”，而是一种不拘泥于现实的历史评判，一种具有超越意义的文化理解。

胡适一生著述繁多，留下的各种版本也不少。他生前出版的主要代表作有：《胡适文存》（三集）、《胡适论学近著》、《先秦名学史》（英文本）、《中国哲学史大纲》（卷上）、《国语文学史》、《白话文学史》、《尝试集》、《短篇小说》（翻译，共二集）、《章实斋先生年谱》、《淮南王书》、《四十自述》、《丁文江的传记》、

① 张爱玲：《忆胡适》，《张爱玲散文集》，花城出版社，1990年，第79—80页。

《中国章回小说考证》、《我们必须选择我们的方向》、《胡适演讲集》等。经他亲自编选编校的作品有：《词选》《神会和尚遗集》《中国新文学大系．建设理论集》等。他逝世后整理出来的作品有：《胡适手稿》（影印本，共十集）、《胡适来往书信选》（三册）、《胡适口述自传》、《胡适的日记）（影印本，十八册）。胡适的文字以通俗易懂、晓畅明白、说理性强为特点，曾在读书界产生很大的影响，深受读者欢迎。《胡适文存》曾先后发行数版，印刷达几十次，系民国时期最畅销的书籍，哺育了好几代知识分子。

胡适还长于言辞，他的演讲富于雄辩，往往能给听众以强烈的精神震撼和心灵感应，梁实秋先生称他的演讲有“丘吉尔风度”。胡适喜用的许多格言，如“大胆的假设，小心的求证”“宁鸣而死，不默而生”“实事求是，莫作调人”，曾在知识界、教育界广泛流传，为一代青年学生所诵读。

我们编选的这本《胡适妙语》，是从胡适发表的各类作品（包括文艺创作、学术论著、政治评论、随笔杂感、书信、日记、演讲词）中精选隽语警句，撷取思想精华，大体反映了胡适的思想风貌。如读者皆能通过阅读此书，对胡适及其思想有一基本的了解，起到“管中窥豹，时见一斑”的作用，这对编者来说，自然是一件聊以欣慰的事了。

1993年5月12日于岳麓山下

（收入欧阳哲生编：《胡适妙语》，岳麓书社，1995年）

《鲁迅箴语》前言

20世纪即将过去，当我们蓦然回首本世纪中国文化走过的历程，数点那些曾叱咤风云的文化人物，不能不感叹真正称得上大思想家、大作家的人物，可以说是屈指可数。然而，不管人们如何排列，我们相信，在这份名单中，鲁迅是不可或缺的一位。鲁迅之所以能成为20世纪中国最受人尊敬和最为人喜爱的文化人物，是由他本身所具有的精神魅力决定的。

鲁迅是一个伟大的思想家。他的作品表现了其对中国社会政治和文化历史的深刻理解和独特处理，这种理解不仅仅是批判性的，而且是现代性的。鲁迅对中国历史的诠释和对国民性的批判最切合五四新文化运动的要求，因而他理所当然地被人们奉为五四以来最重要的思想家之一。

鲁迅是一个伟大的文学家。五四新文学之所以在中国文学从传统向现代转型的过程中起着关键性的转折作用，在于它不仅创造了新鲜活泼的文学形式，而且提供了富有现代意识和时代精神的文学内容。《呐喊》《彷徨》等作品正是五四新文学的典范，鲁迅因此被人们推为中国新文学的奠基者。

在本世纪中国文化史上，伟大的思想家和卓越的文学家可分别开出一列名单，但像鲁迅这样一身二任的却实属罕见。鲁迅的作品是人文学科专业研究人员的必读书，也是普通读者所喜爱的畅销书，他的作品所产生的广泛而深刻的影响，远非同时代其他文化人物所能比肩。

近年来，虽出现了周作人、林语堂、梁实秋等人物的作品热，同时也有一些曾经红极一时的文化人物被人们所冷淡，但鲁迅的作品一直为人们所喜读，人民文学出版社出版的十六卷本《鲁迅全集》保持长盛不衰的销售势头，便是明证。这多少说明鲁迅作品的经典意义已经为人们所接受，鲁迅的精神已融入民族文化的血液中去了。

鉴于鲁迅在中国文化历史上这种独特的地位和作品所具有的价值，我们决定编选这本《鲁迅箴语》，以便在这个生活节奏极快的时代，为人们在难得的闲暇中，提供一份“文化快餐”享用。鲁迅生前曾经批评这种“摘句”式的做法容易引读者入迷途。我们怀着惴惴不安的心情冒险从事这一工作，意在为人们了解鲁迅作品提供一个入门的导引。如果要真正理解鲁迅作品的蕴含和精神，最好的办法自然还是去读《鲁迅全集》。

1996年10月15日

（收入李德文编：《鲁迅箴语》，岳麓书社，1996年）

驰骋台岛的大侠
——《李敖狂语》前言

在台湾文坛，把李敖列为第一号狂人，大概不会有人出来挑战。李敖以他那狂放不羁的个性和洒脱自如的文字驰骋文坛，不仅掀起了一场场狂风暴雨般的文化论战，而且使朝野上下为之震惊。

李敖的狂名常使人以为他出身不凡，其实不然。查阅一遍《李敖自传与回忆》，就可看出他的个人阅历不过是时代风雨的一个历史缩影。

李敖，祖籍山东潍县。1935年4月25日出生在东北哈尔滨，这是一个民族危亡的年代。幼小的他随家辗转搬迁，先后流落北平、太原、上海等地。14岁那年，从上海搭船漂到海上，落了台湾的户籍。他先在台中一中念书，1954年以同等学力的资格考进台湾大学法律系。学了不到一年，他就不念了，休学了几个月，又鬼使神差地进了台大历史系。“历史系是一个神秘的系，它可使狂者愈狂、狷者愈狷、笨者愈笨。”李敖属于狂的那一类。在夏日炎炎的校园里，人们常可见到一位戴着黑框眼镜，身着青袍长褂的青年学生拎着一大包书，往前急匆匆地赶路，他的出现被视为台大一景，常招来路人的注目。颇有点类似五四时期拖着辫子的辜鸿铭在北大校园穿梭而过时，大家都瞪大眼睛注视这位怪杰一般。四年的大学生活，除了每学期终须硬着头皮复习应考外，其他时间，他就乐得自由自在自己读书，或是跟一些好朋友游山玩水、喝酒吵架，深更半夜坐在校园草地上，直谈到天明。

1959年大学毕业后，李敖去军队服役，官衔是少尉排长。一年半的军队生活凝固了他个人的思想与悍气。1961年退伍后，他考中了“中研院”史语所研究生，这年冬天他向《文星》杂志投出了第一篇稿子——《老年人和棒子》，《文星》杂志主编陈立峰读后极为倾倒，将李敖介绍给老板萧孟能。从此他与《文星》发生了四年的文字关系，被提升为“文化明星”似的人物，而《文星》杂志也由一个普通刊物一跃成为风雨汇集的焦点刊物。关于这段经历，李敖后来自豪地回忆说：“在李敖影响之下，《文星》主张中国走现代化的道路，它的自由、民主、开明、进步、战斗等鲜明色彩，表现在《文星》杂志上、文星丛刊上、文星集刊上，以及其他大量的出版品上。《文星》为中国思想趋向求答案，在挖根上苦心焦思，在寻根上慎终追远，在归根上四海一家，定向方面的成绩，至今空前绝后，没有任何杂志和书店赶过它。”

1965年，《文星》被当局查封，李敖的个人专集，如

《孙逸仙与中国西化医学》《传统下的独白》《历史与人像》《为思想趋向求答案》《教育与脸谱》《上下古今谈》《文化论战丹火录》《闽变研究与文星讼案》等书也遭查禁。以后警方人员又不断对之清查或“约谈”。1967年4月8日，台湾当局以“妨害公务”罪名提起公讼，李敖被迫封笔，这位风云一时的“文星”竟只能靠变卖旧电器、《古今图书集成》等古书维持生计。1970年1月，他开始被警方“跟踪监视”，失去了自由。

1971年3月，台湾当局将李敖逮捕下狱。在五年八个月的监狱生活中，李敖几换牢房，其中有“保安处”不见天日的密封房，有“军法处”臭气四溢的十一房，有“仁教所”完全隔离的太平房，有台北看守所龙蛇杂处的三二房。其中在“军法处”的八号房，他独自住了两年半之久……警方要李敖坐穿牢底，李敖却牢底开花，磨砺自己的个性，酝酿深邃的思想，撰写言近旨远的著作，让思想的翅膀飞越监狱的高墙自由地翱翔。1976年11月19日，李敖这位死不改悔的政治犯终于破例无保释放。

李敖出狱后，做了三年土炮工。1979年6月，重返文坛，发表《独白下的传统》，再掀巨浪。以后定时为报纸撰写专栏文章，编《千秋评论》。纵笔所至，所向披靡；朝野上下，无不惊诧，真可谓“文无敌”了。1981年8月14日，李敖又因“惹是生非”，被投进监狱，坐了六个月牢。从牢狱放出后，他又开始自己“没有青春只有‘斗’”的生涯。从蒋经国，到李登辉，再到民进党，无不对李敖咬牙切齿，恨不得将他送上断头台。所幸其时党禁已开，政治渐趋民主，“法律面前，人人平等”，你要消灭李敖，说不定还被李敖消灭呢？！

纵览李敖的人生历程，可知这位文坛巨子命运多舛，身手不凡。他虽遭遇了许多艰难挫折，但又以自己坚强的意志和过人的毅力，渡过了难关。在他思想形成过程中，对他发生影响的人众多：幼时是父亲李鼎彝，他是北大文科出身，他教李敖要爱国就要跟着国民党走，不然就会成为“汉奸”。中学时代是严侨，他是严复的孙子，对于这位具有迷人气质的青年教师，李敖深情地写道：“他的伟大人格、他的音容笑貌、他的热情犀利、他的悲惨人生，却对我永远是‘现在式’，他是我人格上的导师，我庆幸在我一生中，能够亲炙到这么一位狂飙运动下的悲剧人物，使我在人格形成中，得以有那种大陆型的脉搏、那种左翼式的狂热，那种宗教性的情怀与牺牲。”（《我的导师严侨》）大学时代是胡适、姚从吾、殷海光，这三人都有着北大血统，都崇信自由主义，李敖沐浴他们的思想阳光，循着他们指引的路子往前走，终于实现自我。

“世界上没有白坐的牢。”李敖两度坐牢，他的思想正是在牢狱中产生的。在牢狱中，他认识了国民党，认识了各种各样的人，认识了自我。在牢狱中，他听到了人类最惨烈的嘶叫，他看到了野兽般凶残的嘴脸，他忍受了最不堪忍受的孤寂。从那些被侮辱、被损害的小人物的呻吟中，从那些没完没了填压式的思想洗脑的吆喝声里，他产生了思想的灵感：“只要有下层阶级，我就同俦；只要有犯罪成分，我就同流；只要狱底有游魂，我就不自由。”

1985年，台湾远流出版公司在推出《李敖全集》时，王荣文先生在前言中将李敖的写作生涯段分为三个时期："古典李敖"、"当代李敖"和"未来李敖"。"古典李敖"始于《老年人和棒子》，止于《千秋评论》的创办。这一时期的李敖，棒打传统文化，掀起中西文化论战，基本上是探讨文化问题，可以称为"文化的李敖"。"当代李敖"是从李敖编《千秋评论》起，每月两本书，书生大论政，以历史批判当政的国民党，以笔杆左右在野党选情。这一时期的李敖注重于政治问题，所以又可称为"政治的李敖"。"未来李敖"是指李敖本人承诺过，人们也期待着，支票却迟迟未兑现的李敖。李敖许诺说："我要在四十五岁起，多搞世界性、永恒性的大手笔。""对世界、对中国的指向，将是我下半生的主力。"相对于他过去的惊人履历，这一承诺是人们所寄望于他或考验于他的，对于前途未卜的李敖，暂且无以名之，只能说"未来李敖"。

从李敖现有的工作方面和写作成就看，我们给他冠上这几个头衔，应是可许：

李敖是文章大家。他对白话文的运用技巧真是达到空前的高度。他十分自信地宣布："五十年来和五百年内，中国人写白话文的前三名是李敖、李敖、李敖。"

李敖是社会评论家。他的杂文时评，无所不评。从执政的国民党，到在野的民进党；从政治要人如蒋氏父子的评定，到政治冤狱如张学良案、孙立人案、"二二八"案的翻案；从揭露社会黑幕，到针砭社会流俗，批评对象不管他是权倾一时的政治大腕，还是家资亿贯的大商巨贾，李敖都毫不留情，其文字犀利、尖刻，有如匕首刺人，常击中对方要害。李敖奉守的信条是“真理所在，绝不饶人”。

李敖是思想家。从他青年时代撰写《为中国思想趋向求答案》，到发表经久不衰的《独白下的传统》和《传统下的独白》姊妹篇，到如今潜心写作《中国思想史》，他是一个“赤膊上阵”的“全盘西化”战将，他是传统文化的坚定反叛者。在台岛相对保守的文化气氛之中，他独唱反调，好走极端，他发出的声音激昂、高亢，听起来真够刺激。

李敖是历史学家。从台大历史系到“中研院”史语所，他原是科班出身。他以丰富的历史知识和深刻的历史辨析力，挖掘前人不曾注意的历史材料，勾勒沉积多年的历史问题，辨清历史长河中所存的冤案、疑案、假案。他是台湾史学界第一个挺身而出，公开写文章为张学良、为雷震、为孙立人翻案的人。在台湾社会被重重禁忌所锢，年轻一代不明历史真相时，他打擦边球，利用官方资料或其他资料，旁征博引，揭露国民党的真实历史。他信守历史学家的天职是弄清历史的真相。

李敖是一个大藏书家、大编书家。他家中满墙皆书，藏书之丰富，令人难以想象。他毫不夸口地说：“我生平收藏资料，是大规模的，正像韩愈《进学解》中所谓‘贪多务得，细大不捐’、‘俱收并蓄，待用无遗者’。在大规模的标准下，几乎在取无舍，只要片纸只字，就多在收藏之列。宁肯失之滥，不肯失之交臂。对资料的态度，正好和我交友态度相反。”（《资料大王小谈》）由于藏书丰富，他几乎可以足不出户，在家完成自己的写作工作。他自许“真正第一流的大思想家的工作地点是自己的书房，而不是图书馆”。他自编自导，创办李敖出版社，出版“李敖千秋评论丛书”“真相丛书”“李敖新刊系列丛书”，迄今已达数百种。

李敖还有一大特长，就是爱打官司。如果以个人为单位计算，大概没有人的官司能超过他。他告人，他被告。他精于法律条文，擅长写诉词或辩词，其水平不让知名的大律师。

要了解李敖不是一件容易的事。要给他画一幅肖像，将他的内在世界表现出来，更是难上加难。李敖的朋友苏荣泉曾说：“常有人问我，李敖是怎样的人？”他只能如是回答：“一、李敖是台湾社会观察者。二、李敖就是李敖那一种人，那一种人只有李敖那一个！三、一般人只注意李敖的恩怨是非，而忘记了他作品的可读、可爱。四、李敖是都市丛林中的稀有动物，和他相处的秘诀是：不要和他‘斗’。”

李敖现在真正是著作等身了，那些由他编辑的资料集子不计在内，那些重复出现的各种结集不算，1985年，台湾远流出版公司隆重推出的《李敖全集》就达24册（另有附册2本）。其篇目如次：（1）《窗与窗外》；（2）《海盗万岁》；（3）《不要西瓜皮》；（4）《且从青史看青楼》；（5）《大学后期日记》；（6）《万世生表》；（7）《老年人和棒子》；（8）《蒋廷黻和他走的路》；（9）《播种者胡适》；（10）《西餐叉子吃人肉》；（11）《我中华大赌特赌史》；（12）《一个学阀的悲剧》；（13）《旧天子与新皇帝》；（14）《胡祸呢？还是祸胡？》；（15）《西医与革命》；（16）《大慈大悲李敖菩萨》；（17）《现代史辨伪方法论》；（18）《好汉做事好汉当》；（19）《我的殷海光》；（20）《大学札记》；（21）《文化论战的一些史料与笑料》；（22）《我要尿尿》；（23）《被歪曲的革命家》；（24）《胡适评传》。然而，这24册的《李敖全集》不过是"古典的李敖的一个总结"。也就是说，这部《李敖全集》只不过是收集了作者80年代以前的文集，书信、日记尚不在其内。而在80年代的头四五年中，李敖出版的各种集子就已超过了过去20年的总和。粗略估计，迄今为止，李敖写作的文字已逾千万字。可以说，李敖是以勤奋的写作和高产的文字赢得自己在台湾文坛的霸主地位。

近十年来，随着海峡两岸文化交流的增多，李敖的作品也流入大陆，数家出版社竞相出版他的著作，青年们争抢、争看这位狂人的作品。为了帮助人们全面、系统地了解和透视李敖，我们从李敖作品中撷取反映他思想的语粹，让人们一睹他文章的风采。狂人狂语，窥斑见豹，不亦乐乎！

（收入欧阳哲生编：《李敖狂语》，岳麓书社，1995年）

“酱缸文化”的始作俑者

——《柏杨奇语》前言

在当今文坛，柏杨的盛名已享誉海内外。他著述等身，涉及面广，集诗人、专栏作家、小说家、政论家、历史学家、思想家于一身，有人称他为“五千年来仅此一人”。他一人将卷帙浩繁的历史巨著《资治通鉴》译成白话文，这一壮举确实非同凡响，令天下学者文人为之惊叹。柏杨可谓文坛的一大奇人了。

不幸的身世是创作者的财富。的确，柏杨曲折的人生道路带有神奇的色彩。他原名郭衣洞，祖籍河南辉县，1920年出生于河南开封一个中等家庭，乳名小狮儿，一岁多母亲就去世了。他自幼就未曾沐浴过母爱的光辉，在童年的记忆里，只有后母的打骂和父亲那威严、冰霜似的面孔。北国的寒冬冰冻三尺，小狮儿的手脚冻裂冻烂了，也没人管。父亲在外地工作，回家见他被继母打得遍体鳞伤，只好把他带到祖居河南辉县读书。学校的老师很凶，时常体罚学生，小狮儿的头脑本来不错，在老师的打骂下，反而变得僵滞。

小狮儿考取辉县私立百泉中学。学校规定星期天学生也不能外出，小狮儿念家，有时溜回去。有一个星期天，老师发现了。他和老师争辩，老师动手打他，把他拉到校长室，威胁要叫警察。他拔腿飞跑，这一跑就再也回不去了，学校将他开除了。

小狮儿回到开封，考上了当地的一所名牌中学念高中。17岁时，他终于忍受不了后母的打骂，在用拳头回应了最后一次虐待之后，满含着泪水离开了家门。从此，他踏入了社会，与这个多灾多难的民族一起经受痛苦的磨炼。那一年，抗日烽火震撼着中原大地，这个瘦弱、倔强的青年一来到人生的十字路口，便卷入了时代的洪流。他随流亡的学生来到了汉口，考入了战干团，后来进了设在四川三台县的东北大学。在学校里，他的才华和锋芒开始展现，人们也对他刮目相看了。

1946年，他大学毕业，到了东北沈阳，担任东北青年日报社社长、辽东学院副教授。1949年，柏杨离开大陆去台湾。50年代起，以本名从事小说创作，开始了写作生涯。曾从事过政治活动，担任过成功大学副教授、台湾艺术专科学校教授，稍后又任《自立晚报》副总编辑。60年代，他用笔名柏杨为《自立晚报》和《公论报》撰写杂文，对中国文化的病态、流弊，社会、官场的阴暗面，作猛烈揭发与攻击，在社会上引起强烈反响。在这期间，他也饱尝了人生痛苦。他失过业，流过浪，生活游移不定，常常陷入窘迫的境地。他回忆说，那时最大的愿望是能吃上一个馒头。

1968年3月7日，柏杨被捕入狱。事因是当时他在前妻倪明华主编的《中华日报》家庭版上，开辟了一个《大力水手漫画》专栏。其中有一幅漫画，内容是父子合购了一个小岛，在岛上建立了王国，并由父子二人竞选领导人。这幅画触怒了台湾当局。他们以“侮辱元首”“通匪”的罪名将柏扬逮捕。先以死刑起诉，后减处有期徒刑12年。入狱后逢当局减刑，遂减为8年，囚禁在太平洋火烧岛。柏杨自小丧母，不知自己的生日，后来他就以入狱的那一天作为自己的生日。

柏杨入狱后，他的前妻倪明华弃他而去。充满感情的柏杨却以炽热的父爱，凭窗给自己幼小的女儿写下了一封又一封情真意切的书信。1976年3月6日，他期满出狱，又被软禁在岛上。直到第二年4月1日，经海内外及国际特赦会多方营救，才被释放，共坐牢九年零二十六天。近十年的铁窗生涯使他断了一条腿，但没有击垮他的意志，他以惊人的毅力和坚强的意志，完成了《中国人史纲》《中国历代帝王皇后亲王公主世系全集》《中国历史年表》三本历史著作。

柏杨返回台北后，被聘为中国大陆问题研究中心研究员，并为台湾《中国时报》《台湾时报》撰写专栏，成为岛内稿费及版税最高的作家之一。1981年春，他应邀前往新加坡、马来西亚等地访问，受到英雄式的欢迎，刮起“柏杨台风”，中英文报纸誉之为“在火难中上升的凤凰”“中国文化的良知”。同年夏，他赴美国旧金山参加世界诗人第五届年会，在洛杉矶、纽约等地发表以“中国的酱缸文化”为题的演讲，震撼了人们的心灵。1982年春，他又访问了泰国、马来西亚；夏，赴西班牙马德里参加世界诗人第六届年会，访问了西班牙、德国、意大利、圣马力诺、梵蒂冈等国家。1984年他参加了美国爱荷华大学国际作家写作计划，以“丑陋的中国人”为题在各地演讲，引起强烈的回响和争议。

柏杨已出版小说、杂文、诗、报告文学、历史著作等50余种著作。有人将他在台湾的生活概括为“十年小说，十年杂文，十年铁窗，十年史学”。大致说来，50年代，柏杨主要从事小说创作；50年代末以后转向杂文写作，影响很大。这时期他发表的报告文学《异域》震动台岛，在不过1000多万人口的台湾，该书销售了100多万册，成为最畅销的作品。入狱后，他除进行历史著述外，还创作了一批诗歌作品。出狱后，他先从事了一段专栏写作；自1983年起，他开始了将《资治通鉴》翻译成现代白话文的工作，穷十年之力，到1993年终于大功告成，在海峡两岸同时发行，是这时期最具影响力的历史著作。

有人说柏杨的杂文类似于鲁迅的杂文。而柏杨自认小说受鲁迅的影响更大，杂文的风格却属于他自己。不管怎么说，在写作风格上，柏杨的作品行文汪洋恣肆，无所拘束，而又辛辣尖锐。读他的作品，有一种说不出的痛快。没有无病呻吟，没有歌功颂德，没有矫揉造作，有的只是一篇又一篇针砭时弊、泼辣大胆的“挑战书”。庸俗的市侩、阴暗的政治黑幕、恶浊的社会风气、可恨的民族劣根性，一一成为他那犀利笔锋的解剖对象。唯其如此，他才为一些人不满，为当局不容。但柏杨绝不是一个无情无义的人，他豪情侠义，乐于助人，有一种“梁山泊好汉型的性格”。在他作品的嬉笑怒骂背后，也隐含着深厚的悲天悯人情操，就是这样一个富有强烈个性的人，将对真善美的爱和对假恶丑的恨奇妙地集于一身。诚如著名作家聂华苓所说：“郭衣洞小说和柏杨杂文有一个共同点：在冷嘲热讽之中，蕴藏着深厚的‘爱’和‘情’。他大半辈子，就是个‘情’字——亲情、友情、爱情、人情、爱国之情；他就为那个‘情’字痛苦，快乐，愤怒，悲哀，绝望，希望……甚至在狱中，柏杨也充满了悲天悯人之‘情’，他在狱中写给女儿佳佳的信就洋溢着那份情。”（《〈新城对〉试读：炉边漫谈》）

柏杨先生多次来大陆观光、探亲，对故土、家园、故旧、亲友寄托着深厚的感情。他的主要作品也相继在大陆出版，为广大读者所喜爱，属于最畅销的境外作品之一。笔者有幸于去年秋天在北京饭店与柏杨和他年轻美貌的夫人张香华女士谋面，望着这位饱经风霜和风雨吹打的铁汉，眼前的柏杨是那样风度潇洒，那样神态自若，那样意志昂扬，全然不像一个已入古稀之年的老人；再与他交谈，听他发表言论就像读他的书一样：痛快舒畅，令人心旷神怡。

为了让广大大陆读者了解柏杨作品的概貌和精粹，我们从他的大量杂文作品中精选奇言妙语，按照不同内容，重新归类组合，编成这本《柏杨奇语》，以求达到窥斑见豹的作用。但愿读者能通过这本书，了解柏杨的思想和精义，拾取其中的精华珠玉。如本书对柏杨先生作品的精华有所遗漏，则由编者负责，亦请柏杨先生见谅。

1994年3月7日于北京大学中关园

（收入欧阳哲生编：《柏杨奇语》，岳麓书社，1995年）

卷 五
胡适丛谈

我的胡适研究之路

我的胡适研究要从1986年说起，那年秋天，我在确定硕士毕业论文选题为“胡适早期政治思想研究”后，为查找胡适的材料，踏上了寻访胡适故乡安徽绩溪的旅途。9月下旬在武汉华中师范大学开完两湖地区纪念辛亥革命的学术研讨会后，即乘船溯江而下，到芜湖上岸，再转坐火车到绩溪。在绩溪访问了当地的县志办等处，他们面对一位陌生青年学生的来访，似有一种异样感。那时社会上对胡适研究毕竟还存有疑虑。在绩溪，我没有获得预期的效果。随后我去上海、北京，遍访两地的图书馆，查找《竞业旬报》《留美学生年报》《留美学生季报》等刊。在沪、京待了近一个月时间，我基本上查获了胡适早年在这些刊物发表的文章，这是一次颇有收获的学术寻访之旅。后来我编辑北大版的《胡适文集》，利用这些材料，整理、编辑了第9册《早年文存》。

1987年夏我完成了硕士论文——《胡适早期政治思想研究》。当年冬天，为参加纪念魏源逝世130周年暨中国近代文化史学术研讨会，经导师林增平先生的认可，我撰写并提交了一篇论文——《重评胡适》。

现在回想自己最初进入胡适研究领域，做这么一个课题，的确还有一点“冒险”。记得我在写作《重评胡适》那篇论文时，林先生为了其在政治上和学术上站稳脚跟，特叮嘱我需引经据典来说明“重评胡适”的理由，这就是《重评胡适》那篇文章第一节大段引用马克思、恩格斯、列宁对黑格尔、巴尔扎克、托尔斯泰的评价的缘由。论文投递《湖南师范大学学报》后，责任编辑为慎重起见，还一定要我的导师林增平先生亲自审读并把关。没想到那篇文章发表后，引起了很大的反响，《新华文摘》1988年第5期转载，《报刊文摘》1988年4月12日、《高校文科学报文摘》1988年第4期、《编辑参考》1988年第4期、《文艺报》1988年11月6日、《文史知识》1990年第12期、台湾《国文天地》第8卷第7期、《湖南社会科学年鉴1987—1989年》等刊转摘或介绍论点，中日合办的《明日》1989年创刊号也转载。我第一次感受到一项学术上的突破在知识界可能产生的后续影响。从此以后，我的名字开始与胡适研究紧紧联结在一起。

1988年夏到1989年夏，我因为撰写“蓦然回首丛书”编委会所约书稿，暂时搁置了胡适研究。1989年秋季，我考取了华中师范大学历史所与湖南师范大学历史系合招的中国近代史专业博士生（在职），进入了学业的新阶段。第一学年修完必修、选修课程学分后，我开始考虑博士论文选题。恰逢这时，发生了一件对我的人生和博士论文选题具有决定性意义的事情。

1990年，台湾的《中国时报》在一年一度的“时报文学”奖特别设置了一个征文项目——胡适诞辰百岁纪念征文。在临近截稿日期（7月31日）的前一个月，《中国时报》不知从哪里打听到我的通讯地址，将征文通告寄给我，约请我撰稿。台湾一位未曾谋面的胡适“粉丝”、企业家陈宏正先生亦从北京王府饭店发来一信，告诉我台湾《中国时报》主办“胡适诞辰百岁纪念征文”一事，希望我参加。在湖南文艺出版社的一位朋友家里，我也看到了“时报文学”奖的征文广告，这位朋友知道我研究胡适，故也鼓励我参与竞赛。当时我与台湾方面并无任何来往，但上述几方面的鼓励，似乎表现了大家对我参加征文竞赛抱有某种期待，我所身处的南方学人圈对与台港文化、学术界的交往比较热情。实际上，两岸之间的关系最先也是从文化、学术交流开始突破，学人之间并没有因为长期的阻隔，而视对方为敌，反而抱有善意、诚意进行良性的互动。在那个炎热的夏天，我独坐斗室，写下了《自由主义之累——胡适思想之现代意义阐释》一文。这不过是一篇5000字的短文，文字之凝练，思想之成熟，似乎是我学术生涯的又一次新的突破。我至今能清晰记忆起自己写作那篇文字时内心的激动、冲动，由于有一年的时间没有发表文字，自己的内心世界像一座蓄势待发的火山，寻找喷吐的突破口，胡适这一主题终于再一次成为表现自己思想的最好题材，这是学术与思想积累的又一次真正爆发。当时学术界不要说根本没有条件讨论自由主义，就是撰文使用这一字眼的学人几乎也很鲜见。故以自由主义为主线来研究胡适，不仅对胡适本人是一个恰当的历史定位，而且对推动整个学术界重新认识、理解近代中国自由主义思想的意义亦有开先河的作用。这篇短文在这次征文竞赛中获得一等奖（第一名），获二等奖者为《联合文学》主编高大鹏先生和《台湾新闻报》主笔邓伯宸先生，后来，我与他俩认识，成了朋友。高大鹏先生还将其子高谊（台湾大学政治学系学士、硕士）送入北大历史学系深造，成了我门下的博士生。这也算是两岸文化交流、联谊的一则趣谈！

紧接着是写作博士毕业论文。围绕选题，我有点犹豫。我向导师提出了两个题目：一个是新文化运动研究，一个是胡适思想研究。导师以为我在胡适研究上积累了比较好的基础，鼓励我继续大胆地做下去。林先生以他特有的幽默口吻对我说，“在我们的青年时代，胡适是被奉为知识分子模范式的人物。解放以后，我的学术生涯却是从批判这位模范式的人物开始”。他告诉我一个“秘密”，新中国成立以后，他响应号召，在学报发表的第一篇论文就是以批判胡适为主题。当他自己在“文革”中作为资产阶级反动学术权威被《湖南日报》以48版的篇幅连篇累牍地批判以后，他终于醒悟过来，以后再也不愿提那篇文章了。他的“钦点”自然对我起了加油的作用。在当时并不怎么宽松的环境中，林先生无形之中也成了我这项研究的保护人。

遗憾的是，1992年夏我博士毕业后不到半年，林先生即因身患癌症告别人世。我只好请另一位自己熟识的“胡学”前辈、美籍华裔学者唐德刚先生作序，唐先生欣然应允，以《论“转型期”与“启蒙后”——欧阳哲生著〈胡适思想研究〉序》为题作序，刊登于刘绍唐先生主编的《传记文学》（1993年第62卷第2期）。文中提到我与唐先生的结缘。唐先生是“胡学”界极为尊重的老一辈学者，在现代中国人物口述史学方面，他可以说是一位大师级人物，他撰写的《李宗仁回忆录》《顾维钧回忆录》被视为这一领域的经典之作。《胡适口述自传》《胡适杂忆》在“胡学”研究同行中也是必读的参考著作，他愿为我的著作写序，显示出他对一个晚辈学人的提携和关爱。根据我博士论文扩充、修改的专著《自由主义之累——胡适思想的现代阐释》，1993年由上海人民出版社出版。后来也有不少以胡适为专题研究的博士毕业论文，但这篇博士论文可以说是中国大陆这一系列博士论文中的第一篇。《中国社会科学》1994年第6期、《文汇读书周报》1994年4月9日都曾刊登书评加以评介。该书经过修订，2003年、2007年由江西教育出版社收入“鹅湖学术丛书”两度再版。

1993年6月，我进入北京大学历史学博士后流动站工作。来北大以后，我的胡适研究似乎处在一种身不由己的状态之中。从事一个人物的个案研究既久，学术视野受到限制，遂易产生厌倦感。本来在完成《自由主义之累》那本著作后，我曾有心转到别的研究课题上去，拓展自己的研究领域。但这本书招来出版界的注意，使我难以从胡适研究这一课题中抽身。北京大学出版社编辑刘方向我征询出版胡适作品的选题，我告诉她，胡适的书信尚无人系统整理。她当即约请我编辑《胡适书信集》。在当时胡适本人著作出版甚少的背景下，这是一个颇具诱惑力的约稿。因当时社科院近代史所的胡适档案尚有相当数量的胡适书信未经整理、公布，我遂找耿云志先生合作。经过两年多时间的编辑整理，《胡适书信集》（3册）1996年9月由北京大学出版社出版。可以说，我的硕士、博士、博士后这三个阶段，虽学业在不断上升，但研究课题和主要精力都放在胡适研究这一课题上。

《胡适书信集》出版后，各方面反应比较热烈，大家对出版胡适作品似有一种鼓劲的势头。所以，北大出版社考虑在1998年推出纪念北大一百周年的出版物时，又征询我对选题的意见。我表示可以编一套中型的《胡适文集》（6册），以应读者之需。没想到此工程一上马，出版社感觉6册的分量不够，又要求我增编，这样将原计划的6册增加为12册，篇幅扩充了一倍，基本上囊括了胡适的重要作品。1998年10月，经过自己的努力和各方面的支持配合，《胡适文集》（12册）如愿在北京大学出版社隆重推出。2013年10月修订再版时，修订工作本着整理如旧的原则，尽量按照原作最初发表的原始面貌进行整理。为确保质量，我们几乎将《胡适文集》所收作品重新与原始出处做了一次核校，大大提升了编校质量，因此，它是迄今胡适著作最为精审的版本。《胡适文集》所收文字达663多万字，在当时海内外胡适著作结集中，是规模最大的一套。直到2003年，安徽教育出版社推出《胡适全集》（44册），其规模才超过了北大版《胡适文集》。皇皇15册的北大版《胡适书信集》和《胡适文集》，若如一座丰碑，刻记了胡适在新文化史上的伟绩，也创下了北大出版社出版的个人著作中，字数最高的历史纪录。

安徽教育出版社编辑出版的《胡适全集》，我与耿云志先生继续合作编辑、整理了其中的书信部分。巨大的文献整理工作量，不知不觉消耗了我十余年光阴。这期间，我虽然也写作了《严复评传》，发表了与五四新文化运动有关的系列论文，以后还整理、编辑了《傅斯年全集》《丁文江文集》，但其影响却不能与我整理的这些胡适文献相比。本不擅长做这类资料整理工作的我，没想到经过这十多年的磨炼，如今俨然也成了一个特约编辑。

在进行胡适文献整理工作的同时，我根据自己的独立探索和研究心得，撰写了以胡适为主题的一系列研究论文。通常我撰写胡适研究论文，都带有“被逼”的因素，或应邀参加会议，或应约撰稿，大多为“命题作文”。一般来说，我对这些受邀或应约都会抱着配合的态度，不敢懈怠，因而对论文的写作确实也格外用心、极为投入。1991年10月应邀出席香港中文大学中国文化研究所主办的“胡适与中国现代文化”国际学术研讨会，我提交了长文《胡适与陈独秀思想之比较研究》，被会议安排在第一位发言。1991年11月7—10日参加耿云志先生发起的、在安徽绩溪召开的中国大陆首次“胡适学术研讨会”，我提交了《胡适与中国传统文化》一文，会后我为这次盛会撰写了综述，刊登于《中国社会科学》1992年第2期及其英文版1992年第3期上，台湾“中研院”近代史所《近代中国研究通讯》第13期（1992年3月出版）也予以刊载，这些报道对外界了解中国大陆胡适研究的动态应有所帮助。1995年5月参加在华东师范大学举行的“胡适与中国新文化”国际学术研讨会，提交了《自由主义与五四传统——胡适对五四运动的历史诠释》一文。1996年8月应陈鼓应先生之约，为其主持的“北京道家文化国际研讨会”撰写了《胡适与道家》一文。1998年北京大学一百周年校庆，应《名人与北大》主编萧超然教授之约，撰写了《胡适与北京大学》。同年，应台湾“中研院”史语所王汎森先生之约，为其编辑的《新学术之路——中央研究院历史语言研究所七十周年纪念文集》撰写了《胡适先生与中研院史语所》一文。北大版《胡适文集》出版之际，我撰写了《胡适的文化世界》，此文原意作为《胡适文集》前言，后因种种原因而撤稿，只好发表在《北京大学学报》和台湾的《传记文学》上，并将《胡适文集》的广告置于文后，以示宣传之用。2000年10月应李又宁教授之邀，参加在纽约举行的“华人对美国的贡献”国际学术研讨会，提交了《胡适与中美文化交流》一文。2001年2月22日应耶鲁大学东亚系主任孙康宜教授之邀，发表了“胡适在现代中国”的演讲，以后以此题受邀在多处演讲。2004年9月应邀出席哥伦比亚大学为纪念该校250周年主办的“哥大与中国”国际学术研讨会，撰写了《胡适与哥伦比亚大学》一文，这篇论文采用了我在哥大档案馆发掘的胡适档案材料，首次公布了胡适1927年3月21日获取博士学位注册表的影印件。同年应陈来教授之约，为其主编《北大哲学门经典文库》编辑《胡适选集》（吉林人民出版社，2005年），此书后来收入《中国文库》第三辑。2005年10月20日在广州的“南国书香节”上，我发表了“重新发现胡适——胡适档案文献的发掘、整理与利用”演讲，这篇演讲系统介绍了中国大陆、台湾地区和美国三地收藏整理胡适档案的情形。同年12月3—4日应邀出席南开大学与日本爱知大学合办的“现代中国学术方法论研究”学术研讨会，提交了《中国近代学人对哲学的理解——以胡适为中心》一文。2009年为纪念五四运动九十周年，北大主办了“五四的历史与历史中的五四”国际学术研讨会，我提交了《中国的文艺复兴——胡适以中国文化为题材的英文作品解析》一文。中国社科院近代史研究所主办“纪念五四运动九十周年国际学术研讨会”时，提交了《〈新青年〉编辑演变之历史考辨——以1920年至1921年〈新青年〉同人来往书信为中心的探讨》一文。这两篇长文均是积自己多年研究心血撰写而成。前一文广泛采用了胡适英文作品材料，发前人之所未发；后一文利用了在胡适长子胡祖望先生家中发现的一组《新青年》同人来往书信，对之作深入解读。2011年4月17—18日应邀出席在南京大学举行的“胡适学术与思想”国际学术研讨会，提交了《胡适与西方近世思潮》一文。通过参与上述各方面学术活动，自己胡适研究的领域逐渐扩展，胡适不仅是一个被重新认识的历史人物，而且是一个真正具有学术研究价值的题材。2011年9月至10月间，我第四次访问台湾。台北秀威资讯科技股份有限公司副总编蔡登山先生约请我将自己的胡适研究成果和五四运动史研究成果汇编成书，我感觉这是一个总结自己学术研究成果的好机会，遂将自己的相关论文分别汇集收入《探寻胡适的精神世界》《五四运动的历史诠释》两书，由台北秀威资讯科技股份有限公司于2011年10月出版繁体版。2012年北京大学出版社又推出两书的简体版，简体版较繁体版的内容有所扩充。

2012年11月应邀出席在杭州举行的“司徒雷登与中国近代教育”学术研讨会，我以“胡适与司徒雷登——两个跨文化人的历史命运”为题发言，以后将此题衍成长文，发表在《史学月刊》2014年第1期。在写作该文时，我发现台北远流版《胡适的日记》（影印本）有被抽除的痕迹，也就是说，根据远流版整理的《胡适日记全编》实际上并非“全编”，整理者对此前的删除处理显然不知觉，这在胡适文献整理中当然是一个有待弥补的问题。2013年夏，我应日本东京大学之邀，作为时两月的访问，利用这次访日机会，我遍搜胡适著作的日译本及胡适与日本的相关材料，颇有收获，拟根据这些材料写作《胡适及其著作在日本》。可以说，每年或每隔一年，我都会在胡适研究领域发表一篇研究论文，以自己的新心得、新斩获，与同行分享。大体来说，我的胡适研究可以2000年为界：此前，我着力胡适文献整理和胡适思想研究，包括对时人比较敏感的自由主义政治思想进行研究；此后，我开始关注对跨文化语境中胡适学术、思想、活动的研究。我认为，胡适研究要取得新进展，必须突破地域、国别的限制，胡适长期在美国生活、学习、工作，他是中西文化交汇所造就的文化巨人，他的域外经验值得发掘，我们需要从这一视角考察胡适、认识胡适、反省胡适，对其思想学术才会有比较深入的理解，而这正是迄今胡适研究中相对比较薄弱的一个环节。

总结自己的胡适研究工作，我的成果主要体现在两个方面：一是研究成果，包括著作《自由主义之累——胡适思想的现代阐释》和收入《探寻胡适的精神世界》《五四运动的历史诠释》两著的相关系列论文。二是整理文献，主要有：《胡适书信集》（3册，与耿云志先生合作）、《胡适文集》（12册）、《胡适全集》（书信第23—26册，与耿云志先生合作）。此外，我还编辑了一些与胡适有关的资料汇编。如《胡适妙语》（岳麓书社，1995年）、《胡适文化学术随笔》（中国青年出版社，1996年）、《胡适告诫人生》（九州出版社，1998年）、《容忍比自由还重要——胡适与他的论敌》（时事出版社，1999年）、《读书与治学》（生活·读书·新知三联书店，1999年）、《追忆胡适》（社会科学文献出版社，2000年）、《解析胡适》（社会科学文献出版社，2000年）、《再读胡适》（大众文艺出版社，2001年）、《中国的文艺复兴》（外语教学与研究出版社，2001年）、《胡适选集》（吉林人民出版社，2005年）、《胡适论哲学》（安徽教育出版社，2006年）等，这些工作算是对胡适作品及其研究的宣传普及吧！

胡适研究从一块“禁区”，到逐渐突破，发展成为学界瞩目的显学，是改革开放以后学术界思想解放潮流推动的产物，也是老中青三代学者共同努力的结果。在这一学术发展进程中，我有幸加入其研究群体，自认做了一些奋力前驱、添砖加瓦的工作。但毕竟为学力所限，在研究中仍不免存在这样、那样的问题。顾后瞻前，感慨万千，时光荏苒，自己不再年轻。跨过知天命之年，深感时不我待。胡适研究经过学界同人的努力，今天已蔚为大观，那种视胡适为禁忌的时代早已过去。实事求是研究胡适是我们清理历史、卸掉包袱、走向未来的重要基础。从发展的眼光看，胡适研究如要更上一层楼，在学术界真正占有一席之地，并对推动整个人文学术事业发挥先驱作用，确需我们用心经营、细加耕耘。为此，我规划自己未来的胡适研究工作：一是继续围绕胡适，选择一些较少触及而又存空间的论题，撰写系列学术论文，以拓展胡适研究的深度；二是继续搜集胡适书信，待时机成熟，增订《胡适书信集》。这就当是自己清理过去胡适研究工作的两项承诺吧！

2014年8月31日于京西水清木华园

（收入耿云志、宋广波主编：《心长路远——胡适研究的历程》，黑龙江教育出版社，2015年）

孤寂的狮子

——《容忍比自由更重要——胡适与他的论敌》序

20世纪的帷幕即将落下，在这个动荡不安、富于变化的世纪，一波又一波政治、文化、思想运动曾经造就了多少风云人物。他们乘着一场场运动的潮头出台，又随着一场场运动的潮落而消退。胡适是五四新文化运动中诞生的一个重要人物，作为现代中国文化学术领域的大师和自由主义思想的主要代言人，相当长一段时间内，他在文化、教育、科学方面发挥了重要领导作用，在社会政治方面也有其特殊的影响力。与许多退到历史幕后的同时代风云人物不同，他的命运相对奇特，至今仍保持着强劲的生命力和影响力。

一个时代有一个时代的学术，一个时代有一个时代具有标志性意义的学术成果。胡适研究可以说是反映我们时代进步的一项标志性学术成果。近20年来，胡适的作品被重新大量翻印出版，围绕胡适的研究成果大量涌现，以胡适为主题的学术研讨会多次举行，参与胡适研究的学者越来越多，胡适作为历史的、文化的、思想的资源已引起了多学科、多层面的广泛注意，胡适研究已形成一定规模，并呈现出多边参与的国际化特点，多学科参与的综合化特点。胡适成为现代中国历史人物中备受人们关注的一个热点人物，胡适学作为一门显学正在兴起。回想20世纪50年代那场“胡适大批判”，当今胡适研究的这种热闹场景，真让人恍如隔世。

胡适研究在当今能形成这样一股强劲的态势，其原因是多方面的：海峡两岸的社会政治环境发生了巨大变化，解除了人们对胡适的禁忌；胡适本身的历史地位和其拥有的文化魅力，吸引了学者们和广大读者的兴趣；有关胡适的私人档案和秘藏书信对外公布，给这项研究提供了新的材料；随着现代化运动的推进，胡适当年思考的那些主题和引起争议的那些主张又在我们的时代回响。英国人有句俗语：说不尽的莎士比亚。面对聚讼纷纭的胡适研究，我常常有一种感慨：说不尽的胡适之。

关于胡适的文化成就及其历史作用，现在已有大量的文章、著作或有介绍，或作过正面的阐述，在此我们不必赘述。这里我们想要谈的是胡适的另一面，他遭人物议甚至非议的一面。胡适生命中一个引人注目的现象是他在创造巨大成就和声誉的同时，还伴随着紧张的争辩和批判的声音，时人谓“誉满天下，谤亦随之”。这种毁誉交加的情形构成了胡适影响力的另一道风景线。

胡适的反对者或者论敌成分复杂，加之胡适本人的兴趣广泛，涉及的领域宽泛，故其“树敌”亦很多。在文化学术方面，五四时期，胡适曾就文学革命与梅光迪、胡先骕、章士钊等人展开论争，就科学与人生观问题与张君劢等人展开论争。二三十年代，就《墨经》问题他与梁启超、章太炎、章士钊等先生有过论辩，就老子年代问题与冯友兰、顾颉刚、钱穆有不同意见，就儒的起源对章太炎的《原儒》提出不同意见，就禅宗史中的《坛经》作者问题与钱穆、印顺、日本的铃木大拙等有过讨论，就东西文化问题先后与梁漱溟为代表的现代新儒家和具有官方背景的王新命、何炳松、萨孟武等十教授展开激烈争辩。胡适与文化保守主义者的关系形同水火。

在政治方面，胡适与现代中国的两大政党——国民党和共产党，在政治主张与政治理想上有着各自的立场和追求。20年代初，他创办《努力周报》开始“谈政治”，其“好政府主义”的政治主张，就为国共两党所批驳。20年代后期，他因人权问题与国民党方面展开论争，并遭到国民党组织的围剿。50年代，他为伸张《自由中国》的政治理念，曾引起国民党的不满，在台湾出现的《胡祸丛谈》《胡适与国运》小册子、中西文化论战、《自由中国》的雷震案，都包含了他与国民党的冲突。胡适在政治上与国民党存在一种既相互利用又相互矛盾，爱恨交织，微妙而复杂的历史关系。

胡适与共产党在政治上有着不同的选择。二三十年代，双方虽常有论争，但影响并不大，胡适与中国共产党的矛盾升级是在40年代后期。这里我们有必要交待一下“胡适大批判”的来龙去脉。

1948年12月15日，胡适与陈寅恪乘飞机离开北平匆匆南下，将自己多年积累的物品和书籍遗弃在北平。次年4月6日，他搭乘海轮去美国，开始了长达8年的流寓生涯。1949年5月11日，《人民日报》发表了辅仁大学校长陈垣先生《给胡适之的一封公开信》。1950年9月22日，香港左派报纸《大公报》又发表了胡思杜的《对我父亲——胡适的批判》。这两篇文章是胡适离开大陆后最早批胡的两篇文字。耐人寻味的是，这两篇文章，一篇出自胡适的老朋友，一篇出自胡适的小儿子。

第一次批胡运动是从1951年11月至1952年1月，是以“京津高等学校教师学习改造运动”的面目出现的。稍后又有“北京文艺界整风学习运动”。有意思的是，这一学习运动也是以胡适的一些好朋友带头写文章开始的。这场运动规模不大，只是局限在京津高等院校，涉及人员主要也是一些高级知识分子。

大规模的批胡运动，或者说第二次批胡运动，是在1954年11月开始的。导火线则是该年9月、10月间的“《红楼梦》事件”，毛泽东为此事写了《关于〈红楼梦〉研究问题的信》，发出了批胡的指示，随后郭沫若、周扬出面布置。这次运动几乎动员了整个知识界，胡适的许多朋友、同事、学生也卷入其中。时间持续到1955年8月，前后长达10个月。作为这次运动的一个总结性成果是三联书店出版的洋洋300万字的《胡适思想批判》（8辑）。1959年，为纪念五四运动40周年，又从中选了一批文章编成一个精华本。

经过这场运动，胡适变成一个头戴多顶帽子的“反动”

人物。胡的个人学术名誉、学术地位可以说是一落千丈，当代“孔夫子”被批臭。接着又是批判“胡风反革命集团”。以后人们真正是谈“胡”色变，以至对胡姓都产生恶感。“文革”中，有一些革命样板戏或革命题材影片的反面人物都是以胡姓出现的，如《沙家浜》中的胡传魁、《闪闪的红星》中的胡汉三。

……

在各种各样的论敌与反对者包围下，胡适本人对待论敌与论争的态度是怎样的呢？与鲁迅的“一个都不宽恕”的斗争态度不同，胡适的态度是“容忍”。胡适自称为“多神信徒”，在他的神龛里，装有三位大神：“一位是孔仲尼，取其‘知其不可而为之’；一位是王介甫，取其‘但能一切舍，管取佛欢喜’；一位是张江陵，取其‘愿以其身为蓐荐，使人寝处其上，溲溺垢秽之，吾无间焉，有欲割取我身鼻者，吾亦欢喜施与’。”（《胡适致周作人》，1936年1月9日）他甚至还表示：“我受了十余年的骂，从来不怨恨骂我的人，有时他们骂的不中肯，我反替他们着急，有时他们骂的太过火了，反损骂者自己的人格，我更替他们不安。如果骂我而使骂者有益，便是我间接于他有恩了，我自然很情愿挨骂，如果有人说，吃胡适一块肉可以延寿一年半年，我也一定情愿自己割下来送给他，并且祝福他。”（《胡适致杨杏佛》，1930年4月30日）面对各种思想论战中所出现的争强好胜的强悍作风，胡适有另一番表示：“思想切不可变成宗教。变成了宗教，就不会虚而能受了，就不思想了。我宁可保持我无力的思想，决不肯换取任何有力而不思想的宗教。”（《胡适致陈之藩》，1948年3月3日）胡适晚年特别提出自由主义所应包含的含义——容忍。近代中国社会，斗争之风盛长，容忍之势薄弱，所以胡适特别强调：“容忍是一切自由的根本；没有容忍，就没有自由。”他批评五四时期陈独秀那种“必以吾辈所主张者为绝对之是”的偏执态度是不容忍的态度，最容易引起别人的恶感，最容易引起他人的反对。这种不容忍“是基于‘我的信念不会错’的心理习惯”。因此，“容忍‘异己’是很难得，最不容易养成的雅量”。（《容忍与自由》）胡适非常欣赏伏尔泰说过的一句名言：“你说的话我一个字都不赞成，但我要拼命维护你说话的权利。”

细加考察，那些围绕胡适生前死后难以调和的争议和歧见主要针对他的思想，而胡适思想中最富有争议性的是他的自由主义政治思想和中西文化观。自由主义思想的内涵，说法不一，依胡适《自由主义》一文的提法，它应包含：一是自由，二是民主，三是容忍，四是和平渐进的改革。胡适在另一篇文章《民主与极权的冲突》中则提出了民主主义生活方式的两个根本特点：一是充分承认个人主义的价值，二是以渐进的方式改善社会。自由主义所表述的思想，实质上是一种现代的生活方式或生活态度，这种生活方式已在现代西方社会占主流地位。胡适宣传自由主义，试图将西方已经证验且取得成功的经验输入中国。但因为自由主义所追求的理念在中国缺乏传统，故其在中国的命运和走过的道路，颇为曲折，这正是胡适自由主义思想迭遭物议的内外原因。

人们一般注意到，胡适的中西文化观有两个鲜明的特点。一是强调对中国传统文化惰性一面的批判，如中国文化中独有的“宝贝”：骈文、律待、八股、小脚、太监、姨太太、五世同居的大家庭、贞节牌坊、地狱活现的监狱、廷杖、板子夹棍的法庭，还有那“饿死事极小，失节事极大”的“吃人的礼教”，等等。二是强调对西方近世文明成功经验的充分吸收，他曾如此赞美西方近世文明，这一文明“建筑在‘求人生幸福’的基础之上，确然替人类增进了不少的物质上的享受；然而他也确然很能满足人类精神上的要求。他在理智的方面，用精密的方法，继续不断地寻求真理，探索自然界无穷的秘密。他在宗教道德的方面，推翻了迷信的宗教，建立合理的信仰；打倒了神权，建立人化的宗教；抛弃了那不可知的天堂净土，努力建设‘人的乐园’‘人世的天堂’；丢弃了那自称的个人灵魂的超拔，尽量用人的新想象力和新智力去推行那充分社会化了的新宗教与新道德，努力谋人类最大多数的最大幸福”。“这样的文明是精神的文明，是真正理想主义的（Idealistic）文明，决不是唯物的文明。”（《我们对于西洋近代文明的态度》）实际上，这两个特点不仅是胡适，而且是整个新文化运动的主流选择。今天看来，这是一种明显带有“偏见”的选择，这种“片面的深刻”，对一个极其缺乏现代化意识的民族来说，曾不啻是一副补时救弊的良药。不过，在胡适的中西文化观中还有两个不太为人们注意阐释的，甚至被有意无意遮蔽的特点：一是拓展中国人文传统的现代意义。他极力赞扬清代朴学家“无征不信”的考证方法是一种实事求是的科学方法。他对老子“无为而治”的政治哲学的欣赏，他对孟子“贫贱不能移，富贵不能淫，威武不能屈”的人格意识的推崇，他对传统的白话文学的提倡，等等，都表现出他对寻找中国传统文化的现代价值的努力。二是对中国人讲西方文化，对西方人讲中国文化。这是胡适扮演的另一个角色。胡适在美国生活了约25年时间，在美期间，他曾多次以中国文化或新文化运动为主题演讲或撰文，其立意是向美国公众介绍中国文化，使他们了解中国文化进步的一面。胡适文化思想内含的丰富性、复杂性应当得到人们的全面理解。

有一种意见认为，胡适是20世纪中国思想的中心人物。这种说法，我个人表示保留。不是说胡适的思想影响不大，不是说胡适的思想不具现代意义，而是他的思想从五四运动以后在中国即不占有主流地位。胡适个人对此也有体认，30年代他曾致信周作人说：“我在这十年中，明白承认青年人多数不站在我这一边，因为我不肯学时髦，不能说假话，又不能供给他们‘低级趣味’，当然不能抓住他们。但我始终不肯放弃他们，我仍然要对他们说我的话，听不听由他们，我终不忍不说。”（《胡适致周作人》，1936年1月9日）五四时期，胡适曾借用易卜生的一句名言——“世上最强有力的人就是那最孤立的人”，来引领青年投身个性解放，它曾震撼了多少人的心灵。20年代后期，以胡适为代表的新月社，这一个自由主义者团体，面临左右夹攻、重重受困，胡适则以另一句颇具哲理的箴语告诫同人：“狮子与虎永远是独来独往的，只有狐狸与狗才成群结队。”自由主义越来越成为一种与时代主潮不相宜的声音，自由主义的这种非主流地位，反映了自由、民主这一政治理念在中国进步维艰的艰难命运。李敖形容胡适："别看他笑得那么好，我觉得胡适之是一个寂寞的人。"的确，胡适这只时代的狮子，他发出的吼声在那个激进的年代只能说是一种孤独、弱势的声音。

带着上述理解，我们编辑了这本《容忍比自由更重要——胡适与他的论敌》，以为人们了解胡适卷入的重大思想论争（限于篇幅，学术方面的论争没有收入）提供一套比较完备的历史文献资料。通过阅读这部文献，我们可以闻到当年思想论争的火药味，可以重温那些令当事人激动的思想主题，可以再次体味胡适及其思想在20世纪中国遭遇到的重重困境。过去的一切并不一定就成为历史，我们如果能从中吸取应该记住的东西，就能承接那些曾被忽略或遮没的伟大精神传统，并将之发扬光大。在迎接五四运动80周年之际，出版这样一部书，我想当是对胡适这位新文化运动开拓者的一个最好纪念。

1999年1月4日夜完稿于北大蔚秀园

（本文作为序言收入欧阳哲生编：《容忍比自由更重要——胡适与他的论敌》上册，时事出版社，1999年）

活着的胡适

——《追忆胡适》前言

当一个在历史舞台上叱咤风云的伟大人物溘然逝去时，人们会产生一种失重感，为弥补心灵的缺憾，人们会以各种方式表达自己对逝者的怀念和思忆。这种不能割舍的感情延续下去，长此以往，像雪球似的越滚越大，逝者的形象在人们的心目中也就越来越高大。一个人物由尘世走向历史，逐渐成为历史殿堂的一个人物。在这个过程中，人们根据那些走进历史殿堂的人物生前的功过和对未来的影响，对其重新厘定座次，给予不同的待遇和评价。在古代，人们是通过树碑立传来表达对逝者的看法。在现代，我们发现一个人物的分量或重要性可以通过他在历史文献中出现的频率来测量。一个比较重要的人物通常会有比较大的篇幅来述说或评论，这种做法很难说与传统的纪传体有什么根本区别。当然，一个人物在历史的记忆中，往往也会因时代不同而出现不同的遭遇，换句话说，一个人物在历史的长河中，他的形象也会像他活着一样呈现跌宕多姿的情形。

1962年2月24日，一代文化巨人胡适先生在台北去世。当时，台湾举行了规模空前的公祭和葬礼，各界反应强烈。一些胡适的宿敌如徐复观、胡秋原等，甚至也不能不停止与胡适的论战，作哀悼的表态。以后，在胡适逝世日或诞辰日，海外常常有各种纪念性的活动，台湾的《传记文学》《历史月刊》《中外杂志》等刊也常发表这方面的文字，且汇集有《纪念胡适之先生专集》《胡适之先生纪念集》《胡适与中国》等纪念书籍出版。台湾天一出版社影印出版的《胡适传记资料》（21辑）保存了许多这方面的文字。在相当长一段时间，胡适一直是境外学人的一面旗帜、一个被推崇备至的圣人。

与此形成强烈反差的是，中国大陆当时的反应比较冷淡。自从50年代中期那场“胡适大批判”以后，胡适已成为一个不再“存在”的文化人物了，许多与胡适有关系的门生、朋友或同事都不能不表态，与胡适划清“阶级”的、思想的界限，在这种状态下，自然不可能再举行哀悼或纪念性的活动。“文革”时期，一些极左的“革命”造反派仍不忘旧账，将吴晗与胡适的来往书信公诸报端，吴晗一家就是这样被迫害致死，这不过是那场历史浩劫中的一幕悲剧而已。

80年代以来，在中国大陆形成的改革开放格局中，学术界迎来了她的春天，开始重新启动对胡适的研究，相继整理了一批胡适的档案材料，重新评估胡适的历史地位，肯定他在中国近现代文化思想上的历史地位。在这种机缘中，一部分与胡适曾有过历史关系的学界老人也发表文章，深情回忆自己与这位大师的交往过程或师从关系。最近几年，在几种怀人性的散文丛书中，也添列了《我的朋友胡适之》（四川文艺出版社，1995年）、《胡适印象》（学林出版社，1997年）、《自由之师——名人笔下的胡适、胡适笔下的文人》（东方出版中心，1998年）等书。与此同时，美籍华裔学者李又宁教授在她主编的胡适研究丛书中，也推出了两册《回忆胡适之先生》（纽约天外出版社，1997年），内中大部分文字出自中国大陆的学术前辈。随着这些当事人的怀念、回忆文字的抢救性出版，胡适这个历史人物又"活"起来了，他的形象逐渐鲜活、生动，他从一个被驱赶的"幽灵"又重新被雕塑成一个有血有肉的文化巨人。

一般来说，纪念、回忆性的文字可分两类：一类是抒发作者对逝者的感情，此类文章往往是"虚写"；一类是记述本人与逝者的关系，此类文章往往是"实写"。当然身兼两者也是有之。在古代，挽联、祭文或墓志铭构成一种特殊的文体，其制作有着许多讲究。为逝去的亲友、老师作传集文，也有一定的依循规则，它往往成为延续一种权力或学统的象征。故对哀挽、纪念、追忆一类的文字，不可等闲视之，它包含了相当丰富的历史内容和政治文化象征意义。

在五四那一代人中，胡适算是后死者。蔡元培、陈独秀、李大钊、刘半农、钱玄同、鲁迅都先胡适而去。他们的寿命都不长，这不能不说与他们所处的环境及他们对待环境的心境有关。他们不是靠活足年岁而成为大师那一类的"国宝”，他们为思想而活，也为思想而累，在一个动荡混乱而又看不到希望的年代，有思想的人实在不容易活下去。胡适活了71岁，到了所谓古稀之年，傅安明先生曾对笔者说，胡先生死得其所，这是上帝对他的善报。此作何解？原来胡适是在蔡元培馆召开的台北“中研院”院士会议上无疾而去的，去世时周围是一群他心爱的学生和同事。其实胡适也是抑郁而去，只要嚼味一下他临走时说的那一番话，就不难理解到这一点。何况现在来看，70岁也并不算是高寿。林语堂活过80岁时，曾感叹说，他与同时代的朋友们相比，要幸运得多！这确非虚言。胡适的后走，一方面也给他留下了难以摆脱的孤独，尽管胡适身边不乏朋友或追随者，但在心灵上与之能够达到默契者，又有几人呢？！另一方面也给他留下了同伴们未曾完成的遗业，这就是五四运动所标榜和追求的民主与科学。我个人以为，在20世纪的中国知识分子中，五四那一代人在追求民主、自由、个性这一方面，的确凝聚了一种精神，构建了一种传统，当然这并不是说他们在这方面的思想就是那么单纯。但他们的存在的确是与民主、自由、个性主义的命运联结在一起的，他们的逝去似乎也给这一趋向的发展带来了不可弥补的缺失。梁实秋在胡适逝去时，哀叹“但恨不见替人”，表达的就是这种心境。中国在这条道路上所经历的艰难曲折，与这方面人才的匮乏不无关系。一项事业毕竟需要人力去推动，没有对于一项伟大事业真正存有信仰且为之献身的一批人去推动，这样的理想就只能是空中楼阁。正是基于这样的看法，我对现今所谓的“后五四时代”

的提法不以为然，而对时代的思想软骨病更感忧虑。五四那一代人在自由、民主方面所表达的诉求和理想，在思想个性方面所显露的锋芒，仍是现代中国文化史上最具思想魅力的一页，它是现代中国知识分子最宝贵的精神财富，也是我们走向新世纪不可或缺的思想资源。

此次汇集怀念、追忆胡适的文字，本着两个原则：一是与胡适有着直接关系，或同学，或同事，或学生，或秘书，或有过一面之缘者；二是所写应为自己亲身感受，或亲身经历。故可以说这是一本具有历史价值的纪念集了。全书分七辑，第一辑收录的是一批与胡适有较早的历史关系且与之关系很深者的思忆文字（内中温源宁的《胡适之》一文系在30年代发表，当是例外），第二辑收录的是一批大陆学者思忆胡适的文字，第三辑收录的是台北“中研院”同人思忆胡适的文字，第四辑是收录一些胡适的秘书、助手的思忆文字，第五辑是一批现代著名女作家思忆胡适的文字，第六辑是一批与胡适有过交往关系的人的思忆文字，第七辑是一批与胡适有过关系的人所记述的小故事。

需要说明的是，追忆胡适的纪念性文字远不止这些，如李又宁教授主编的《回忆胡适之先生》，内中的文章颇具可读性和史料价值，考虑到版权问题，我们未收。本集所收文章，发表时间、地域不一，作者的政治背景、社会关系不一，文章中的有些用词和术语也与我们现在通行的有出入，为尊重原作，我们保持了原貌，请读者阅读时注意鉴别。

胡适诞辰110周年即将来临，出版这样一本追忆性的纪念文集，借以表达我们对这位本世纪文化巨人的敬仰和怀念。

1999年10月28日于北大蔚秀园

（收入欧阳哲生编：《追忆胡适》，社会科学文献出版社，2000年）

“危险地过日子”

——《解析胡适》前言

在历史学研究中，一个课题要成为“显学”，须具备三个条件：一是须有一批新挖掘的材料有待整理和研究，这些材料能为研究提供原料和素材；二是这些材料足以引起研究者的广泛关注和兴趣，特别是能吸引并集中一批学者投入研究，以取得突破性成果，对学术界产生重要影响；三是通过研究这些材料能够填补学术研究中的一些空白，或有助于人们了解一些未知的历史空间，或帮助人们建构新的历史图景。以这样的条件来估衡现代意义的中国历史学，经得起考验的显学，又有哪些呢？在20世纪中国历史学研究中，人们常称有“四大发现”，即：殷墟甲骨文的挖掘，居延汉简的出土，敦煌文物的利用，明清大内档案的公开。它们成为本世纪历史研究中最引人注目的显学，即与之具备上述三个条件有关。如甲骨文研究，就集中了“四堂”，即雪堂罗振玉、观堂王国维、鼎堂郭沫若、雁堂董作宾，这样的学术界尖端人才。这些显学既给历史研究带来突破性的发展，也使人们接触到历史更为真实的一面。这些显学是现代中国历史学中的明珠。

记得邓广铭先生生前与笔者谈及现代中国历史学研究时，语重心长地说，史料之于历史学若如生命之源，傅斯年所言历史学即史料学是不错的。他声辩说，史学是史料学，不等于史学即史料，一个“学”字的学问大也，但离开了史料谈史学，讲探求历史规律，这样的学问就不能说是史学。殷商史得益于殷墟甲骨文的挖掘而浮出水面，秦汉史借助居延汉简而增添新光彩，隋唐史因敦煌文物的曝光而锦上添花，明清史则因大内档案的公布而揭开神秘面纱。言下之意，是他对宋史因缺乏重大的地下文物材料发掘，难以取得重大突破而深感遗憾。

然而，上述这些显学都属于古史的范围。历古以来，人们都视当代史为“畏途”。这里涉及的人与事往往与活着的人有着密切关系，因而当代史的研究受到现实环境的各种条件制约，它不仅与现实的文化学术背景有关，而且还与政治环境有关。在特殊时代，写当代史会涉及许多忌讳，对当代史的研究和叙述有时简直可以说是一场生命冒险，凡想在这方面取得成就的学者都不能不“危险地过日子”，所谓秉笔直书或春秋笔法，主要是指史官撰写当代史的困难。由于言路不通，史家有时往往是通过对当代史的叙述，或对野史的编织、流传，来曲折表达自己对时局的看法。近20年来，一些学术界的前辈同行谈及自己在某方面的治学经历和所得成果时，每一个人都会提到自己的历险记和被争议的地方。在改革开放的当今尚且如此，何况在几千年的“封建”的过去呢？！

在现代历史人物研究中，对胡适的研究是从禁区这个起点开始突破，然后一步一步往前走、一步一步拓宽研究面的。20世纪50年代中期那一场“胡适大批判”，许多上了岁数的老人提起它至今仍心存余悸，以致在谈论起胡适这个人物时，总是保有“余地”，不敢放言。尽管如此，这20年来，胡适研究经过一批研究者的努力，逐渐变得不那么“敏感”了，时下坊间各种胡适的选集、文集到处流行，研究著作也不断涌现，胡适研究的这种突破与发展，是与中国现代化事业同步发展的，是新时期中国学术发展繁荣的一道新的风景线。如果要列举新时期中国人文学术发展的标志性学术研究，我敢说，胡适研究应是其中的一项。

综述近20年的胡适研究，进展主要体现在：

首先，胡适文献和档案资料的整理与挖掘。自胡适去世后，台北胡适纪念馆在20世纪六七十年代先后整理了一批胡适先生生前校刊的单行本著作，如《神会和尚遗集》《中国中古思想史长编》《齐白石年谱》《尝试后集》《胡适演讲集》等，并将未刊印的胡适遗稿整理成《胡适手稿》（10册）出版。80年代以后，胡颂平先生在多年整理和搜集胡适资料的基础上，又撰写了10册皇皇巨制《胡适之先生年谱长编初稿》。台北远流出版公司成为胡适著作的重要出版阵地，相继推出《胡适作品集》《胡适的日记》（18册影印本）等书。大陆方面，自70年代末以后，中国社科院近代史所将胡适留在大陆的私人档案和遗稿陆续整理出版，先后刊印了《胡适来往书信选》（3册）、《胡适的日记》（2册）、《胡适任驻美大使期间往来电文》和《胡适遗稿及秘藏书信》（42册），这些新资料的刊印在海内外引起了强烈反响。最近，北京大学出版社又出版了《胡适书信集》（3册）、《胡适文集》（12册），两种书所收胡适著作达800万字。美国方面，周质平先生整理了《胡适英文文存》（3册）。至于坊间出现的其他各种胡适作品选本，已是数以百计。胡适文献及档案资料的整理出版，为胡适研究提供了便利，也构成胡适研究的“内据”。目前安徽教育出版社组织海内外专家，计划推出《胡适全集》，这将是一项浩大且富有文化建设意义的工程。

其次，围绕胡适的专题研究几乎是全面铺开，从生平事迹到思想研究，从人际关系到个人隐私，胡适一生的各个方面都被触及。有关胡适的专题研究著作、传记、年谱已有50余种，论文近千篇。迄今关于胡适研究的文字有的着力于辩诬，即澄清关于胡适的各种不实之词，恢复其应有的本来历史面目；有的为追忆，即回顾、追念胡适的生平事迹与人际关系，这大都系与胡适有关系的当事人所作；有的则是比较平实的研究，即对胡适的生平、思想、学术进行历史的、实证的考察；有的则偏于论争，即对胡适的某些学术成果仍存歧异，与之展开讨论、争鸣。不管取何种角度，胡适研究已越过初期的“平反”辩诬阶段，向更高层次的实证、细密、学术化的方向发展。最为引人注目的是，胡适研究，已不限于学术文化层面，在政治思想层面，特别是在自由主义思想方面亦有了许多新成果。年轻一代选择以胡适为专题研究对象的硕士、博士毕业论文也越来越多；不同学科、不同地域的参与这项研究的人也越来越多。胡适已不再是一种禁忌，胡适研究已成为海内外各地学者共同参与和推动的一项课题。

再次，以胡适为对象的专题学术研讨会接连召开，国际上成立了胡适研究的学术组织。从90年代以来，或为纪念胡适诞辰100周年，或推动胡适研究，台北、香港、绩溪、北京、上海、合肥等地先后多次召开与胡适有关的学术研讨会。美国成立了胡适研究会，出版了李又宁教授主编的胡适研究会丛书（迄今已出8册）；中国大陆也出版了两种专门的胡适研究丛刊。这些有组织、具规模的学术活动，对胡适研究显然起了重要推动作用。

当然，从已取得的成果来看，胡适研究仍有一定的余地和空间可以开拓。对于现今已公布的材料还存在一个消化并细致研究的问题，一些材料虽已公开，但实际上利用不够，如对《胡适遗稿及秘藏书信》《胡适英文文存》的利用即是如此。现在虽有三部年谱，它们也各有所长，但对谱主一生事迹的记载仍留有不少空白，如胡适在美国生活了25年多，三部年谱在这方面的记载语焉不详，材料亦显疏略；胡适在北大教书18年，对他在这一过程中校内活动的交待也欠充分，北京大学档案中有关胡适的材料还亟需挖掘。胡适的中西文化造诣颇深，各方面的人际关系也比较复杂，但我们的研究成果似也未能深度反映出这一方面的情形。对于一个历史人物的研究，我个人以为，一套全集，一部资料较为完备的年谱，一两部公认的经典传记，这三者的具备是一个历史人物研究走向成熟的标志。而这三者在胡适研究中均不能尽如人意。凡此种种，都需要我们继续做出努力。

前些年在海外开会时，常听到这样一种说法：胡适研究在美国已经过时，在台湾作为一个热点也成为过去，在大陆反而是显学，这种情形与三地的现代化水平有一定关系。这种说法包含一定的合理成分。不过，我常想，即胡适所思所说，如民主、自由、个人主义在美国虽已成为人所皆知的常识，不需要再来一场启蒙运动加以普及，但从学术史的意义来说，胡适研究毕竟还是一个不容轻视的学术课题，它尚存不少值得弥补的空白点，即使已有的研究也存在继续深化的问题。这些仍需要跨学科、跨地域的相互合作，视这一研究已达饱和的说法似为时尚早。

此次编选的胡适研究论文，系从海内外有关研究成果中精选而出。编选的原则大体有二：一是论文对所拟的某一个方面的问题作了比较深入的探索，二是论文发表后有一定的学术影响。我们的初衷是通过编选此集，为人们了解胡适及其当前的研究现状，提供一些必要的线索，为未来的研究提供一个可资借鉴的起点。须加说明的是，在编选过程中，由于篇幅的限制，有些问题未专门设置，有些富有深度的论文亦未能入选，难免给人以遗珠之憾，对此，请读者诸君谅解。

1999年11月10日于京西蔚秀园

（收入欧阳哲生编：《解析胡适》，社会科学文献出版社，2000年）

向西方讲中国文化
——《中国的文艺复兴》前言

在近代中国的文化人物中，能够运用外语写作或演说的学者为数不少，但运用外语写作或演说而产生一定国际影响的，却极为罕见。在这罕见者的名单中，大概除了辜鸿铭、林语堂、蒋廷黻等人外，胡适应是其中的一位。

胡适1891年12月17日出生于上海大东门外，早年在家乡安徽绩溪接受了九年传统教育，“学得了读书写字两件事”。1904年春来到上海，先后在新式学堂梅溪、澄衷、中国公学等处学习，深受梁启超、严复的思想影响，学习西方自然科学和人文社会科学知识，在编撰《竞业旬报》时，开始尝试翻译西方的文学作品。1910年他考取第二批清华庚款留美学生，赴美国康乃尔大学学习农科，1912年初转入该校文学院，1915年秋进入哥伦比亚大学研究院，师从杜威，服膺其传授的实验主义哲学。1917年9月被北京大学聘任为文科教授，在哲学门、英文学门授课，并任英文教授会主任、英语系主任。五四时期，胡适领导时代新潮流，是新文化运动的主要代表，他的翻译作品《短篇小说》由上海亚东图书馆出版，这是我国最早用白话文翻译外国小说的结集作品，它的出版为新文学的创作提供了有益的借鉴和榜样。20世纪30年代，胡适担任北京大学文学院院长，成为北大中兴期的主将。抗战时期，胡适应国民政府所请，负使欧美做外交工作，一度出任驻美大使，其职责是争取美国支持中国抗战。战后，国民政府任命胡适为北京大学校长，在战火纷飞的内战中，他处在这一敏感岗位除了应付时局以外，可以说是无所作为。1949年他离开中国大陆去美国，在美国作寓公，这是他一生比较暗淡的日子。1958年回到台北，任台北“中央研究院”院长，与蒋介石同床异梦，在政治、文化理念上两者常生龃龉甚至冲突，1962年2月24日在台北抑郁而去。

胡适一生曾先后九次赴美，他在美国学习、工作、生活约25年，除中文外，英语就是他写作或演讲使用最多的语言了。胡适从1912年开始正式发表英文作品，1914年因发表英文作品《捍卫卜郎吟的乐观主义》（*In Defense of Browning's Optimism*）而获得当地的卜郎吟文学奖，1917年完成他的博士论文《先秦名学史》（*The Development of the Logical Method in Ancient China*）。回到国内以后，胡适仍经常在中国英文报刊或美国发表英文学术论文，或一般性的文化评论，或英文演讲。1933年7月，他应邀在美国芝加哥大学比较宗教学系“哈斯克讲座”作题为“中国文化的趋向”的系列演讲，随后芝加哥大学将胡适的演讲结集为《中国的文艺复兴》一书出版。该书内容诚如胡适在前言所说：它“首先是要描述中国文化的某些方面是如何发生变革的；其次，是要解释这些变革怎样采取其特殊的途径与方式”。这本书的出版引起了美国读者的极大兴趣，Betty Drury在一篇书评中如是评价道：“他的新书在简短的篇幅中蕴含了广博的内容。他以110页的篇幅提纲挈领地展示了整个中国历史。事实上，它是有关现代中国文化走向的有价值的研究，对国际上了解这一问题将极有助。”1963年纽约Paragon重印该书时，布鲁克林学院的历史学教授Hyman Kublin回忆起初读此书时的情形：“25年前，那时我是波士顿大学的一名学生，我第一次读到胡适博士的《中国的文艺复兴》，我至今仍生动地记忆起被这本书唤起的知识的激情，这本只有100多页的小册子所给予我有关正在中国发生的划时代的变化的丰富知识远远超过了从一打书和数百篇期刊论文中所学到的东西。”

抗日战争期间，胡适因工作的关系，经常巡回美国各地发表演讲，向美国公众宣传中国的抗战形势，介绍中国文化，成为一位身负抗战与文化交流双重担子的特殊大使，深受美国人民的欢迎。

胡适英文作品按照体裁大致可分为：专著、论文、演讲、书评序跋和被译为英文的作品。从现今收集到的胡适英文作品来看，其内容主要侧重于介绍中国文化历史。我曾说过，胡适在中西文化交流史上扮演的是双重角色：向中国人宣讲、介绍西方文化，向西方人讲中国文化。过去人们所熟知的是胡适向中国人讲西方文化这一面，这主要是得自我们接触他的中文作品所获得的印象。如果我们直接阅读胡适的英文作品，我们还可以发现他的另一面，即他向西方人讲中国文化。胡适一方面为了帮助外国人正确理解中国传统文化和数千年的历史，曾花了不少笔墨和精力，阐述中国的古典文化，这一类的作品如*The Development of the Logical Method in Ancient China*（《先秦名学史》）、*Has China Remained Stationary During the Last Thousand Years?*（《中国近一千年是停滞不进步吗？》）、*Historical Foundations for a Democratic China*（《民主在中国的历史基础》）、*Chinese Thought*（《中国思想》）、*The Scientific Spirit and Method in Chinese Philosophy*（《中国哲学的科学精神与方法》）、*The Chinese Tradition and the Future*（《中国传统与将来》）等。同时，他还极力向他们介绍中国的新文化，这一方面他的代表作有*The Chinese Renaissance*（《中国的文艺复兴》）、*The Modernization of China and Japan*（《中国和日本的现代化》）、*China Too is Fighting to Defend a Way of Life*（《中国抗战也是要保卫一种生活方式》）。他之所以这样做，不仅是出于一种爱国热情、一种对中国人文传统的自信，而且是为了帮助西方人正确了解中国文化，纠正他们的一些偏见。特别是在抗日战争时期，他介绍中国的文化历史，更是为了配合祖国的抗战，争取欧美政府和人民对中国抗战的同情和支持。所以，在胡适参与国内的中西文化论争的文字中，我们看到的是一个带有浓厚西化色彩的胡适，是一个尖锐批评中国文化惰性的胡适；而在胡适发表的英文作品中，我们看到的又是他的中国情怀，一个为中国辩护的胡适。这样一种矛盾性集于一个文化巨人身上，是一种多么有趣而又值得人们嚼味的文化现象！

搜集胡适英文作品并非一件易事。1963年，Eugene L.Delafield和袁同礼先生将所收胡适的西文作品，辑成一份《胡适西文著作目录》，刊于台北“中研院”史语所集刊第34本《故院长胡适先生纪念论文集》，以为胡适逝世周年的一个纪念。1984年，台北联经出版公司出版胡颂平先生撰写的《胡适之先生年谱长编初稿》，书后的附录《胡适之先生著作目录》西文部分收有胡适各类英文作品的目录（包括被翻译成英文的作品）。1992年，美国普林斯顿大学东亚系周质平教授在其《胡适丛论》一书后也收有他整理的一份《胡适英文著作编年及分类目录》。1995年，台北远流出版公司出版了周质平先生主编的《胡适英文文存》（3册），内收胡适英文作品147篇，是目前我们能见到的系统整理胡适英文作品的唯一一部文集，不过，胡适两部单独印行的英文著作，即*The Development of the Logical Method in Ancient China*（《先秦名学史》）和*The Chinese Renaissance*（《中国的文艺复兴》），编者限于篇幅未收。最近，周先生又将胡适给他的美国女友韦莲司的英文信译成中文，在台北联经出版公司出版。另外，据说在台北“中研院”胡适纪念馆还保留一批胡适的英文演讲底稿，尚待整理；中国社科院近代史研究所和北京大学的图书馆也保存了一些胡适与国外友人和重要人物的英文来往书信没有公布。这些情况说明，胡适不仅是一位勤于英文写作的学者，而且还利用这一语言进行了比较广泛的交流活动。从这个意义上说，胡适的英文作品值得我们重视，它不仅是研究胡适本人所必需的资料，有助于我们了解胡适在中外文化交流背景下鲜为人知的一面，而且是研究近现代中外文化交流史的重要史料。

为了帮助国内的读者了解胡适的英文作品，我们编选了这本胡适的英文作品选集，选文主要是侧重在胡适向西方公众宣传、介绍、阐释中国文化这方面的作品。考虑到读者阅读理解的方便，我们收录了英文作品的中译文，这些译文系从海内外相关资料中辑选而出，由于译文的时间、作者不一，风格不尽一致，有些译文，甚至有缩减原文的现象，故所收译文只是供读者阅读参考使用。

2000年10月17日于北大蔚秀园

（收入欧阳哲生、刘红中编：《中国的文艺复兴》，外语教学与研究出版社，2001年）

胡适理解的哲学

——《胡适经典论丛·哲学》导言

哲学（philosophy）一词非为中国所本有，而是一西洋名词，它源自古希腊，原意为“爱智”。近代中国在引进、传输西学的过程中，译介philosophy时，先后出现过两个中文译名：一个译为“智学”，它大约出现于19世纪七八十年代，西方传教士花之安、李提摩太等在介绍西方学校的分科制度时，都提到了“智学”这个词[①]。中国士人接受了传教士的影响，彭玉麟在1883年所写《广学校》一文亦提到仿效欧洲学校设“大学院”，分经学、法学、智学、医学四科。“智学者，讲求格物性理，各国言语语文系统之事。”[②]1896年严

① 参见花之安：《德国学校论略》，同治十二年（1873）刻本，羊城小书会真宝堂藏本。李提摩太：《论不广新学之害》，陈忠倚编《皇朝经世文三编》卷四十一，宝文书局1898年刊印本。

② 彭玉麟：《广学校》，陈忠信编《皇朝经世文三编》卷四十一。

复翻译的《天演论》，将philosophy直译“斐洛苏非（译言爱智）”[①]，提到希腊哲学家时，或曰“智学家”，或称“理家”，或略“诸智”。另一个译为“哲学”，此译名出现在甲午战争以后，康有为在1898年6月所上《请广译日本书派游学折》，已明确提到“哲学”诸科“皆我所无，亟宜分学”[②]。他同时所上的《请开学校折》，也提到欧美大学“其教凡经学、哲学、律学、医学四科”[③]。此说与早先彭玉麟对西方大学分科制度的提法雷同，只是将“智学”换成了“哲学”。康有为的这一处理明显是受到日本的影响，同年刊行的康氏著作《日本书目志》，在“理学门”中即列有“哲学”一科[④]。

真正对“哲学”概念最先做出科学解释的中国学者是王国维。他在《哲学解惑》一文中首次对“哲学”做出系统解释：“夫哲学者，犹中国所谓理学云尔。艾儒略《西学（发）凡》有‘费禄琐非亚’之语，而未译其义。‘哲学’之语实自日本始。日本称自然科学曰‘理学’，故不译‘费禄琐非亚’曰理学，而译曰‘哲学’。我国人士骇于其名，而不察

① ［英］赫胥黎著，严复译：《天演论》，商务印书馆，1981年，第65页。

② 康有为：《请广译日本书派游学折》，汤志钧编《康有为政论集》上，中华书局，1998年，第303页。

③ 康有为：《请开学校折》，汤志钧编《康有为政论集》上，第306页。

④ 康有为：《日本书目志》，《康有为全集》第3册，上海古籍出版社，1992年，第652—653页。

其实，遂以哲学为诟病，则名之不正之过也。”[①]他接着详解“哲学非有害之学”“哲学非无益之学”“中国现时研究哲学之必要”“哲学为中国固有之学”“研究西洋哲学之必要”等问题。这不啻是一篇“哲学”发凡。

王氏还留有《论哲学家与美术家之天职》《述近世教育思想与哲学之关系》等概论性的哲学文字。由于王国维本人对西方哲学，特别是德国哲学（康德、叔本华和尼采）素有研究，故其对“哲学”概念和中西哲学的对应关系的理解，可以说颇为到位。

“哲学”被纳入新教育体制的时间稍晚。京师大学堂开办后，初拟设政治、文学、格致、农业、工艺、商务、医术七科，在文学科下设经学、理学、诸子学等，其内容与传统学术无别；后增设经科，并在其下分周易、尚书、毛诗等十一门[②]，实际是为突显经学的地位，反映了清朝欲延续经学正统地位的意图，在这样一种情形下，自然不可能将西方意义上的“哲学”纳入教学体制。民国元年（1912），蔡元培制定新的教育方针，颁布新的《大学令》，明令取消经科。1914年，北大进行学科调整，在文科新增设中国哲学门，是为中国大学将哲学科目纳入体制内之始，由此也开启了传统经学教育向近代哲学教育的转型，胡适正是这一转型过程初始应时代要求产生的一个关键性人物。

---

① 王国维著，佛雏校释：《王国维哲学美学论文辑佚》，华东师大出版社，1993年，第1页。

② 有关京师大学堂分科的情况，参见萧超然等著：《北京大学校史》（增订本），北京大学出版社，1988年，第18—26页。

胡适晚年自述："中国古代哲学的基本著作，及比较近代的宋明诸儒的论述，我在幼年时，差不多都已读过。"[①]证之于他此前写作的《四十自述》，胡适早年阅读的哲学典籍主要是朱熹注释的儒家经典和《十三经注疏》[②]，这构成他留学前的"文化背景"。他进入哲学专业是在留美时期，1910年9月，他初入康奈尔大学农学院学习农科；1912年2月，他转入文理学院学习文科，主修哲学，副修是英国文学和经济等课程。不过在他转学前，胡适自称曾选修了克雷敦教授（J.E. Creighton）所开设的"哲学史"，并因此萌发了"研究哲学——尤其是中国哲学"的兴趣。[③]康奈尔大学哲学系主要由新唯心主义（New Idealism）统治，它是19世纪末期英国思想家托马斯·格林（Thomas Hill Green）等由黑格尔派哲学衍变而来，与当时在美国颇有影响的实验主义哲学尖锐对立。胡适"在聆听这些批杜的讨论和为着参加康大批杜的讨论而潜心阅读些杜派之书以后"，"对杜威和杜派哲学渐渐的发生了兴趣"[④]。1915年暑假，他"发愤尽读杜威先生的著作"[⑤]。在

---

① 参见唐德刚译注：《胡适口述自传》，欧阳哲生编《胡适文集》第1册，北京大学出版社，1998年，第211页。

② 参见《四十自述》，《胡适文集》第1册，第47、101页。

③ 参见唐德刚译注：《胡适口述自传》，《胡适文集》第1册，第212页。但查证胡适在康奈尔大学的成绩表，胡适是转入文理学院后，才修了"哲学"课程，选修课程未登入成绩表则不得而知。

④ 参见唐德刚译注：《胡适口述自传》，《胡适文集》第1册，第263页。

⑤ 《胡适留学日记》自序，《胡适全集》第27册，安徽教育出版社，2003年，第104页。

康大时，胡适已表现出他在哲学方面的才赋，大多数哲学科目的成绩为优秀[①]，并被委任为该校学生会“哲学教育群学部委员长”[②]。1915年9月，他进入哥伦比亚大学文学院哲学系，当时的哥大哲学系“实是美国各大学里最好哲学系之一”，这里有着全美最强的教授阵营，胡适的学术天地大为扩展，在此他接受了自己终身受用的哲学训练和实验主义理论，形成了自己的哲学理念[③]。与近代中国的许多思想家、哲学家思想多变的历史表现不同，胡适终身持守实验主义的理念，表现了惊人的坚强思想个性。

1917年9月，胡适登上北大讲坛，此前北大的中国哲学门教授阵营主要是由传统学者（如陈黻宸、陈汉章等）和留日学生（如陈大齐、章士钊、马叙伦等）这两类人组成，胡适的到来无疑是北大哲学门的一个异数。但以他所受的系统的西方哲学教育和训练加上自学苦修的“汉学”，在知识结构上明显有他人无可替代的优势，时任北大校长的蔡元培正是看中的这一点[④]。

在传统经学向近代哲学转型时，中国学者主要面对两大问题：一是需要正确理解西方的“哲学”理念，它是中国学者

---

① 参见拙作《胡适与哥伦比亚大学》（上），载2004年12月台北《传记文学》第85卷第6期。

② 《胡适全集》第27册，第306页。

③ 参见唐德刚译注：《胡适口述自传》第5章《哥伦比亚大学和杜威》，《胡适文集》第1册，第257—269页。

④ 参见蔡元培：《〈中国哲学史大纲〉序》，《胡适文集》第6册，第155页。

建构自己的哲学体系可能凭借和依傍的范式；一是必须处理西方的“哲学”与“中学”的对应问题，即“中学”哪些部分可以作为“哲学”素材来处理。前者需要西方哲学的训练，后者需要传统“中学”（特别是经学）的修养。五四前后，近代中国学术界几乎不能就西方意义上的“哲学”问题与西方学者展开平等的高层次的对话，学者们限于自己的学力和兴趣，主要是传输西方哲学理念和致力于建立“中国哲学”，更为确切地说是依傍西方哲学理论建构一套“中国哲学”，这是传统经学意识形态被解构后的基本趋向。胡适是这一背景下应运而生的领军人物，他对“哲学”的理解紧紧伴随在其“中国哲学（史）”的研究过程中，既反映了西方“哲学”理念进入中国的历史进程，也表现了中国哲学自我探索的独立意识。故追溯胡适对“哲学”（包括“中国哲学”）的理解，实有助于我们从一个侧面把握中国近代哲学产生、发展的历史过程。

胡适对“哲学”理解的最初层面是关注哲学与逻辑的关系。他认识到，“哲学是受它的方法制约的，哲学的发展是决定于逻辑方法的发展的”[①]。这实际上是西方学术界对哲学与逻辑关系普遍持有的一种观点。胡适从不讳言自己与“实验主义”的密切关系，他强调哲学与逻辑的相互依存也是这方面的一个例证。胡适晚年曾明确交待：“我治中国思想与中国历史的各种著作，都是围绕着‘方法’这一观念打转的。‘方

① 《先秦名学史》导论《逻辑与哲学》，《胡适文集》第6册，第6页。

法’实在主宰了我四十多年来所有的著述。从基本上说，我这一点得益于杜威的影响。”[①]胡适特别提到杜威的《实验逻辑论集》（*Essays in Experimental Logic*）中的《逻辑思维的诸阶段》（Some Stages of Logical Thought）一文，这篇论文着重谈到了“亚里斯多德的形式逻辑之所以能在中古欧洲更完满地复振的道理，就是因为教会正需要形式逻辑来支持一种信仰体系。这一思想体系如无形式逻辑的支持，便要支离破碎，根基动摇”[②]。胡适因此联想到了古代印度的因明学和中国先秦的墨子名学。在他看来，“近代中国哲学与科学的发展曾极大地受害于没有适当的逻辑方法”[③]。

胡适对“哲学”的这一理解直接制导着他对中国哲学史的研究。胡适写作博士论文《先秦名学史》（*The Development of Logical Method in Ancient China*）在理论上的一个重要缘由就是挖掘中国先秦的“名学”，借以向西方世界展现中国的哲学。一般人认为，“中国哲学的特点之一，是那种可以称为逻辑和认识论的意识不发达”[④]。西方哲学界甚至有一种权威观点，东方（主要包括中国和印度）缺乏实体、普遍和客观的知识，“所以这种东方的思想必须排除在哲学史以外”，“真正

---

① 唐德刚译注：《胡适口述自传》，《胡适文集》第1册，第265页。

② 唐德刚译注：《胡适口述自传》，《胡适文集》第1册，第266页。

③ 《先秦名学史》导论《逻辑与哲学》，《胡适文集》第6册，第9页。

④ 金岳霖：《中国哲学》，胡军编《金岳霖选集》，吉林人民出版社，2005年，第67页。

的哲学是自西方开始”。[①]基于逻辑在哲学中的特殊地位，要研究中国哲学，首要的问题是证明中国古代哲学有其自身的“逻辑”（名学）。胡适写作《先秦名学史》即是为了重现“中国古代逻辑理论与方法”。他说：“我渴望我国人民能看到西方的方法对于中国的心灵并不完全是陌生的。相反，利用和借助于中国哲学中许多已经失去的财富就能重新获得。更重要的还是我希望因这种比较的研究可以使中国的哲学研究者能够按照更现代的和更完全的发展成果批判那些前导的理论和方法，并了解古代中国的自然的和社会的进化理论没有获致革命的效果，而达尔文的理论却产生了现代的思想。”[②]

西方的“逻辑”概念最早经严复译介传入中国，严氏将英文的“Logic”译为“名学”，而后来的章士钊则径直音译为“逻辑”。胡适当时采用了严氏译名，其中隐含的深意，则在证明逻辑在中国古代并非无，先秦所谓“名学”，其意可与西方“逻辑”同。从这个意义上说，胡适的英文本《先秦名学史》实际上表现了他个人的民族主义情结。而他重视对非儒学派（特别是一度与儒家并行的墨家）的思想的阐释，明显表现了他自觉与当时的孔教运动领导者及其信徒相区隔的态度。

胡适理解“哲学”的第二层面是哲学与人生的关系。新文化运动是一场个性解放运动，它的焦点问题是人的问题、伦

---

① 参见黑格尔：《哲学史讲演录》第1卷，商务印书馆，1983年，第98页。

② 《先秦名学史》导论《逻辑与哲学》，《胡适文集》第6册，第12页。

理的问题。胡适归国时，正值新文化运动轰轰烈烈开展，他在北大讲授“中国哲学史大纲”一课，由于语境的变化（受众从美国人转到中国人，写作语言从英语转到中文），问题的视点也不同了，胡适对“哲学”理解有了新的调整，强调哲学与人生的关系。他给哲学所下的定义是：“凡研究人生切要的问题，从根本上着想，要寻一个根本的解决，这种学问叫做哲学。”[①]后来他在一次以“哲学与人生”为题的演讲中进一步展开了这一看法，即“哲学是研究人生切要的问题，从意义上着想，去找一个比较可普遍适用的意义”。哲学的起点是由于人生切要的问题，哲学的结果是对于解决人生问题的适用。“人生离了哲学，是无意义的人生，哲学离了人生，是想入非非的哲学。”[②]胡适对哲学的理解建立在“人”的基础上，他给哲学提出的一系列问题，也表现出对人生现实的和终极的关怀，这些问题包括：（1）天地万物怎样来的（宇宙论），（2）知识思想的范围、作用及方法（名学及知识论），（3）人生在世应该如何行为（人生哲学，旧称“伦理学”），（4）怎样才可使人有知识，能思想，行善去恶呢（教育哲学），（5）社会国家应该如何组织、如何管理（政治哲学），（6）人生究竟有何归宿（宗教哲学）。[③]一部哲

① 《中国古代哲学史》第1篇《导言》，《胡适文集》第6册，第163页。

② 《哲学与人生》，《胡适文集》第12册，第282页。该文原载1923年12月10日《东方杂志》第20卷第23期。

③ 《中国古代哲学史》第1篇《导言》，《胡适文集》第6册，第163页。

学的历史也就是哲学家们关于种种人生切要问题思考、探讨和解决的历史。

胡适对哲学的这一理解同样与实验主义的影响亦密不可分。胡适曾翻译杜威《哲学的改造》一书的第一章《正统哲学的起源》，杜氏明确表示："哲学的目的是要尽力做成一个应付这些冲突的机关。凡是化成了形上学的区别，便觉得很不真实的东西，现在联上了社会上种种信仰和理想的竞争大武剧，便觉有很深的意义了。哲学若能抛下它那没出息的，绝对的，最后的本质的专卖，他是不会吃亏的；因为以后的哲学能教导那些变动社会的精神动力，若能对于人类想做到一种更有意义的快乐之希望上有所贡献，那就是很大的酬报了。"[①]近代哲学自笛卡尔以来，把自然科学引为自己的思维范型，以思维与存在、主观与客观作为研究的主题，这种情形发展到黑格尔那里达到极至，变成了建立一套追求"绝对真理"的庞大哲学体系。后黑格尔时代的种种哲学潮流都以突破黑格尔的哲学体系为目标，实验主义哲学亦表达了一种追求新哲学的声音，杜威把"经验""生活""应付冲突"作为新哲学的目标，撇开"本体的争执"，撇开"那些关于绝对本体的性质的种种无谓的玄谈"，"只看见一班深思远虑的人在那儿讨论人生应该是怎样的，在那儿研究人类的有意识的活动应该朝着什么目标去着力"[②]。这就使"哲学的性质、范围、方法，都要

---

① ［美］杜威著，胡适、唐擘黄译：《哲学的改造》，安徽教育出版社，1999年，第17页。

② 《哲学的改造》，第16页。

改变过了”[①]。胡适专取《哲学的改造》第一章翻译的目的，即在于向人们展示实验主义的这一特性。

胡适曾有一篇未刊的《杜威的“正统哲学”观念与中国哲学史》文稿，它试图将杜威的上述观点直接应用于中国哲学史研究。这篇文章开首介绍杜威“正统哲学”的观念，其实不过是《哲学的改造》第一章的摘要介绍，“正统哲学”的三种性质为：（1）哲学的使命是要从那些已经动摇的旧信仰里提出精华来，所以哲学总不免给传统的信仰礼俗作辩护。（2）哲学因为要替传统的东西作辩护，因为要替那向来全靠感情契合和社会尊崇的东西作合理的辩护，所以不能不充分运用辩证的工具。（3）那些传统的信仰，起于人类的欲望与幻想，靠群居生活的影响而成为一种有权威的共同信仰，他的性质是无所不包的；在民族生活的各方面，他是无往而不在的。[②]胡适运用杜威“正统哲学”理论分析中国哲学，以为“杜威的正统哲学起源论竟可以完全适用于中国哲学史”。“中国的正统哲学也是有使命的：他的使命是要给传统的旧信仰作辩护，要从那些已经动摇了的旧信仰之中，提出一些精华来，加上理性化的作用，组成哲学系统。他的来源也是那些已经整统了的古代经典；他的动机也是旧信仰与新知识的冲突与调和。”[③]胡适

① 《实验主义》，《胡适文集》第2册，第229页。

② 《杜威的“正统哲学”与中国哲学史》，《胡适全集》第8卷，第366—368页。

③ 《杜威的“正统哲学”与中国哲学史》，《胡适全集》第8卷，第370页。

以这一理论具体讨论了儒家哲学，遗憾的是，他只讨论了第一期的“显学”（儒与墨）就截稿了，第二期的“儒教”和第三期的“宋明理学”只能凭借他的其他著作，如《中国中古思想史长编》和《中国传统与将来》等来想象了。

胡适对哲学的这种理解深刻地影响着五四时期的中国哲学界。对人生问题的探究成为学术界关注的焦点，梁漱溟的《东西文化及其哲学》、冯友兰的英文博士论文《人生理想之比较研究》和后来出版的《人生哲学》与《一种人生观》，以及一度热烈展开的科学与人生观论战，都是以讨论人生观为主题，尽管梁漱溟、冯友兰、张君劢这些人在文化立场上与胡适完全相反，但彼此在哲学上的“竞技”是不言而喻的，科学与人生观的论战实际上是这种“竞技”的爆发。而胡适对哲学知识系统的分类，也成为后来中国哲学界把握这一问题的一个重要起点。

胡适理解哲学的第三层面是未来哲学的趋向。在《哲学的将来》这篇演讲提要中，胡适表达了对哲学的新理解，他以为“过去的哲学只是幼稚的，错误的或失败了的科学”，“过去的哲学学派只可在人类知识史与思想史上占一个位置，如此而已”。哲学的将来或面临更换问题，或面临根本取消。“将来只有一种知识，科学知识。将来只有一种知识思想的方法：科学证实方法。将来只有思想家，而无哲学家；他们的思想，已证实的便成为科学的一部分，未证实的叫做待证的假设（Hypothesis）。”[①]按照这一理解，胡适的治学倾向明

① 《哲学的将来》，《胡适文集》第12册，第294—295页。

显表现了三个特点：一是越来越重视证实的事实，这一取向导致他“历史癖”和考据癖的发作；二是强调“科学证实方法”，将之视为哲学、历史学唯一的方法到处宣传；三是越来越轻蔑哲学，疏离哲学，他中断了中国哲学史的写作计划，转而开始写作《中国中古思想史长编》。胡适“取消哲学”的这种倾向，究竟是个人对哲学自信心不足的表现，还是内心深处“历史癖”使然，这是一个值得探究的问题。现在保存的《哲学的将来》这篇演讲提要是一份未公开发表的文稿，它虽然反映了胡适内心的思想和“取消哲学”的倾向，胡适后来日渐疏离哲学的表现由此也有迹可循，但它毕竟是一个“孤本”，故对此文本的解读，我们不能随意发挥，更不能过度诠释。

尽管哲学对近代中国人来说是一门外来学问，胡适也确实是实验主义的门徒，胡适哲学理念的形成也受到西方哲学（特别是实验主义）的塑造；但胡适对哲学的理解更多是表现在他研究中国哲学史的著述中。事实上，胡适本人既没有留下一本哲学概论之类的著作，甚至也没有写作一篇纯粹哲学理论的论文，然而胡适对“哲学”的理解是与他的中国哲学史研究密不可分，他对“哲学”的理解与“中学”（国学）有着直接的关系。如使用“名学”而不用“逻辑”，实际表达了胡适对中国哲学独立性的认同；强调哲学是“研究人生切要的问题”，这与中国古代哲学偏重人生哲学（伦理学）的这一特性有关；以为只有实证的知识才是科学的知识、实证的方法才是科学的方法，这与清代汉学家的“实事求是”的理念一脉相承；预测未来要取消哲学，这与“中学”本身缺乏“哲学”的传统和胡适反“玄学”的立场有关。有的论者以为，胡适的这种研究倾向，至多只能将他定位为哲学史家，而不能看作是哲学家，而胡适本人似乎也并不反感这样一种评断。

胡适对哲学的理解今天看来并无新奇之处。金岳霖曾批评说：“哲学中本来是有世界观和人生观的。我回想起来胡适是有人生观，可是，没有什么世界观的。看来对于宇宙、时空、无极、太极……这样一些问题，他根本不去想；看来他头脑里也没有本体论和认识论或知识论方面的问题。他的哲学仅仅是人生哲学。”[①]这种说法略带偏见，胡适的确重视人生观在哲学体系中的地位，但他对于方法论（尤其是他认为具有科学性质的实验方法或实证方法）也是颇为重视的。他一再公开地宣称自己是实验主义的信徒，实验主义“本来是一种方法，一种评判观念与信仰的方法”[②]；“只是一个方法，只是一个研究问题的方法”[③]。除了个别哲学家追求建立完整的哲学体系，大多数哲学家往往只能就其所长，在某一方面加以发挥。在中国构建自己的哲学学科的初始阶段，胡适对中国哲学学科的建立可以说具有奠基的作用。他是第一个在北大哲学门开设“西方哲学史”课程的教授，也是最早以现代意义的哲学观念讲授“中国哲学史”课程的教授。他在吸收、介绍、运用

① 刘培育主编：《金岳霖的回忆与回忆金岳霖》，四川教育出版社，1995年，第29页。

② 《五十年来之世界哲学》，《胡适文集》第3册，第286页。

③ 《我的歧路》，《胡适文集》第3册，第365页。

西方哲学理论的同时，注意到中国哲学的特殊性，并试图摸索描述中国哲学（中国思想）特殊的叙事方式，尽管在这一点上他还未成熟到运用自如的地步，但在一个依傍西方哲学方法建构中国哲学的时代，这几乎是一个不可避免的局限。

《胡适经典论丛·哲学》分三辑：第一辑总论，主要选收胡适对哲学（包括哲学史）的一般论述；第二辑论西方哲学，选收胡适论述西方哲学的代表作；第三辑论中国哲学，选收胡适论中国哲学的代表作。胡适专门探讨哲学理论和西方哲学的论著数量较少，而以中国哲学为研究对象的著述则较多（实际上这里所选收的《先秦名学史》导论、《中国哲学史大纲》导言，亦为其中国哲学史研究的一部分）。胡适有关中国哲学史的著述，专著即有《先秦名学史》《中国哲学史大纲》《中国中古思想史长编》《中国中古思想小史》，论文字数亦有百万之多，可以说中国哲学史研究实为胡适哲学研究的主要工作。在如此众多的文字当中，选择不易，难免产生遗珠之憾，敬请同行专家指正。

2005年9月5日凌晨于北京海淀蓝旗营

（收入欧阳哲生编：《胡适经典论丛·哲学》，安徽教育出版社，2006年）

跨越两岸的胡适研究

胡适研究是海内外学者交流中有着共同兴趣的一个话题。胡适71岁的生涯，在中国大陆37年（安徽9年、上海10年半、北京18年），在欧美26年，在中国台湾7年。胡适生前在其经历之地名声显赫，不同凡响，颇具影响力，故各方都不能不重视他，胡适的不同地域经验自然成为这些地方学人共同分享的资源。在20世纪中国学人中，这样的人物极为罕见。我从1986年开始进入胡适研究这一领域，亲身经历了胡适研究两岸交流迄今的整个过程，对这一过程的细节不能说全部知晓，但有资格说有一基本了解。现愿就自己所见所闻所获，与大家分享。

中国大陆的胡适研究之重新起步是从新时期开始的。1979年5月、1980年8月中华书局出版了《胡适来往书信选》（3册），这套书收入他人致胡适书信1000余封，胡适致他人书信100余封。1985年1月中华书局出版了《胡适的日记》（上下册），内收胡适1910年、1921—1922年、1937年、1944年的日记。两书都是根据中国社会科学院近代史研究所保存的胡适私人档案材料整理编辑而成。这两套书出版发行后，在海外很快产生了较大反响。1982年12月1日，台北远景出版事业公司出版了梁锡华选注的《胡适秘藏书信选》（正、续编）；1982年10月至1984年10月，台北《传记文学》第41卷第4期至第45卷第4期连续24期刊载沈云龙先生辑注的《从遗落在大陆暨晚年书信看胡适先生的为人与治学》一文；1987年2—4月，台北《传记文学》第50卷第2—4期又连载了《五十年前胡适的日记》，这些台版书籍或刊文均取材于大陆版的《胡适来往书信选》《胡适的日记》。1983年11月，香港中华书局出版了修订版的《胡适来往书信选》（3册）；1985年9月，香港中华书局又出版了《胡适的日记》（1册），可见台港方面对这批材料的重视。

与此同时，台湾方面也重视对胡适文献的整理出版。虽然1980年以前胡适纪念馆曾出版或影印多种胡适著作和手稿，但影响播及范围似乎有限。1984年台北联经出版公司出版胡颂平先生撰写的《胡适之先生年谱长编初稿》（10册，约300万字），这是近人年谱规模最大的一套。1986年台北远流出版公司出版了《胡适作品集》（37册，约400多万字），胡适生前所出各种著作尽揽其内，可谓胡适已出各种作品的合集。1990年经胡适纪念馆授权，台北的远流出版公司影印出版《胡适的日记》（手稿本，18册），这是胡适日记手稿本的一次集大成。这三套书产生了较大影响，几乎为中国大陆各大图书馆所购买，因而在大陆也有相当多的读者，成为大陆学者研究胡适的案头常用书。

两岸学者的直接交流迟至1990年才开始。这一年是胡适之先生诞辰一百周年，毫无疑问，这是推动胡适研究的一个契机，也是实现两岸胡适研究交流可资利用的一个大好机会。台湾学界按照中国传统的习惯，按虚岁给寿者先做纪念活动。1990年12月15—16日，台湾政治大学和美国“国际胡适研究会”共同主办以“胡适与近代中国”为主题的学术研讨会，邀请了海内外百余名文史学者参加。12月17、19日，台湾的时报文教基金会举办“胡适先生百岁诞辰纪念演讲会”，邀请唐德刚、周策纵、李又宁、李孝悌、蒋永敬、吕实强、陈漱渝、姜义华、林载爵、陈仪深、林正弘、沈松侨等12位学者发表演讲，大陆学者鲁迅博物馆研究员陈漱渝、复旦大学教授姜义华参加了这次活动。这次演讲会讲稿后结集由台北时报出版公司1991年5月25日出版。同年，台湾的中国时报社的“时报文学奖”专设“胡适诞辰百岁纪念征文”，就“胡适与现代中国”为主题广泛征集海内外学者文章。我本人有幸参加了这次征文活动，并获首奖。1990年12月台湾的《国文天地》开辟了“海峡两岸论胡适”的专栏，刊登了多位两岸学者撰写的论文。

1991年10月，香港中文大学中国文化研究所主办“胡适与现代中国文化转型”国际学术研讨会。应邀参会学者有：香港中文大学的金耀基、陈方正、刘述先、金观涛，美国的唐德刚、林毓生、郭颖颐、周质平，中国大陆的邓广铭、耿云志、姜义华、胡明、吴福辉、朱文华、王炜、杨国荣、许纪霖、严博非、王中江、沈卫威、李林、章清、吴方、颜非、沈寂、胡成，台湾的张忠栋、赵润海。海峡两岸学者和美籍华裔学者共襄盛会，相互切磋，成就了一次高水平学术探讨。我提交会议的论文为《胡适与陈独秀思想之比较研究》，被安排在首位发言。有趣的是在这次会上，围绕林毓生、刘述先先生发言出现了争论。林先生认为胡适思想浅薄，对传统的理解不及鲁迅、梁漱溟深刻，对自由的认识不如殷海光精深；刘先生一本海外新儒家的思路和立场，认为胡适“对古对今对中对西，都缺乏有深度的了解。在一个开放的社会中，他的思想不是已经被淘汰，就是变成了大家公认的常识，已经没有任何吸引力可言了”。与会的大多数学者并不同意林、刘二位先生的观点，双方互有辩驳。这次会议产生的争论成为圈内长久趣谈，以至于林先生不得不为自己的观点声辩，1999年出席北大主办“五四运动与20世纪中国”国际学术研讨会时提交论文仍是《平心静气论胡适》。

1991年11月，中国社科院近代史研究所会同多家单位在安徽绩溪主办了中国大陆首次胡适学术研讨会，有关这次会议的报道，参见我在《中国社会科学》1992年第2期发表的《首次胡适研讨会综述》。这次会议提交的论文后由耿云志、闻黎明编辑结集，以《现代中国学术史上的胡适》为题在三联书店出版，这本会议论文集居然重印，印数上万，今天想来有点不可思议，可见当时胡适研究在中国大陆读者群中的热烈反响。

与此同时，美国“国际胡适研究会”会长李又宁教授主编《胡适研究会丛书》，推出《胡适与他的朋友》系列专书，聚集中国大陆、台湾和美国学者撰文，对胡适研究和两岸学界的互动，也起了相当重要的作用。李又宁教授利用她担任《中国的历史学研究》（*Chinese Studies in History*）主编之职，翻译了多篇中国学者撰写的胡适研究论文，这对向英文世界传播中国学者的胡适研究成果产生了积极影响。

20世纪90年代初在中国大陆、台湾、香港和美国的这些胡适学术研讨活动，对提升胡适研究水平，促进海内外胡适研究学者情谊，开创胡适研究新局面，的确起到了助力。胡适研究成为一门跨地域、跨学科的新兴显学。

1992年夏天在北京燕京饭店、1993年5月在青岛东海饭店召开了小型的胡适学术座谈会。1995年在上海华东师大举行了以“胡适与中国新文化”为主题的国际学术研讨会。唐德刚、周质平、赵润海等海外学者出席了这些学术活动。1995年5月北京大学出版社出版《胡适研究丛刊》，第一辑刊登了吴相湘、唐德刚、周策纵、赵润海和原《自由中国》同人马之骕、胡虚一的文章。第二辑刊登了傅安明，韩国学者闵斗基、白永瑞，日本学者清水贤一郎的文章。第三辑刊登了周策纵、王汎森、施议对和韩国学者崔成卿的文章，此为海内外胡适研究学者交流搭建了一个新的平台。

从1994年开始，中国大陆的胡适研究学者开始分批到台湾访问。我与耿云志先生于1994年11月第一批到台北访问，在为期两个月的访问中，我访问了台北“中研院”胡适纪念馆、“国史馆”、台湾大学图书馆、“中央图书馆”、传记文学社、中国时报社等多家机构；并从北到南到台湾多所大学，如清华大学、东海大学、成功大学、中山大学等校交流，会见了一些亲炙胡适先生言教的故旧和学生，如20世纪30年代就读于北大哲学系的著名哲学家牟宗三先生、终身崇拜胡适的著名女作家苏雪林、抗战时期曾在中华民国驻美大使馆工作的傅安明先生、《传记文学》创办人刘绍唐先生、20世纪50年代留学美国与胡适有过交往的杨日旭先生、青年时代受过胡适帮助的著名文化评论家李敖先生等。胡适纪念馆是接待大陆学者参访的重要单位，这里我特别感念的是胡适纪念馆老馆长陶英惠先生和两位工作人员赵润海、万丽娟。他们的热情接待，为我查找该馆收藏的胡适文献资料提供了极大便利。我与耿云志先生合编《胡适书信集》（北京大学出版社，1995年）就利用了部分胡适纪念馆馆藏的未刊胡适书信。我编辑的《胡适文集》（北京大学出版社，1998年）也获得了胡适纪念馆的授权。

90年代中期以后，两岸胡适研究学者都将关注点投入到胡适文献整理中。整理胡适作品、编辑《胡适全集》是海内外学人的共同愿望。经海内外各方面的呼吁、努力，《胡适全集》被提上议事日程。安徽教育出版社与编委会密切合作，胡适纪念馆原馆长陶英惠先生对这项工作给予了热情支持，台北联经出版公司推出了大陆学者曹伯言整理的《胡适日记全编》。在各方面的努力配合下，2003年9月安徽教育出版社推出了《胡适全集》（44卷），在北大召开的新书发布会上，胡适纪念馆馆长杨翠华女士应邀参加了座谈会。

与胡适有关的书籍出版是两岸交流的又一个亮点。台北联经出版公司的老板刘国瑞先生是安徽人，对胡适这位乡贤情有独钟。继出版胡颂平先生的《胡适之先生年谱长编初稿》《胡适之先生晚年谈话录》两书以后，在90年代又先后出版周质平著《胡适与韦莲司——深情五十年》（1998年）、胡适纪念馆编《论学谈诗二十年——胡适、杨联陞往来书札》（1998年）、周质平编译《不思量自难忘——胡适给韦莲司的信》（1999年）、周质平编《胡适未刊英文遗稿》（*A Collection of Hu Shih's Unpublished English Essay and Speeches*，2001年）、周谷编著《胡适、叶公超使美外交文件手稿》（2001年）、余英时著《重寻胡适历程：胡适生平与思想再认识》（2004年）、江勇振著《舍我其谁》（2011年、2013年）。此外，胡适纪念馆也出版了万丽娟编注《万山不许一溪奔——胡适、雷震来往书信选集》（2001年）、杨翠华和庞丽芬编《远路不须愁日暮——胡适晚年身影》（2005年）。台北传记文学出版社出版了唐德刚著《胡适杂忆》（1978年）、《胡适口述自传》（1981年），台北远流出版公司出版了周质平主编《胡适英文文存》（3册，1994年）。这些书籍大多在大陆也出版了简体字版，唐德刚、周质平先生的著作甚至在多家出版社出版。台湾的联经、远流、传记文学社和胡适纪念馆这些单位也因为热衷出版胡适著作或胡适研究著作，扬名大陆读书界和出版界。

中国大陆学者如耿云志、沈寂、陈漱渝、沈卫威、欧阳哲生的胡适研究著作，也在台湾出版繁体字版。耿云志先生主编的《胡适遗稿及秘藏书信》（42册，黄山书社，1994年）将胡适遗落在北京的私人档案的中文部分影印出版，为海峡两岸、美国、日本等地各大图书馆收藏，在海内外读者中产生了极大的反响，很快成为胡适研究同人征引参考的主要书籍。2015年6月，岳麓书社出版了一套《传记文学书系》，内有《我们的朋友胡适之》一册，原意是介绍海外学者发表在《传记文学》上的有关胡适的文章，没想到里面竟收了六七位大陆学者的论文，可见大陆学者在台湾出版著作、发表论文已是家常便饭，以至于出现这种“出口转内销”的有趣情形。由于中国大陆拥有巨大的市场、广大的读者群，海外学者不满足自己的著作只出繁体字版，而希望让其在大陆出版，以扩大著作的影响力，因此海外学者在大陆出版著作已成为常态。我经手主编的“海外名家名作丛书”（岳麓书社）、“人文中国书系”（百花洲文艺出版社），就曾推荐一些台湾同行学者的著作在大陆出版，在大陆读者中亦产生了不小的影响。

2011年是胡适诞辰120周年。这一年，两岸分别于4月在南京、12月在台北先后召开纪念胡适先生诞辰120周年学术研讨会。南京会议的论文由耿云志、宋广波主编成《纪念胡适先生诞辰120周年国际学术研讨会专辑》（社会科学文献出版社，2012年）一书，作为《胡适研究论丛》第二辑，共收文28篇。台北会议的论文由潘光哲主编成《胡适与现代中国的理想追寻》（秀威资讯科技，2013年），收文15篇。两部论文集倒是彰显了两个会议的不同风格，一个重思想学术，一个重政治思想，显示出两岸学者在胡适研究上兴趣点的微妙差异。

在最近十年两岸合作的胡适研究成果中，特别值得推介的是《胡适藏书目录》（4册，广西师范大学出版社，2013年）。大家知道，1949年胡适离开大陆时，曾将他的藏书遗存在自己的家中——东厂胡同一号，这些书籍后来被北大图书馆收存。胡适1957年6月4日立下遗嘱，将存留在北大图书馆并请其保管的102箱书籍和文件遗赠给北大。由于各种原因，这些书籍堆放在北大红楼顶层上长达40年，北大图书馆为处置这批书籍，曾请我到红楼浏览。看到满堆覆盖灰尘的书籍，我不禁心痛之至，当即请求图书馆方面专辟一室收藏这批书籍。这一要求后来虽未得完全满足，但图书馆将这批书籍转移到特藏部北大文库。北大图书馆与胡适纪念馆经过多次协商，于2009年4月签署《胡适藏书目录整理合作协议》。此前，在台北“中研院”近代史所做博士后研究的陈以爱完成了胡适纪念馆3000余种胡适中、日文藏书编目整理工作。此后，文哲所研究员杨贞德又继续做了胡适纪念馆所藏胡适英文藏书的编目整理工作，共计3813种，6918册。北大图书馆邹新明与该馆的一批馆员经过近两年的整理工作，也将北大图书馆收存的胡适藏书8699种整理编目。在此基础上，两馆再次协商，决定在广西师范大学出版社联袂合成推出《胡适藏书目录》，这样使我们得以窥见胡适藏书的“全豹”。洋洋四大册《胡适藏书目录》不仅使我们获得了胡适藏书较为完整的目录，而且由于编者将书中所留胡适题跋、签名、签章和各种赠书签名悉数辑录，我们又获取了胡适阅读世界的诸多线索。这是胡适文献整理中又一项颇具价值的工作。这项工作由于北大图书馆与胡适纪念馆的精诚合作得以圆满完成，成为两岸文化交流的一个范例。说实话，翻阅这四大册《胡适藏书目录》，我不禁有一种珠联璧合的感觉。

2015年7月，胡适研究会换届，我接任会长一职。本着“持续发展、稳健求进、拓展会友、协同推进”的十六字方针，就继续做好胡适研究会现有的常规性工作，我提出了三点设想：一是继续办好《胡适研究通讯》，二是每年或最少两年召开一次胡适研究会的常会，三是继续力争每两年能出一期《胡适研究论丛》。为了推动胡适研究向更高更广的层面发展，我们考虑，2017年在北京筹备召开一次胡适国际学术研讨会。百年前的1917年可以说是胡适生命史上具有关键意义的一年。这一年1月他在《新青年》发表了《文学改良刍议》一文，它是“文学革命”的第一声；9月他进入北京大学任教，为新文化阵营增添了一员大将。筹备事项曾经在2015年冬天与胡春惠先生、黄克武先生、潘光哲兄一起商讨过，胡先生力主提前到2016年，不幸的是，胡先生在2016年3月19日病逝，这给我们原来的计划在无形之中蒙上了一层阴影。在此，我愿对促进海峡两岸学术交流做出诸多贡献的胡春惠先生表示沉痛的哀悼。

2016年5月4日，我们向上级申报的“胡适与中国新文化运动”国际学术研讨会获得教育部国际合作与交流司正式发文批准，这是一个好征兆。按照相关部门的要求，这个批文在年内有效，这也意味着会议须按原计划在年内进行。时间紧迫，机不可失，时不再来。我随即与各方联系，立即拟定会议的第一号通知于2016年6月2日发出，正式启动了这次会议。

根据我个人的经验，胡适研究本是两岸关注的课题。因而这个会议应该成为两岸同人的一个纽带、一个平台。所以我特别表示可以由胡适研究会与北大历史学系、香港珠海学院、台北胡适纪念馆一起合作的名义来进行。2016年9月北大人文社会科学研究院成立，他们成立后首先开展的一项工作就是主办“胡适与北大”专题展览。他们拥有一定财力，邓小南院长表示可以承担胡适研讨会的食宿经费，并给予相应的支持和配合，这给了我极大的鼓舞。10月我去香港树仁大学讲课，几次与潘邦正先生接洽，双方达成默契，大家都表示要办好这次会议。会议筹备至此，应该说已水到渠成。

2016年12月17日，“胡适与中国新文化运动”国际学术研讨会在北大隆重举行。出席这次会议的有来自中国大陆、香港、台湾，以及美国和日本等地的80多位学者，会议收到论文53篇，有5位作者因故未能出席会议。会议按照这些论文的内容分为大会“胡适与中国新文化”三场、“胡适与中国现代政治”一场；分组讨论（“胡适与中国现代教育”“胡适与中国现代思想”“胡适与现代历史人物”“胡适与中国现代人文学术”）四场。当我通览了厚厚700多页、近百万字的会议论文集，感受到大家提交的论文沉甸甸的分量。一个学术研讨会有此收获，应该说已达到了初衷。这些论文在如下几个方面取得明显进展：

在材料发掘上，不少论文提供了前所未见的新材料，并据此提出新的见解。如王晴佳发掘了新的英文文献材料，他以1917—1937年间《纽约时报》的报道为中心，对胡适在国际上的影响做了论证，指出胡适与西方学界的交流，已经让他成为中国学界的代表人物，在西方学术界和新闻界扮演了一个“中国文化大使”的角色，其学术成就在国际上得到了高度的认可。周质平根据新发掘的英文文献材料，对胡适、林语堂与蒋介石的关系重新做了解释。杨天石利用大量新公布的材料，长文讨论了胡适、雷震与《自由中国》的关系。黄克武利用最近公布的新材料，主要是《胡适之先生年谱长编初稿补编》《陈诚日记》《蒋中正先生年谱长编》《张群日记》，对蒋介石的“三连任”问题做了新的解读。沈卫威发掘利用一组档案材料，对1948年底平津学人的去留选择，胡适被定为“战犯”，1957年毛泽东在中南海颐年堂召集相关人士谈话的原始记录等问题做了新的解读。分组讨论第一组为胡适与现代历史人物研究，主要涉及胡适与蒋介石、钱端升、钱玄同、汤用彤、林可胜、胡晋接、黄宗培之间的关系。这一组论文在材料上都有新的发掘。这里面有必要介绍两位作者的身份：一位是钱元强，他是钱端升先生的孙子；一位是赵建永，他是《汤用彤全集》的编者。钱元强使用未公开的钱端升日记对抗战时期胡适、钱端升出使欧美的具体情形做了新的披露。

在问题设置上，这次会议有好些论文的论题可以说是颇有创意的，如王中江解释了胡适在东西方语境下的“自然主义”立场。他认为在胡适以“自然”观念为中心而构筑的

“自然主义”中的“自然”有不同的层次，它既是胡适用来解释世界和宇宙的最后依据和信念，又被胡适看作科学认知、技术实践的客体和对象，还是他建立人道和伦理的出发点。章清结合“社会”概念对胡适社会思想的演进做了新的解析，指出胡适对“社会重心”的关注，恰表明对于中国社会的变革，其所思所想仍立足于上层——胡适讲学议政，根深蒂固还是出自精英意识。胡成的《胡适与罗氏驻华医社》、邓丽兰的《胡适、张伯苓与平津市民治促进会》、杨金荣的《胡适与南京高师暑期学校》、何邦立的《胡适与林可胜》都是过去少见人涉及而颇有新意的论文选题。

在观点表述上，有些论题虽过去有人做过，但由于作者站立于新的时代高度，也提出了新的见解。如汪荣祖先生对胡适提倡的新文化运动之功过的反省，他认为百年之后回看胡适当年提出的主张，白话文极为成功，但普及白话文是否必须废除文言？新文体是否必须完全取代旧文体？这是值得深思的。罗志田通过比较胡适与梁漱溟对世界文化的认知，指出梁氏多次说过中、西、印文化是根本不同的，但他的“轮转”方式又使文化的多元表现为阶段性的一元，实际上等于以线性的一元来涵容多元。莫云汉对胡适提出的“八不主义”给予了反思，指出其既无新意，亦见偏颇，又或本末倒置，此或少年之作，勇于破坏而少建设。陈平原、孙郁从不同的视角对胡适与周氏兄弟做了比较，陈平原借用“鹦鹉救火”与“铸剑复仇”来形容表达胡适与鲁迅各自的精神气质和政治智慧，指出鲁迅杂文的隽永、深刻、好读、解气，论敌怒火三仗，但基本上抓不住把柄，这是胡适所学不来的。但胡适谈政治，堂堂正正、开门见山、有理有据、逻辑严密，也自有其魅力。单就论题的重大和视野的开阔而言，胡适很可能在鲁迅之上。孙郁从另一个视角比较了周氏兄弟与胡适早期文学观之不同，指出日本近代文学的变化，给周氏兄弟的启发很大，他们在日本人的经验里，意识到文学里的纯和杂，各得其所。融汇各种艺术手段，对于词章的灵活使用大有意义。胡适是从一种明白晓畅的文体来建立现代人健康的思想和趣味。他把写作从过多的精神承担解放出来，形成朗健、直观、诗意的体式。江勇振指出历来研究《镜花源》的学者，都说胡适是第一个从女性的角度去分析《镜花缘》的学者。但是，胡适对妇女问题的关注，只是他对整个社会问题关注里的一环。《镜花缘》可以有多种读法，以胡适为代表的认为《镜花缘》对女性的角色具有正面意义的诠释，当然有其存在的意义与价值。

为期两天的研讨会可以说是一次学术同人的欢聚，一场学术的盛宴，一次令人难忘、给大家留下深刻记忆的会议。毫无疑问，这是推动胡适研究的一次盛会。研讨胡适，深化了我们对近代中国历史的认识，加深对20世纪中国文化的理解。通过这次会议，我有信心地说，胡适研究将持续发展，胡适研究后继有人。

胡适研究会过去是、将来仍然是联结海内外同人的一个平台。我们要继续拓展胡适研究会的工作，争取本会在联络海内外研究同人的工作中发挥更大的作用。胡适研究过去是海峡两岸以及中美等国学者合力推进的一项研究工作。海内外学人围绕胡适研究相互交流、互通有无、增进情谊，这使这项研究工作获得了长足的发展。今后我想胡适研究会在联络各地学者方面，可以继续发挥作用，以扩大影响力，并成为联结海内外同人的纽带。

胡适研究是老、中、青三代学者合力推动的一项研究事业。过去，老一辈学者季羡林、邓广铭、罗尔纲、周汝昌、唐德刚、周策纵等健在时曾对胡适研究给予了热情洋溢的支持，如今这些学术老人多已故去。原来的中年学者也都迈过古稀之年。我们这些曾经是小字辈的学人也已步入中年。从20世纪90年代以来，每年保持有平均1—2篇的研究胡适的博士论文面世。胡适研究的接力棒正传向青年学者，扶植青年学者，吸引更多的青年学子投入胡适研究，壮大胡适研究队伍，是我们刻不容缓的一项任务。

现在胡适研究相对于20世纪80、90年代那种激情燃烧、众声喧哗的岁月，似已步入了一个平缓期。但胡适研究还有一定的空间可拓展，还有更精细的工作需做。从文献整理和史事考证看，《胡适全集》不全，仍有相当的补遗工作需做。从已掌握的线索来看，北大图书馆、中国社科院近代史所和台北“中研院”胡适纪念馆保存的胡适档案中，还有一定数量的胡适英文作品和手稿未经整理。胡适书信有相当一部分因散佚各地，不易搜集，需要我们去做工作。据可靠统计，胡适的英文作品尚有200多篇没有为《胡适全集》所收。《胡适年谱》虽已有3部，但胡适一生中仍有许多疑点和空白需要考证和填补。胡适在美国25年，目前我们所依赖的线索主要是胡适本人的书信、日记，其他材料基本上尚未发掘和利用，或者说利用得相当有限。2015年11月，我赴纽约参加“世界历史中的孙中山、蒋中正与宋美龄”国际学术研讨会时，顺便到哥伦比亚大学图书馆检索美国报纸报道胡适的新闻，发现尚有上百条过去我们未曾见过的报道材料，这些材料现已陆续在《胡适研究通讯》刊出。我想，在条件成熟时，我们可以考虑中国与美国学者一起合作编辑新的《胡适年谱长编》。有关胡适的回忆材料和评论材料已有不少，但良莠不齐、真伪互现，我们有必要对这些回忆材料做系统清理、整理，编辑类似《胡适生平资料汇编》《胡适回忆录》《国外评论胡适文集》这样的文献集成资料集。

过去的胡适研究工作，我们是本着“胡适精神”推进。所谓胡适精神就是日渐积累、循序渐进，不期待有一蹴而就的大成就，但要求有持续稳健的进步。我们过去是这样做，今后仍然会坚持这样做。胡适研究会愿意为海内外同人提供一个交流、联谊、互动的平台。愿大家充分利用这个平台，各展其长，调动资源，协同创新，共同推进胡适研究的发展。

2017年5月增订

（本文为2016年4月15、16日应邀参加“互动与新局：三十年来两岸近代史学交流的回顾与展望讨论会”提交的论文。收入吕芳上主编：《春江水暖——三十年来两岸近代史学交流的回顾与展望（1980s–2010s）》，台北世界大同文创，2017年）

附 录

胡适研究

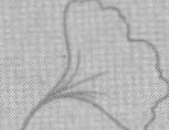

“胡适学术讨论会”综述

由中国社会科学院近代史研究所发起，中国社会科学院近代史研究所、文学研究所、哲学研究所、历史研究杂志社，安徽大学，安徽省社会科学院，安徽省社会科学联合会，鲁迅博物馆，中国现代文化学会，中外名人研究中心，中共安徽省绩溪县委，绩溪县政府等合办，首次“胡适学术讨论会”于1991年11月7日至10日在安徽绩溪举行。来自京、沪、皖等11省市的从事史学、文学、哲学等研究的近50位专家学者出席了会议。中国社会科学院院长胡绳、中国出版工作者协会主席王子野、北京大学教授邓广铭、中共安徽省顾委常委欧远方等担任大会组委会顾问。与会代表提交论文30多篇，着重就胡适的文化思想和学术成就展开了热烈讨论和争鸣，兹择要综述如下：

胡适与徽州文化

胡适晚年曾对胡颂平说：“我将来如有工夫写自己的传记，定要用很大的一章来写我那个时代徽州的社会背景。”（胡颂平《胡适之先生晚年谈话录》）事实上，他在自己的口述自传中开首第一章就是“故乡和家庭”，这说明胡适极为重视自己早年的地域文化背景。会上，唐力行、颜振吾、徐子超三位皖籍学者就这一问题进行了探讨。徽州文化的特点是理学融注于商人文化之中，形成士商结合的独特文化形态。从4岁到13步，胡适在家乡接受了9年的私塾教育，传统的徽州文化对他的影响是深刻的。胡适成名后，与族人乡党（其中大多是商人）往来密切；他晚年为台湾出版的《绩溪县志》题词："努力做徽骆驼。"胡适自己正是一头背负着徽州文化，却在一条新路上不倦跋涉的徽骆驼，徽州士商文化不仅影响到胡适的为人处世、生活态度，而且渗透于胡适的学术、文化研究中。胡适在治学方法上师承朱熹、戴震；在文学革命中提倡作为市民文化的白话文学；在治学路径上，早期写作《中国哲学史大纲》，晚年考证《水经注》，都显示了其受到徽州通俗文学、理学以及士商文化重视地理水文的特点的影响。

胡适与"科玄论战"

胡适并未直接参加1923年的科学与玄学的论战，但因科学派主将丁文江发表文字均与胡适商量过，人们都认为胡适是科学派的主要代表。胡适在为《科学人生观》一书所作的序中，充分表达了自己的立场。与会者围绕如何看待胡适的"科学人生观"，展开了争辩。

黄克剑、吴小龙认为，胡适的"科学的人生观"有两个意思："第一拿科学做人生观的基础；第二拿科学的态度、精神、方法，做我们生活的态度、生活的方法。"胡适在这篇序中提出的"十诫"只是表达了第一层意思，对第二层意思，胡适是从"怀疑""事实""证据""真理"四方面阐说的。由怀疑而要求"拿证据来"，由要求证据而重事实、重验证，其人生态度就是实验主义者的“科学实验室的态度”。胡适的这些观点并没有自觉地陈述在“科学的人生观”的标题下。而是不自觉地呈现在其他并非径直讨论人生观的文字中，如《新思潮的意义》《我们对于近代西洋文明的态度》等。胡适的“科学的人生观”与其说是人生观，毋宁说是一套实验主义的方法论。在自觉的理论层面，它并不为自己提出终极意义的价值理想。在实验主义者看来，作为“主义”的理想，总不免在现实中或迟或早地演化为桎梏人的性灵的信条或教义。

胡晓认为，胡适的宇宙观和人生观，虽然美其名曰“自然主义”，其实并不重视自然，并不注意天人关系的研究。他强调的依然是人本主义，而自然科学只是人征服、制裁自然的锐利武器。强调科学的作用，当然有反中世纪神学和封建迷信的进步意义，但矫枉过正也容易从一个极端滑到另一个极端，因为人和自然的关系并不是简单的主动与受动、征服与臣服、索取与奉献的关系，而是互存互利互融的关系。胡适的宇宙观和人生观忽视了这一点，这构成其理论的内在限制。

张伟国认为，在科学与玄学的论战中，胡适等科学派较具历史的眼光。他们主张用科学的精神、方法来解决人生观和人生问题，这种理性主义的人生观较玄学派的非理性主义人生观，更符合时代的要求。但是，还应该指出，无论自然科学如何发展，也无论科学方法如何完善，人生观都不是科学发展所能完全解决的。当时陈独秀对胡适“心物二元论”观点的批评虽不够彻底和全面，但其基点是正确的。

胡明认为，胡适的科学人生观（包括宇宙观），虽然与马克思主义的唯物史观有扞格和争论，但它在与种种唯心主义的玄学的论争中却客观地、历史地为马克思主义在中国的广为传播扫清了一部分障碍。但是由于胡适的“科学人生观”的根本立足点与意识形态倾向有问题，它本身又必然地、历史地成了马克思主义普及深入及其理想实现的一个重大障碍。

胡适与中国传统文化的关系

这一直是迭招物议的历史课题。欧阳哲生认为，胡适早年在读书兴趣、心理特征、道德涵养和治学嗜好方面无不深深烙上了传统文化的印迹，传统文化作为胡适文化思想系统的不可分割的重要来源，对他一生的治学路径和文化取向都具有深远的影响。胡适由于受到实验主义思想方法的影响，主张对中国传统文化进行“价值重估”，发表过不少激烈批判传统文化的文字，但我们却没有充分的证据证明他是一个民族文化的虚无主义者。胡适对传统文化的批判始终是同建设新文化结合起来，把它看作是振刷民族精神，“再造文明”的必要条件，这种批判本身就贯注着理性精神和建设意义。至于胡适提出要“整理国故”，更表达了胡适要联结历史，而不是割断历史的主观愿望。因此，对胡适与中国传统文化的多重关系需作多层面、多视角的历史揭示和文化分析，不可简单从事。

关于胡适“整理国故”的评价，耿云志指出，胡适把“国故”理解为“一切过去的文化历史”，“整理国故”就是用近代科学方法整理一切历史文化遗产的工作。由此，从广义上说，胡适一生的绝大部分学术工作都可归入“整理国故”的大题目之下。1919年，他在《新思潮的意义》中提出“研究问题，输入学理，整理国故，再造文明”的新文化运动的纲领，很明确地把

“整理国故”作为建设中国新文化的整体工作的一部分。从那时起，他不断地就整理国故的宗旨、方法和进行计划发表文章。他既是这项工作的倡导者和领导者，同时也身体力行地做了大量的实际工作。他的成就主要包括考证古典小说，整理中国古代思想史、中国古代文学史，重勘《水经注》案等等。胡适一方面把整理国故的工作看作是古代文化遗产的价值重估，是为再造文明铺奠基础；另一方面把这项工作看作是训练治学方法的最好途径。尽管在革命的年代里，这项工作备遭物议，但从学术文化意义上说，它的正面作用是不容抹杀的。

如何评估胡适在小说考证方面的成就？易竹贤认为，从胡适和鲁迅开始，才真正把小说的考证和研究当作学术研究的一项课题，从而将小说研究提到了与传统的经学和史学平起平坐的地位，开创了中国古典小说研究的新局面。应该肯定，胡适在小说考证中，搜集了大量的材料，提出了许多大胆的见解，提供了新的研究方法。但他的小说考证，有的论断原来就有错误，有的随着新的材料发掘，显得陈旧过时了，这些需要我们作具体分析。

胡适的《中国哲学史大纲》（下简称《大纲》）一书的历史地位究竟应如何估价？王法周从中国哲学史、中国现代学术史、中西文化比较三方面对此作了系统的考察。他认为，《大纲》开创了中国哲学史这个新学科，是中国哲学史学科成立的标志；同时，它作为新学科的典范，也开创了中国现代学术的新纪元；结蒂于新文化运动高峰的《大纲》，以其建设性的纲领，把新文化运动截然划分为前后两个时期，同时成为对近代中国数十年以来的中西文化论争的总结。当然，《大纲》正处在中国现代学术的初创时期，其中的一些具体观点未必正确，如《大纲》把庄子的

“万物皆种也，以不同形相禅”解释为“生物进化论”等。即使如此，这也无损《大纲》本身的划时代意义。

墨学是胡适研究中国古代思想史取得最引人注目的开创性成果的课题。过去少有人论及。杜蒸民认为，胡适在墨学研究上的贡献主要表现在：其一，他对墨子和墨家学派的生平、《墨子》的作者、《墨子》各篇的分类，以及墨学兴衰的原因等问题，作了新的考订和分析。其二，他将墨子、前期墨家思想与后期墨家思想分开研究，把墨子与老子、孔子等放在平等地位来评论，冲破了封建学者“扬儒抑墨”的传统观念。其三，他用西方哲学、逻辑学和近代自然科学的知识对《墨经》六篇即“科学的墨学”所包含的丰富的逻辑思想，进行了前无古人的发掘和系统评述。胡适墨学研究的主要缺点在于对墨学的评论有厚此薄彼和附会浅薄的问题。前者表现在重哲学和逻辑方法，对其他内容如宇宙观、政治观、伦理观或略而不论，或轻轻带过；后者则表现在对墨学的思想实质、儒墨对立的社会意义避而不谈，或就事论事。

如何看待胡适重审《水经注》公案，这是近年来学术界关注的课题。方利山认为，胡适重审《水经注》公案虽然有几分为乡贤辩冤白谤的动机，但是，他全力介入此案，用意比“爱护乡贤”要深得多。1954年11月13日，胡适在答洪业的信中说，“十年来，我重审《水经注》一案，虽然有几分为人辩冤白谤的动机，其实是为了要给自己一点严格的方法上的训练”。胡适为戴震平反，绝不是无反可平，所谓“戴袭赵已成铁案”是在“先有主张乙的意思，便只寻甲的不是”这种主观偏见之下推测出来的产物。针对有人指责胡适花费多年时间重审《水经注》案没有意义，方利山认为，胡适根据史实，动摇了随便定人罪案者的权威，打破了人们对他们的迷信，拓开了思路。使事情更接近本来面目，是有意义的。胡适从事《水经注》研究，初衷在《水经注》公案的重审，并不侧重在对《水经注》本身的研究，所以我们不必从郦学的角度，苛求胡适应贡献更多的郦学成就。胡适在重审此案中大致厘清了全、赵、戴三人各自独立钻研校理《水经注》的学术历程，这是很有价值的。

胡适与新文学运动

沈卫威认为，胡适率先发表《文学改良刍议》，提出“文学革命”的“八事”，其理论形成绝非偶然，是有一个发展过程的。胡适提倡“文学革命”的“八事”。有对中国白话文学传统继承的一面，亦有独创的一面；有与世界文学流向接通的一面，即胡适接受印象派等欧美现代文学影响的一面，还有平行的一面。因此，“八事”主张是中外文论的汇流，是胡适创造性的“聚化”。

沈寂论述了胡适由少年诗人到新诗鼻祖的过程。他认为，胡适提倡“诗国革命”同样是“实验主义”的应用，当初只是假设，尝试作白话新诗，是求证。他在提出假设之前，曾经过艰苦的磨炼和探索，包括对古诗、近体诗、长短句、韵诗、无韵诗做了种种研究和试验，从而推陈出新，尤其是对旧诗音节的研究，最后在词、曲、剧的基础上，推翻了词调曲谱的种种束缚，引起“不拘格律，不拘平仄，不拘长短，有什么题做什么诗，诗该怎样做就怎样做”的“第四次诗体大解放”。他提倡“诗贵有真”，主张写实主义。在此基础上，提出“不摹仿古人”，走自己的路，由一个旧诗诗人成长为新诗的创导者。

胡适与传统国文教育变革

吴二持指出，胡适提倡和实践白话文的初衷在于普及现代科学教育，从早期参与办《竞业旬报》开始，胡适便表现出对教育的关注。他第一个提出我国欲求教育之普及，必须进行文法改革，从有利于教育的角度，提出采用新式标点符号；在国语教育运动中提出并论证“国语的文学，文学的国语”的著名观点，解答了国语教育运动中的困惑，为国语教育的普及开辟了新的道路。

胡适与传记史学

朱文华认为，从理论和实践的结合上倡导近代传记史学在中国的建立和发展，是胡适一生学术文化活动的显著特点之一。胡适倡导传记史学先后经历了四个阶段：主编《竞业旬报》时期，留美时期，五四前后至40年代末时期，晚年流亡美国和定居台湾时期。从胡适各个时期写作的各类传记作品来看，其虽然深浅得失不尽相同，但均有相当的学术价值。胡适的传记理论涉及许多课题，如对传记要素与功用的认识，关于传记的真实性原则，关于传记写作的史学方法训练，关于传记作者的学术作风问题，以及中西传记比较和对中国旧传记的清理和批判等。总之，胡适的传记理论与他的传记写作实践的成绩结合在一起，促进了中国新旧传记史学交替过渡的最后完成，由此对中国近代史学的发展作出了自己独特的贡献。

胡适的文化哲学及其评价

闻继宁认为，胡适在哲学研究活动中，与纯哲学分道扬镳，选择了哲学人学，是由他“学以致用”的思想特点和他对哲学的独特理解所决定的。胡适对“文化”作出了符合哲学人学的解释，在他那里，文化是一个哲学概念，它与杜威哲学中的“经验”概念在涵义上基本重合，都是对人类生活及其本质的反映。胡适的文化哲学倾向表明，他的哲学思想不仅是方法论的哲学，而且还是“人的哲学”。虽然他对此还不够自觉，但他对人的问题在哲学和现代社会生活中的地位和作用却有着清醒的认识。

郑大华对五四时期胡适与梁漱溟的东西文化之争进行了探讨。他认为，就胡适和梁漱溟对于中西文化之差异的本质认识而论，胡适无疑是正确的，他坚持了新文化运动在这一问题上的基本观点。然而，从学理上分析，胡适的“有限的可能说”和梁漱溟的“文化路向说”一样，又存在着重大的失误。如果说梁漱溟的“文化路向说”凸现了人类文化发展过程中的特殊性和民族性，而忽略或否认了文化发展过程中的同一性和时代性；那么胡适的“有限的可能说”正好相反，它凸现了人类文化发展过程中的同一性和时代性，而忽略或否认了文化发展过程中的特殊性和民族性。胡适的“有限可能说”在学理上的这种重大失误根源于他那一元的文化进化观，这种文化观只承认人类文化发展的同一性，否认文化发展的多样性，这实质上是欧洲中心论的反映。

关于反“名教”与胡适思想的关系，尹权宇认为，通向胡适思想内在整体性的线索可能是多方面的，但胡适反“名教”似乎是最不能忽视的一条线索，胡适在哲学、科学、文学、文化等一系列问题上的思想特点，实际上都以不同方式与他对“名”的评价相联系，都可以在此得到解释，找到思想上和理论上的“根”。而过去很长一段时间评判胡适政治上反动的一个重要根据就是他在1919年挑起了“问题与主义”之争，提出了反对迷信抽象名词，“多研究些问题，少谈些主义”等主张。但是，胡适反“名教”、反对迷信抽象名词等思想主张，基本上属于“文明批判”范畴。“文明批判”范畴的思想主张，在中国20世纪的思想发展过程中，被涂上了浓厚的政治色彩，这个现象值得深思。这里既有胡适本人把“文明批判”武器运用于政治争辩上的问题；也有一个政治批判中把“文明批判”思想上升到政治上来对待的问题。胡适在人生观上做出了带有“科学主义”倾向的选择，但他在反“名教”中，又带有十分明显的自然主义倾向和人本主义倾向，胡适思想内在的这种矛盾，很值得研究。

（原载《中国社会科学》1992年第2期）

“胡适研究的回顾与展望”座谈会纪要

1992年是著名学者、教育家、文学家胡适之先生逝世30周年，1992年7月13、14日在北京举行了“胡适研究的回顾与展望”座谈会，有21位海内外学者参加。大家围绕胡适研究的发展状况和今后的学术走向，展开了热烈的讨论。与会者解放思想、实事求是、各抒己见，显示了在新的历史条件下胡适研究者的新姿态。下面将与会者的发言记录整理如次：

耿云志（中国社科院近代史所研究员）：去年我们在胡适先生的故乡举行了第一次胡适学术讨论会，海内外反响很大。当时有少数朋友因故没有到会。大家研究的学科不同，很少相聚的机会。有不少朋友表示希望今年再聚会一次，我们的愿望今天实现了。陈宏正先生是这次聚会的最热情的支持者。此外，相隔万里的大洋彼岸的两位朋友唐德刚先生和周质平先生，今天也赶来参加聚会，我们非常欢迎！还有两位令人尊敬的前辈，邓广铭先生、王子野先生今天也来到会，我们既欢迎又感谢。这次座谈会的主题是“胡适研究的回顾与展望”。大家可就我们已经做过的工作做一回顾，更重要的是考虑一下今后我们还要做些什么，怎样做。

周质平（美国普林斯顿大学东亚研究系教授）：美国最早研究胡适的学者是格里德，他写了一本《胡适与中国文艺复兴》，重点是探讨自由主义为何在中国失败。六七十年代，除了美国一位女学者写了一篇《胡适与整理国故》的论文外，几乎无人问津胡适研究。1984年，周明之先生写了一本《胡适与中国知识分子的选择》，他参看了胡适留美时期的大量档案材料。比较美国、中国大陆和台湾地区三地胡适研究的状况，一般来说，美国学者认为胡适思想已经过时，故他们认为胡适已成为一个历史人物。台湾学者对胡适思想的兴趣也在减退。大陆对胡适研究的气氛似乎日渐浓厚。我现在正在搜集胡适的英文著作，Eugene L. Delafield与袁同礼于1963年在台湾“中研院”《史语所集刊》第34本上发表了一份胡适英文著作目录。我在他们已有的基础上继续整理，现搜得216篇，还有20多篇尚未收齐。

邓广铭（北京大学历史系教授）：我想谈谈胡适的评价问题。去年在香港开会时，有的学者认为胡适浅薄、梁漱溟深刻，我觉得这两个人物不是一个档次上的人物，不能把他们两人放在一起比。梁漱溟的思想基本上是传统的一套，他对儒家、佛家学说都取顿悟的态度，这是违背科学精神的。至于把胡适与末代皇帝放在一起就更不对了，溥仪是封建遗老，胡适是先进人物，不应借溥仪来丑化胡适。我并不是说胡适不能批，批要看历史条件。从历史的角度考察新文化运动，可以说，没有胡适就没有鲁迅、郭沫若、周作人。当然，如果只有胡适一人呐喊，没有其他人遥相呼应，新文化运动也就不成为运动了。

王子野（中国出版工作者协会主席）：胡适给梅光迪的信，我曾抄过，后来可惜丢失了，那是一份很有价值的文学史料。有些人物不可比，有些事却是可比的。我记得胡适当年演讲时，常常是济济一堂，人满为患，而张东荪发表演讲，则稀稀拉拉，听众寥寥，这是可比的。

唐德刚（美国纽约市立大学亚洲学系原系主任）：我认识胡适也算是缘分。在哥伦比亚大学，胡先生是一块大招牌，我只是一个普通学生，一次，胡先生主动与我握手，问我的名字，这件事给我印象很深，启发也很大，所以我对年轻人很注意。历史上的英雄是时势造成的，但很少有英雄能造时势，胡适是这极少数人中的一个。究竟是什么时势造就了胡适，胡适为时代又造了什么样的势？这是值得探讨的。如对中西方进行比较，在古代，中国领先于西方；进入近代以后，西方又远比中国先进。近一百多年，中国社会处在剧烈的变化之中，每十年发生一次变化，每十年要产生一个人物。胡适认为中国现代化的基础是文化现代化，所以他着眼于创造新文化。我们研究胡适要下笨功夫，要做目录研究，既要宏观研究胡适所处的时代，又要微观研究“胡适学”，只有这样，才能将胡适研究推向前进。

朱文华（复旦大学中国语言文学研究所讲师）：胡适研究从50年代步入“误区”，到“文革”时期被视为“禁区”，再到近十年来逐渐发展成为一门“显学”，大体经历了这三个阶段。现在对胡适的研究可分为两大类：一类是纪念、回忆性的；一类是学术探讨性的。从发展的角度来总结胡适研究，仍有一些问题需要注意。在材料方面，许多论文、论著所使用的材料是辗转抄的，不是第一手材料。在研究领域方面，有些问题尚未触及，如美国与庚子赔款、胡适与文化保守主义、胡适与他师友的关系。胡适的朋友学生大致可分三个系统：北大系统、中国公学系统、海外系统，可否模仿《明儒学案》《魏源师友记》，编一套《胡适师友案》。在力量组织方面，胡适研究至今没有正式的学会组织，可否在中国现代文化学会下面成立一个“胡适研究会”。1999年是五四运动80周年，到那时再组织一次大规模的胡适学术研讨会，争取胡适研究再上一个台阶。

沈卫威（河南大学中文系讲师）：从学术角度重估胡适文化遗产，胡适的许多东西都已过时，许多后辈在某些专门领域超越了他。但胡适具备大学者的风范和意识，他开创了一个时代。对胡适研究的价值取向可分为历史意义和现实意义。历史意义的胡适研究就是要回到胡适去，还胡适一个本来面目。现实意义的胡适研究则有待政治环境的宽松，在胡适研究这个问题上，政治对学术的限制作用很大。

周质平：五四新文化人提倡德先生、赛先生。但在20年代，对科学的提倡实际上压倒了民主，这对中国现代民主政治的发展造成了极大不利。在近代欧美，民主和科学是一对孪生兄弟，它们密不可分。即使在政治黑暗的时候，学者们仍能以自己的科学精神从事学术活动，学术超越了政治，这显现了学术研究的价值和意义。以我们现有的胡适研究而言，也应如此。应该说，在政治上有诸多忌讳的时候，研究胡适反而更有意义。

雷颐（中国社科院《近代史研究》编辑部编辑）：我从事学术研究都是为了表示自己对历史、对现实的深切关怀，我认为离开了这种关怀，学术研究就会失去它应有的价值，不管外界社会政治环境如何，学者都可通过自己的学术活动去认识历史，参与现实。我在担任编辑工作时，接触胡适研究方面的稿子不少，但发稿不多，其中一个原因就是稿子质量不高，研究深度不够，基本上停留在重新评价的研究层面上。这一点应该引起人们的注意。

欧阳哲生（湖南师范大学历史系副教授）：从1986年我写作硕士论文，开始从事胡适研究，到现在已有五六年了。从事这项研究，我体会最深的有两点：一是风险意识，胡适研究过去被视为“禁区”，现在也还有许多“雷区”，在这个领域要干出成绩很不容易。既需要你脚踏实地，有一分证据说一分话；还需要你有敢于为科学献身的精神，也就是说要有胆有识。二是现代意识，胡适研究在大陆虽起步较晚，但一开步，就很快进入海外学术界的视野，可以说，胡适研究的起点实际上很高，几乎许多问题都是被人翻出来研究了几遍。现在我们要再上一个台阶，就必须灌注现代意识，抛除成见，这首先需要将胡适置于现代化潮流中去重新认识，胡适在为推进中国现代化事业中曾经发挥了极为重要的作用，功不可没。

季维龙（华东师范大学图书馆研究馆员）：成立胡适研究会是一个好的设想，即使不能成立，也应加强联系。从发展的角度看，可以制订一个五年研究计划，集中力量，相互合作。应该加强与海外胡适研究会的联系，搞一些基础研究，如胡适著译编年目录。

颜振吾（安徽省绩溪县政协副主席）：搞胡适研究，有如开矿，它所包含的精神矿产十分丰富。胡适一生行谊、思想，哪些有现实意义和历史价值？这需要我们去大力挖掘。胡适说，与朋友相处，要有疑处不疑。此话说得极好，胡适一生受中国传统伦理道德影响极深，表现了高尚的道德情操。我曾写了一篇文章，题目是《同胞们都应该这样》，就是希望中国人和睦相处，不要自相残杀，不要尔虞我诈。

黄艾仁（滁州师专中文系副教授）：我是从研究鲁迅，走到研究胡适。研究鲁迅要实事求是，研究胡适也应该这样，过去说为曹操最早平反的是郭沫若，后来又说是鲁迅，我看《新青年》，发现为曹操平反的人是胡适，我就写了一篇题为《最早为曹操平反的是谁》的文章，引起了一定的反响。这样，我开始步入了胡适研究领域。胡适研究现在还有一些禁区、盲区和难区。前一段播放的电视剧《太阳之歌》，批判胡适的“问题与主义”，说明许多人仍然受到“左”的影响，这就是盲区。胡适研究有经费困难，要打开研究局面，必须克服经费困难，这就是难区。

唐力行（安徽师范大学历史系副教授）：我从事胡适研究，时间较晚。前一段时间，我主要是搞徽州学研究，徽州学与胡适有联系，它为胡适研究提供了地域文化背景。我从研究徽州学到研究胡适，既有偶然性，也有必然性，就是十一届三中全会以后，整个社会环境的宽松，为我们研究胡适提供了便利。今后我准备研究胡适与徽州文化的关系、胡适的家族史。

唐德刚：台湾有些人美化胡适，把胡先生涂成一个大花脸，这实际上是丑化，这不符合“胡适主义”。余英时在胡颂平《胡适之先生年谱长篇初稿》的序中说胡颂平是一个最理想的写胡适年谱的人选，我认为他是最不合格的，他缺乏现代头脑。胡适有27年在美国，胡颂平对这一段胡适的生活根本不熟悉。我们搞“胡适学”研究，要扎扎实实从微观研究开始，重修一部胡适年谱，将胡颂平编年谱时所遗漏的空白点补上，使谱主一生的行谊能翔实地反映出来。

闻黎明（中国社科院近代史研究所副编审）：胡适研究在缺乏资助的条件下，能形成一支基本队伍，这本身不仅反映出勇于还原历史本来面目的决心，也表现着一种知识分子的责任感。这精神极可贵。我祖父闻一多与胡适关系密切，都是新月社成员，又一起创办新月书店和《新月》月刊。他担任中基会翻译莎翁全集委员会主任，也是胡适的推荐。关于他们的关系，我准备做一认真研究，相信可以说明不少问题。

沈寂（安徽大学历史系教授）：现在许多年轻人对胡适很陌生，50年代"胡适大批判"的历史阴影尚未消除。我们现在搞胡适研究，要从基础平面做起，要让大家熟悉胡适，了解历史真相，这就需要多出版胡适本人的著作，需要大家多做一些普及性的工作。

易竹贤（武汉大学中文系教授）：胡适研究要贯彻实事求是的精神，还历史以本来面目。有些问题一时讲不清，可以逐步突破，这也符合胡先生本人关于一点一滴进步的思想。胡适的政治思想尚有很大争议，有些可放下暂且不论，有些可加以分析，如胡适提倡民主法制，这是他积极性的一面。胡适的学术活动和思想是一个永恒的话题，它不受时空限制，我们要多加研究。胡适关于改造国民性的思想，与鲁迅可以说是异曲同工，极为深刻，现在看来仍不失其意义。

曹伯言（华中师范大学出版社副总编）：我起初研究胡适，如编年谱，主要是搞一些开荒性的工作，因为当时在观念上仍有很多障碍。今后我们研究胡适，应该多做基础性的工作，如修年谱、编全集，个人力量不够，可以组织大家通力合作。在专题性研究方面，可以深入研究胡适的方法论，胡适一生重视方法论，他的方法论自成系统，很值得我们研究。在研究态度方面，还是要坚持马克思主义的辩证唯物论，只要持之有据、言之成理，即使意见不一，也应存一种相互容忍的态度。

胡明（中国社科院《文学评论》编辑部副编审）：我之所以从事胡适研究，是因为有一种无形的内在驱动和文化认同感，是为了表达我对历史、对现实的深切关怀。我觉得今后胡适研究应朝着更细密的方向发展，要深入地研究胡适思想；同时也要兼顾普及胡适研究的工作，要让更多的人了解胡适，了解历史的真相。

吴二持（汕头大学高教研究室讲师）：我觉得胡适研究，首先要自己解放自己，不要为成见所蔽，不要受传统观念束缚，要从现代化的角度研究胡适，将胡适思想的现代意义挖掘出来。

陈漱渝（鲁迅博物馆研究室主任）：我建议国内学者与海外学者通力合作，编一套《胡适全集》。现在做这份工作很有必要，它带有抢救历史资料性质。胡适的著作如果不加注，其中涉及的一些人与事，后人很可能无从知晓了，现在我们做这份工作还来得及，应该抓紧时间、组织人力、分工合作，把这件事做起来。

耿云志：总体来说，大陆的胡适研究工作是以1979年纪念五四运动60周年为起点，从那以后，研究胡适的论文，每年都在报刊上大量出现。1985年以后，每年都至少有一本专著出版，现在年谱、传记、专题论著都已有多种问世。青年学生对胡适表现了很大的兴趣，以胡适为题目的学位论文，差不多每年都有若干篇，这是很可喜的现象。1991年胡适百年诞辰之际，我们举行了第一次全国性的胡适讨论会，这是有很大意义的一次突破。现在到了一个新起点，需要我们努力把胡适研究工作进一步拓展。

胡适是现代中国知识领袖中比较最自觉、最富有理性的推动现代化运动的人。我们的胡适研究工作的进展及其所达到的水平，在某种意义上，可以看作是中国改革开放的一种标尺。它的时代意义是非常明显的。

今后待做的事情很多，有些基础性的工作还要下大力量去做。例如搞一个比较最完整的、最有系统的胡适著作目录，为编辑《胡适全集》打下基础。编全集的工作，只要条件具备，应及早进行。此外，更深入的综合研究，还需做极大的努力。要把胡适的思想揭示透彻，把他和时代的关系揭示清楚，不下大功夫是不行的。

为了推动我们的工作，大家强烈地希望组织起来，能搞一个独立的研究会最好，能在中国现代文化学会下面设一个二级学会也好，如两者都不能实现，就作为一个胡适研究联谊会。总之，大家要经常联系，团结协作，踏踏实实，一步一步地把胡适研究工作推向前进。

（本文系根据记录整理，未经发言者审阅。原载《近代中国史研究通讯》第15期，1993年3月）

“胡适思想研讨会”综述

近年来，胡适研究在中国大陆学术界是备受人们关注和重视的一项课题。在此前举行的“胡适学术讨论会”（1991年11月，安徽绩溪）、“胡适研究的回顾与展望”座谈会（1992年7月，北京）两次会议的基础上，1994年5月16—18日在青岛召开了“胡适思想研讨会”。来自各地30余位学者参加了会议，正在大陆访问的美籍华裔学者唐德刚先生也应邀赴会，并作了长篇发言。与会代表提供了15篇论文，着重就胡适思想及有关问题作了探讨。

耿云志先生在会议的开幕词中指出，力求公正的胡适研究在中国大陆已有十几年的历史，这十几年中，国家经历了极大的变化，社会朝着越来越开放的方向发展，人们的思想观念正在接近和认同现代意识。在这样一种大前提下，胡适研究获得了进步。这种进步不但是表现于胡适著作的竞相刊行，研究胡适的论文和专著大量增加，而且表现于一个接近本来面目的胡适越来越为广泛的社会阶层所接受。从前形成的许多成见、许多忌讳，已被逐渐打破，可以说所剩无几了。

唐德刚先生提供给会议的《论“转型期”与“启蒙后”——

欧阳哲生著〈胡适思想研究〉代序》的长文中，全面论述了中国社会向现代演变的过程，以及胡适和胡适思想在这一社会变迁中所发挥的作用。唐先生认为，中国近现代是一个社会转型期，人们对西方近世文明的态度经历了从排拒到接受、认同，再到如何“西化”的过程。在这一历史背景中，胡适的思想有“两大突破”，一是突破了孔孟和儒家在“汉族中心主义”中所制造的瓶颈，由“独崇儒术”恢复到先秦时代群经与诸子平等的地位；一是突破了“汉族中心主义”这项自我束缚的民族文化瓶颈，而代之以“欧洲中心主义”，欧洲中心发生分裂（资本主义与社会主义），促使中国的“西化”运动也一分为二（胡适的自由主义和陈独秀的马克思主义）。

胡适文化思想历来是学术界争论不已、聚讼纷纭的悬案，与会者对这一问题提出了一些新看法。有的论者认为，胡适的文化观如细加分析，表现出多重矛盾。首先是价值判断与历史判断的矛盾，在价值判断上，他提出对传统文化要“价值重估”，对传统文化的主体思想持根本怀疑乃至否定的态度。在历史判断上，他要求还历史以本来面目，对中国数千年来的历史文物持客观评价的态度。其次是他“理智上认同西方，情感上倒向中国”，颇有点林语堂所说的“对中国人讲西方文化，对西方人讲中国文化”的味道。再次是如何处理自由主义与传统文化的关系，二三十年代，胡适将两者对立起来，断言要发展民主、科学，就必须彻底抛弃中国传统文化；抗战以后，胡适开始重新审视自由主义与传统文化的关系，谋求在二者之间做一些会通的工作，寻找自由主义在历史文化空间里的生存之地。有的论者认为，将胡适的中西文化观冠以“民族虚无主义”的帽子，完全是皮相之论。胡适“再造文明”的理想和“充分的世界化”的主张，不仅包含着浓厚的现代意识和启蒙意识，而且也大体代表着中国社会历史发展的方向，对现代化建设有着重要的推动作用。

与会者还对胡适思想中过去鲜少论及的某些层面进行了探讨。有的论者认为，胡适的商业观有两个明显的特点：第一，用“历史的眼光”“进化的眼光”去评判商人的社会功能，肯定商人阶层的兴起“不但是自然的现象，并且是很有益于社会的。社会国家都少不了商人”。第二是在文化的层面上评判商人的社会功能。肯定人欲的合理性与进步性，赞赏中国传统商人所具备的“不知足”的精神。有的论者指出，在中国现代教育史上，胡适是一位有过重大影响的人物。他不仅是封建旧教育的批判者、改革者，也是现代新教育的设计者、开拓者，他的教学活动、教育改革和教育思想，从一个侧面反映出中国教育从传统形态向现代形态转变过程中的许多矛盾和问题，从中可以窥见资产阶级“教育救国”论的破产和教育现代化的梦想与追求，不乏可资借鉴的经验和教训。有的论者对胡适的学问、人品与哲学境界之间的内在联系给予了分析，认为胡适对知识分子阶层思想独立、人格独立所特有的社会文明意义、进步意义的深刻认识，是他所以把宣传、张扬自然科学的精神和方法作为一生工作基本主题的主要原因；而胡适强调人品重于学问，就是要通过人品的力量去提高学问的品质，开拓学问的境界。

胡适思想中有一些不易把握的层面，与会者也从历史事实出发，对之进行了大胆的讨论。有的论者对胡适在“问题与主义”论争中所持的立场重新给予了解释，指出胡适当时批评的不是马克思主义而是无政府主义，其根本原因在于无政府主义者运用实验主义诠释无政府主义，在胡适看来，这种诠释破坏了实验主义的科学性；胡适的自由主义立场，对于五四时期刚刚开始传播的马克思主义，既显示了宽容的品质，又包含着发生冲突的必然性；对于胡适根据实验主义思想方法论提出的一切主义都应当遵循的认知态度，应给予合乎科学意义的评估。

胡适的“民族反省”思想过去常遭人们非议，对此，有的论者提出质疑。他们认为，胡适作为一位富有社会责任感的启蒙思想家，其爱国主义的情结从来不曾减弱过。虽然近代中国的“民族反省”思潮因其一定的政治改良主义性质，在某种特定的场合或范围内，可能会产生若干消极影响；但是，问题的另一方面是：由于社会革命论者以及进步政治力量在“救亡”问题上往往求胜心切，亟欲“举政治革命，社会革命毕其功于一役”，由此也会轻视或忽视启蒙问题的重要性和必要性。在这种情况下，“民族反省”思潮的存在，对于社会革命论者以及进步政治力量的革命实践活动，客观上可以起着某种补正的作用。对于胡适终生坚持的“民族反省”的思想主张也应作如是观。

胡适对学生运动的态度，迭遭人们的物议。有的论者通过解剖胡适与北大学运的关系，对其所处的二难处境作了解释。一方面，胡适认为学生的“责任便是读书学习”，对学运采取不鼓励的态度；另一方面，因各种情势而诱发的学生运动，胡适又尽其保护的责任，使学生免受当局迫害，把政治问题与法律问题区别开来，奉行“在现行法律之下，政治活动也应该受正当的法律保障”之信条。

与会者对胡适的文学史研究也作了深入的论述。有的论者认为，《国语文学史》是《白话文学史》的前身，《白话文学史》不但保存和发挥了《国语文学史》中那些基本思想，还吸收了许多《国语文学史》中所没有的新材料，提出了不少《国语文学史》所没有的新见解。它呈现的特点在于：从社会历史方面的研究多于从创作方面的研究，重视从反映社会和表现人生方面来分析评价作品；重视作品的结构、剪裁和布局；注重“文白之辨”。有的论者认为，胡适写作《五十年来中国之文学》一书，不只是一种纯学术意义的工作，而是他“工具理性”（关注如何利用五十年文学史作为手段和工具，来实现他建立“白话文学”与“活的文学”的观念的目的）的强化。由于胡适亲身经历了新文学的演化过程，他写作这一历史时，自然也就融有他个人的精神印迹，文学的历史在他那里发生了相对属于个体胡适的倾斜，这也正是胡适注重实用的价值观。

此外，有的论者还就胡适的家族、胡适与近代图书馆事业的发展等问题进行了考察。

整个会议在热烈争鸣而又相互尊重的气氛中进行。虽然会上对胡适思想的认识仍存分歧，但大家一致认为应当继续推动胡适研究，并创造条件，进行《胡适全集》的编辑工作，进而对中国现代文化的总结与提升发挥积极的作用。

（原载《中国文化》第10期，1994年8月）

“胡适的学术与思想”国际学术研讨会侧记

由胡适研究会、南京大学中华民国史研究中心、中国社会科学院近代思想研究中心共同主办的“胡适的学术与思想”国际学术研讨会于2011年4月17—18日在南京大学举行。参加会议的有来自中国大陆、台湾、香港及美国、俄罗斯、日本等国家和地区的学者，共70多人，收到论文34篇。南京大学中华民国史研究中心主任张宪文教授主持会议开幕式，中国社科院学部委员耿云志先生、台北“中研院”副院长王汎森先生、美国圣约翰大学李又宁教授、安徽省绩溪县副县长周小红女士、台湾企业家陈宏正先生致辞。与会学者提交会议的论文按其内容大致可分为两大类：

第一大类是讨论胡适的思想，这是会议的重点。围绕胡适思想研究的论文又可分为四组：

（1）对胡适思想的理解。耿云志先生的《重读〈新思潮的意义〉》一文，指出胡适《新思潮的意义》一文发表时，正值五四运动引发全国政治运动的高潮期，《新青年》同人原有的不太显露的思想分歧开始逐渐表面化。胡适这篇带有前瞻性的总结文章，表明他坚持思想文艺方面的变革路线，并系统提出了一个建设新文化的纲领。这个纲领同他在“问题与主义”的论争中所持的立场，保持着高度紧密的内在关联。文章最后对“革命主义思维”作了反省，提醒人们注意胡适当年的渐进改革思路和主张。罗志田的《道亦方法？胡适等近代学者关于“一以贯之”的争论》是一篇贯通古今的论文，它从朱子对孔子的“一以贯之”解读开始，谈到近人章太炎的解读，再到胡适的解读，以及胡适与章太炎的争论。罗文认为，胡适是素重古代“语法”的，故对基于小学的言说容易心领神会。他对章太炎见解的商榷未必成立，但其有一个不小的贡献，在于明确点出了“一以贯之”是“孔子的哲学方法”。这即使不是发明，也是一个重要的提醒。他和章太炎一样着重“闻一知十，举一反三”的取向，不过一说“类比”，一说“推论”而已。朱文华的《论胡适的文化使命感》一文认为，在20世纪以来的中国现代知识分子群体中，胡适是最具清醒、自觉和鲜明的“文化使命感”的一位学者，他对于“文化使命感”的反复提出及践行，实质乃是一种“文化报国”。胡适的这种文化使命感是从五四以来开始形成的新文化传统之一。欧阳哲生的《胡适与西方近世思潮》一文认为，胡适是继严复以后又一位介绍西方近世思潮的大师，与严氏获得较为稳定的定评不一样，胡适在这方面饱受争议，这既与他传播的西方近世思潮所产生的歧义有关，也与他本人亲近西方的立场有关。胡适终身持行的进化论的渐进观、存疑主义、个人主义、实验主义，实为其“美国经验”的提炼和总结。吴根友的《简论五四新文化运动前后胡适的“历史观”》一文着眼于胡适的“历史的眼光”这一大历史的观念，并将其与清代历史学家章学诚的“六经皆史”观念、龚自珍的历史观联系起来，考察胡适的“历史的眼光”与中国史学思想发展的内在关系，从而揭示其特殊的历史贡献。吴注意到，胡适虽提倡实证的科学方法，但没有否定想象的重要性。程巢父的《胡适的进步论》一文论及近代中国的两种进步观之争：胡适的和平渐进的改良观与激进的革命观之争，并对其作了平实的讨论。程文认为，胡适生于乱世，乱世是枭雄、流氓、痞子驰骋之世纪，新世纪如有新的政治家出现，必当用先生之谋，表现出对胡适渐进改革路线的理解态度。

（2）有关胡适民主政治思想的阐释。潘光哲的《青年胡适的民主经验》一文通过叙述胡适从观察美国总统大选，到接受美国民主政治的影响，再到崇信美式民主，最后成为“美式民主拜物教”的信徒兼传教士的双重角色这样一个过程，还原了胡适的“美国经验”。文章最后发出了前时代的知识分子所追求希望的民主究竟是哪一种民主的疑问，值得我们思考。李建军的《胡适“知行合一”的民主观浅论》一文认为，胡适的民主理念是建立在经验主义的哲学之上的，虽然在知和行的关系问题上坚持“知行合一”的认识与实践原则，但是由于近代化的知与行都被赋予新的内容，胡适的“知行合一”民主观与王阳明的“知行合一”论是有本质区别的，而与孙中山先生的“知难行易”学说相联系，胡适的“知行合一”民主观在不同时期有不同的具体表现形态。张书克的《胡适和约翰·密尔的〈自由论〉》一文，通过发掘、梳理胡适与约翰·密尔的《自由论》的相关材料，认定胡适受《自由论》的影响相当大。胡适早年读过《自由论》的中文译本和英文原本，早期的“健全的个人主义”思想隐含有密尔《自由论》的深层影响，其知识论上的基础，则是密尔在《自由论》中所表述的思想。可以说，胡适的自由主义思想多方面来源于约翰·密尔的《自由论》。胡适非常重视《自由论》的启蒙意义和思想价值。

（3）胡适自由主义思想的阐释。何卓恩的《殷海光的“胡适”话语解析》一文认为，任何一种社会思想都会追求社会现实，在此奋斗的过程中，往往需要三类社会角色：致思缜密的学问家、执着勇毅的启蒙政论家和坚强有力的组织家。自由主义亦当如此，自由主义“先天不足，后天失调”：致思缜密的学问努力很少，坚强有力的组织缺乏，比较有成就的只有启蒙和政治。殷海光的“胡适”论说对自由主义势力的期待，对自由主义学理建构缺位的痛心，对宣导自由主义理念的思想启蒙和政论批判的坚守，折射的正是这样一种面貌。吴铭能的《自由主义在当代中国的发展———以陈独秀、胡适和雷震为中心的讨论》一文，从陈独秀的见解，谈到胡适、殷海光、雷震等在《自由中国》中宣扬的理念，对自由主义在台湾的历史境遇作了一个历史回顾。章清的《胡适与自由主义：一个概念史的分析》一文，从五四时期西方的分裂之阴影下自由主义被贬损谈起，谈到胡适1926年赴欧洲考察受到“苏俄经验”的刺激，提出“新自由主义”或“自由的社会主义”以拯救自由主义，再到国共两党及其他政治派别的“命名”，最后论及胡适自己对自由主义的表述和自我定位。章文认为，1945年以后，自由主义才真正成为一股政治力量，其政治话语才获得各方面的关注和热烈的讨论。

（4）有关胡适的科学观及胡适对哲学、文学学科建设的贡献。陈方正的《论胡适对科学的态度》一文从一个科学工作者的经验出发，认为胡适一辈子提倡的“十字真言”，不过是一个历史考证学家的理念与自然科学方法这两者之间的最大公约因子。自然科学和考证学无论在理念上，还是在方法上的差别都是如此之巨大，因此，所谓最大公因子亦即“十字真言”实际上意义不大。陈文还提出，胡适虽然在自然科学方面背景薄弱，但看到了未来潮流，为科学呐喊，这是值得肯定之处。陈文是从俯视的角度对胡适作一解读，这与大陆学者大多是从仰视的角度看待胡适不一样。会议中涉及胡适与哲学学科的论文有3篇：石立善的《胡适禅宗史研究与北伐》、路文力的《胡适：中国哲学里的实用主义的思想》、王法周的《胡适与冯友兰：中国哲学史学科创制问题论略》。涉及文学学科的有段怀清的《胡适与辜鸿铭：两代“海归”的语言文学之争》和沈卫威的《胡适对早期国立大学中文系课程的推动》两文，段文对五四时期胡适与辜鸿铭之间的争论，由文言、白话之争发端，扩展到白话文学及新文化运动上，加以探讨。作者提出，与胡适整理国故、再造文明的理路不同的是，辜鸿铭昌明维护中国传统文化价值的意图，恰在于其强烈的非西方式现代化和反西方式现代化的思想，在于他对现代化多元化多样性的坚持。段文猜测辜鸿铭离开北大有胡适的因素存在。沈文谈到清末民初国立大学中文系课程改革，以及胡适通过参加教育部“国语统一筹备会”，推动和落实“国语统一”“文学革命”的主张。沈氏认为，中文系的课程改革最具中国特色和具有同西学并立、对峙的强势。中国的语言、文学和典籍，是中华民族的文化载体和精神传承依托，北京大学中文系课程所确立的文学、语言、典籍整理三大板块，正是统一的多民族国家文化重建和多民族融合过程中，各家大学中文系取法的依据。北京大学中文系百年来一直坚持这种学科制度。

第二大类是讨论胡适的生平事迹和胡适与他的朋友。张朋园的《胡适的最后一天》一文从回忆胡适生前最后一天在酒会上讲话时倒下的情景开始，回溯了胡适一生的心脏病史，对胡适的身体史作了一个有趣的探讨。蔡登山的《口述历史不可尽信——从胡适给许世英的信说起》一文从1961年5月2日胡适给许世英的信，谈到胡适对《许世英回忆录》的质疑以及考证、订正，讲到回忆录撰写的谨严是一件不容易的事。江勇振的《胡适档案里新发现的杜威在华演讲残稿》一文谈到自己在“胡适档案”里发现的杜威在华讲演留存的8篇完整的讲稿，这是目前世界上仅存的杜威原稿，它为我们比较原稿和译文之间的误差提供了新材料。江文由此出发，指出夏威夷大学1973年出版的一本由中译本翻回英文的杜威讲演，其实存在许多翻译上的问题。邹新民的《胡适归国最初四年读书交往补略》一文将1917—1921年胡适在北大的藏书及其题跋辑出，再现了胡适当年在忙碌的读书和交往中的情况，这是一项具有文献价值的工作。吴元康的《胡适致王国维三通函札系年问题》一文依据各种直接、间接的材料，对1925年胡适致王国维信札的时间作了精细的考证。张德旺的《全面介入五四爱国运动的胡适》一文利用确凿的历史材料，说明五四时期胡适坚决支持爱国学生，积极参与“挽蔡”斗争，主编《每周评论》坚持斗争，还原了五四时期胡适的形象，纠正了过去流传的一些不确切的说法。胡适的亲属或同乡胡文立、周文甫、方利山、胡成业分别提供了《耐人寻味的胡适》《我们为什么要纪念胡适之先生》《胡适之的“徽州背景”——上庄文化生态》《胡适与中国科学社》等文，对胡适与亲人、胡适与故乡、胡适与中国科学社的关系，根据其掌握的材料或亲人的回忆，作了感人肺腑的叙述。此外，何光诚的《美国币制借款与陈光甫领导的对日经济战》一文用大量的英文材料，呈现了中国战时借款的艰难，该文虽非直接讨论胡适，但论及胡适的朋友，对我们认识胡适的朋友兼助手陈光甫的工作有相当助益。

胡适与蒋介石的关系是人们感兴趣的话题，也是这次讨论会的一个热点，围绕这一问题有4篇论文。黄克武认为，胡适的《史大林策略下的中国》与1951年胡适致蒋介石的一封信对蒋介石的《反共抗俄基本论》和《苏俄在中国》两书及其理论的形成有很大的影响，反共抗俄是当时蒋介石和胡适等自由主义派人士的共识。陈漱渝认为蒋、胡之间在承传旧学、容纳新潮，在对待西方文化方面，在赴苏俄实地考察以及对苏俄社会主义的矛盾游移态度方面，有着某种程度的相同或类似之处。胡、蒋合作的政治基础是反苏反共，胡、蒋的冲突是民主与专制的冲突，他们之间的合作和冲突演绎出许多故事，值得回味。宋广波则根据新近解密的《蒋介石日记》认为1949年以后胡、蒋之间的良好关系只是表面的，他们在表面亲密的背后，有着不可调和的矛盾，这种矛盾实质上是民主与独裁的矛盾，它是胡适推行民主自由的政治理念与蒋介石实行专制独裁发生强烈冲突的结果。陈红民披露了《蒋介石日记》中记载的有关蒋、胡交往的材料，从蒋这一方面对胡、蒋之间的关系作了新的揭示。陈文提到“蒋中正档案”留存有1951—1955年蒋介石与俞国华之间的9份往来电报，差不多每隔半年，蒋介石就指示给胡适5000美金，但陈文没有对这些钱的用途作具体交待或考证。过去一直有蒋介石拨给胡适宣传款的说法，这些钱究竟是用于补助胡适的生活费还是宣传费，值得进一步考证。

总的来说，这次会议上提交的论文大部分具有较高的水准，有些论文是作者精心构织和打造的成果，有些新锐作者的论文读后让人产生后生可畏之感。可以预期，会议的成果对于推动胡适思想与学术的研究，对于加强海内外同行，特别是海峡两岸学者的情谊，必将产生积极的作用。

2011年9月12日

（原载《徐州师范大学学报（哲学社会科学版）》2011年第6期）

《胡适与中国新文化：史事与诠释》编后小记

1917年1月胡适在《新青年》发表《文学改良刍议》，发动“文学革命”；同年9月进入北京大学任教。从此他的名字与新文化运动、北京大学紧密联结在一起。在新文化运动中，胡适介绍实验主义，倡导科学实证精神；宣传易卜生主义，引导个性解放运动；讲授《中国哲学史大纲》，为创建中国哲学史学科提供范式；提倡白话文，为新文学运动铸造理论武器。胡适因其在新文化运动中所发挥的重要领导作用和创造的丰硕实绩，被公认为新文化运动的主要代表。

北京大学是胡适长期生活、工作的单位，胡适生前对北大情有独钟。2015年7月，我接手胡适研究会会务后，经与各方人士商量，拟定联络海内外同行发起举行“胡适与中国新文化”国际学术研讨会。获得相关部门的正式批文后，我随即与各方联系，拟定会议的第一号通知于2016年6月2日发出，正式启动了这次会议。

根据我个人以往的经验，胡适研究本是两岸三地学术界共同关注的课题，这个会议自然应该成为两岸三地同人的一个平台、一个纽带，所以我特别表示可以由胡适研究会与北大历史学系、香港珠海学院、台北胡适纪念馆一起合作的名义来筹划。2016年

9月，北京大学人文社会科学研究院创建，他们首先开展的一项工作就是主办“胡适与北大”专题展览。文研院院长邓小南教授表示可以承担胡适研讨会的食宿经费，她的鼎力相助，给了我们极大的鼓舞。10月我利用在香港树仁大学讲课的机会，几次与香港珠海学院的潘邦正先生接洽，双方达成默契，大家都表示要办好这次会议。会议筹备至此，可以说水到渠成。

2016年12月17—18日，由胡适研究会与北京大学人文社会科学研究院、北京大学历史学系主办，香港珠海学院和台北胡适纪念馆协办的“胡适与中国新文化”国际学术研讨会在北京大学举行。会议主要围绕胡适与中国新文化运动、胡适思想诠释、胡适与新文学运动、胡适哲学思想研究、胡适与中国新教育、胡适的人际关系等议题展开。来自中国大陆、香港、台湾两岸三地以及美国、日本的80多位专家学者汇聚一堂，交流胡适研究的心得体会和最新成果。

这次研讨会取得了丰硕的成果。在材料发掘上，不少论文发现了前所未见的新材料，拓展了胡适研究的视野。在问题设置上，好些论文的选题可以说是颇具创意的，表现了敢于探索的勇气。在观点表述上，由于立足于新的学术制高点，一些作者提出了别具一格的新见。研讨会的主题虽然是“胡适与中国新文化”，但不是胡适的嘉奖会，而是通过对胡适及其思想成就的个案研讨，深化我们对近代中国历史的认识，深化对20世纪中国文化发展演变的理解。

为期两天的研讨会可以说是一场海内外学术同人的欢聚，一场相互切磋、互相探讨的学术盛宴。通过这次会议，我们感受到，胡适研究具有持续发展的空间和余地。会后我们决定结集出版论文集，向学术界展示我们这次研讨会的成果。在各方面的协助和配合之下，参会同人对提交的论文进行修改和完善；我们酌情又吸收了一些新的论文，使内容趋于丰满。2018年10月，我申报的《胡适年谱新编》课题获得国家社会科学基金重大项目的资助，这为胡适研究增加了新的动力资源，我们遂将这一论文集的出版纳入新的研究规划。

在论文集即将出版之际，我们诚挚地感谢参与这次研讨会的海内外同行和朋友。感谢主办这次研讨会的北大文研院、北大历史学系、胡适研究会及协办的香港珠海学院、台北胡适纪念馆，由于大家的互相配合、共同努力，终于将这次会议办成了一次高规格、高质量的学术研讨会！

感谢北大社科部、北大教育基金会、中关新园等部门对会议热情洋溢的支持，使会议能够顺利进行，也使我们真正感到这次会议选择在北大召开是一个正确的决定！

感谢北大历史学系，为论文集的出版提供了学科建设的经费资助！

感谢为这次会议帮忙的北大文研院工作人员和历史学系的博士生、硕士生团队，他们为我们这次会议提供了一流的服务！

感谢社会科学文献出版社的诸位编辑，感谢他们为保证编辑出版质量和按时出书所付出的辛勤劳作！

2021年12月17日是胡适诞辰130周年，本书的出版是我们对这位新文化运动先驱者的纪念。

2021年10月25日

（收入欧阳哲生编:《胡适与中国新文化：史事与诠释》，社会科学文献出版社，2021年）

百家小集

总策划 肖风华　主　编 向继东

第一辑

朱　正　《那时多少豪杰》
钟叔河　《大托铺的笑话》
王跃文　《读书太少》
丁　东　《文化界遛弯儿》
谢　泳　《网络时代我们如何读书》
蓝英年　《那些人，那些事》
智效民　《教育在民国》
王彬彬　《有事生非》
陈四益　《衙门这碗饭》
邵燕祥　《〈找灵魂〉补遗》

第二辑

钱理群　《与鲁迅面对面》
萧　默　《秋风吹不尽》
单世联　《一个人的战斗》
王学典　《怀念八十年代》
十年砍柴《历史的倒影》
傅国涌　《无语江山有人物》
来新夏　《邃谷四说》
陈行之　《灵魂是不能被遮蔽的事物》

第三辑　许纪霖　《小时代中的理想主义》

马　勇　《晚清笔记》

鄢烈山　《江山如有待》

胡文辉　《拜金集》

李建军　《不成样子的扯淡》

吴国盛　《科学史笔记》

第四辑　赵　勇　《人生的容量》

肖复兴　《晚凉笔墨》

欧阳哲生《学缘与书缘》

李新宇　《竹下小品》*

王鹏程　《长安市上醉春风》*

---

*即将出版